高等学校试用教材

Gongcheng Jixie Jishu Jingjixue

工程机械技术经济学

吴永平　张青哲　编著

人民交通出版社

内容提要

工程机械技术经济学是技术经济学在工程机械领域进一步发展的产物。本书以技术经济学的基本理论与方法为基础，系统地阐述了工程机械技术经济学的概念、基本内容和方法。

本书的主要内容包括：技术经济学基本原理、资金的时间价值与等值计算、不确定性分析、产品开发策略、设备更新与技术经济分析、价值工程；产品设计及制造中的技术经济分析、工程机械的使用性能与评价指标、工程机械使用中的技术经济分析、技术引进及其技术经济分析。为了方便专业技术人员对于相关知识的学习，增选了产品开发策略方面的内容。

本书可作为高等学校工程机械专业方向的教材和从事工程机械产品开发设计、营销及管理工作的从业人员的参考资料。

图书在版编目（CIP）数据

工程机械技术经济学/吴永平，张青哲编著．—北京：人民交通出版社，2007.10
ISBN 978-7-114-06818-8

Ⅰ.工…　Ⅱ.①吴…②张…　Ⅲ.工程机械-技术经济学
Ⅳ.F407.4

中国版本图书馆 CIP 数据核字(2007)第 140097 号

高等学校试用教材

书　　名：工程机械技术经济学
著 作 者：吴永平　张青哲
责任编辑：曲　乐　周高瞻
出版发行：人民交通出版社
地　　址：(100011)北京市朝阳区安定门外外馆斜街3号
网　　址：http://www.ccpress.com.cn
销售电话：(010)85285656，85285838，85285995
总 经 销：北京中交盛世书刊有限公司
经　　销：各地新华书店
印　　刷：北京凯通印刷厂
开　　本：787×1092　1/16
印　　张：12
字　　数：300千
版　　次：2007年10月　第1版
印　　次：2007年10月　第1次印刷
书　　号：ISBN 978-7-114-06818-8
印　　数：0001~3000册
定　　价：23.00元

前　言

技术经济学是应用经济学的一个分支,它是现代技术发展与社会经济发展密切结合的产物。工程机械技术经济学是技术经济学在工程机械领域的进一步发展。本书以技术经济学的基本理论与方法为基础,系统地阐述了工程机械技术经济学的概念、基本内容和方法。工程机械技术经济学是一门新兴学科,还处在发展的初始阶段。本学科目前的主要任务,应当是探讨技术经济学原理和方法在工程机械领域各个方面的实际应用问题,以获取工程机械领域各方面的最佳技术经济效益。随着社会经济技术的不断发展,工程机械行业在社会发展中的地位和作用日益显现,现代工程机械产品具有很高的科技含量及审美价值,并已成为经济建设乃至人们生活中不可或缺的组成部分。因此,可以预料,工程机械技术经济学有着良好的发展前景,并将对工程机械行业的发展起到重要的推动作用。

本书编写的目的是,通过系统的学习使学员掌握进行工程机械产品研究开发、生产经营、维护使用等方面经济分析的一般方法和创新的途径,在工作实践中具有一定的经济头脑,从而使企业获得更好的经济及社会效益。本书的主要内容包括:技术经济学基本原理、资金的时间价值与等值计算、不确定性分析、产品开发策略、设备更新的技术经济分析、价值工程;产品设计及制造中的技术经济分析、工程机械的使用性能与评价指标、工程机械使用中的技术经济分析、技术引进及其技术经济分析。为了方便专业技术人员对于相关知识的学习,增选了产品开发策略一章的学习内容,以供学员参考和自学。

本书由长安大学吴永平、张青哲编著。长安大学是我国从事工程机械教学与科研专业最齐全、历史最悠久的高等院校,该院教师和研究人员积累了丰富的研究成果和教学经验,本书的编写也是他们多年教学与研究工作的积累。

本书编写分工如下:吴永平编写第一、二、五、六、七、八、十一章,张青哲编写第三、四、九、十章。由于作者水平有限,书中难免不足和疏漏之处,敬请读者指正。

作　者

2007 年 7 月于长安大学

目 录

第一章 概 述

第一节 技术经济学的概念和研究内容

一、技术经济学概述

技术是人类在认识、改造和利用自然的过程中所获得的知识、技能和物质手段的总称。广义的技术是指把科学知识、技术能力和物质手段等要素结合起来所形成的能够改造自然的运动系统,这一运动系统是三者在解决特定问题时所体现的有机整体。

技术有硬技术和软技术之分。硬技术是根据劳动经验和自然科学原理发展形成的各种操作技巧、能力以及相应的劳动资料和成果;软技术主要是根据工作经验和自然科学、社会科学原理发展形成的组织管理社会、经济和科技文化的技能方法以及相应的劳动资料和成果。所谓技术进步,既包括硬技术进步,也包括软技术进步。

硬技术进步主要有以下几方面内容:新机械设备、新仪器仪表等;新工艺;新材料、新能源;新设计、新技术方案;新操作技能等。

软技术进步主要指:新的方针政策;新的战略、规划和计划;新的管理体制和方法;新的组织规模和结构;新的法律措施;新的经济措施;新的行政措施;新的工作方法等。

经济一词,在西方源于希腊文,原意是家计管理。古希腊的《经济论》中论述了以家庭为单位的奴隶制经济的管理。在古汉语中,"经济"一词的含义是"经邦"和"济民"、"经国"和"济世",以及"经世济民"等词的综合和简化,含有"治国平天下"的意思。内容不仅包括国家如何理财、如何管理其他各种经济活动,而且包括国家如何处理政治、法律、教育、军事等方面的问题。包括在"经世济民"内的"经济"一词,很早就从中国传到日本。西方经济学在19世纪传入中、日两国。日本的神田孝平最先把 economics 译为"经济学",中国的严复则译为"生计学"。

20世纪80年代以来,经济学已逐渐成为各门类经济学科的总称,具有经济科学的含义。经济学是研究人类社会在各个发展阶段上的各种经济活动和各种相应的经济关系及其运行、发展的规律的科学。在现代,经济一词有多种含义:一是指人们在一定的生产关系条件下,进行生产、交换、分配、消费以及与之有密切关联的活动;二是指国家或部门经济的总称,如国民经济、工业经济、农业经济等;三是指在社会物质生产领域的生产、交换、分配、消费活动中对于各种资源的节省,这是技术经济学中"经济"的基本含义。在经济活动中,存在以较少耗费取得较大效益的问题。经济关系是人们在经济活动中结成的相互关系。

任何技术的实施都有可能取得经济效果,即技术经济效果。技术经济效果的大小、变化和发展遵循以下原理。

(1)技术经济矛盾统一原理。第一、技术和经济两者互相依赖,互相促进;第二、技术和经济两者互相矛盾,技术先进,经济效果不一定好,经济效果好,技术不一定很先进;第三、技术和经济互相发展变化，原来先进的技术可以转化为落后的，原来不经济的技术可以转化为经济的，原来矛盾的关系可转化为促进的关系。

(2)经济效果指标原理。经济效果是产出和投入的比较，比较的结果用各种指标表示。这些指标统称为经济效益指标，如劳动生产率、资金报酬率、利润、税收和国民生产总值等。

(3)经济增量原理。在经济活动中，与自然界能量守恒定律不同，技术经济效果总是有增量的，产出必须大于投入。增量效果与投入的多少有三种关系：一是投入增加，效果递增；二是投入增加，效果递减；三是投入增加，效果先递增，后递减。因此，任何技术的投入要求适度，不是越多越好。

(4)时间效应原理。第一、技术经济效果的大小随时间变化而变化；第二、相同数量的技术经济效果，近期的总比远期的大得多，因为有时间价值。

(5)供求效应原理。供求关系对技术经济效果所产生的作用有三种：一是供不应求，产生短线效应；二是供过于求，产生长线效应；三是供求平衡，产生机会效应。短线效应影响最大，机会效应影响其次，长线效应影响最小。

(6)系统相关原理。技术经济效果的大小，与产出部门和投入部门相关。它分为直接相关和间接相关。根据系统相关原理，用户是最重要的产出相关部门，原材料能源是最重要的投入相关部门，与基建相关的部门是次要的投入相关部门。

(7)六力替代原理。任何技术方案都是由六力组成，六力是指人力（劳动人员）、物力(能源、原材料)、财力(固定资产、流动资产)、运力(运输量、运输周转量)、自然力(水、土地、矿产、生物资源)和时力(时间)。不同技术方案归根到底是由于六力的数量、质量和结构不同所造成的。技术经济效果大小随六力变化而变化。六力可以相互替代，以达到优化组合的目的，这是技术进步和经济发展的必然规律。

技术经济问题，即技术与经济的关系问题，存在于国民经济的各个部门和发展过程：

(1)人力、物力、财力、运力、自然力和时力的合理分配与使用。

(2)各种资源的合理开发利用和综合开发利用。

(3)农业优良品种的培养和选择。

(4)各种工业原料、材料的生产和利用。

(5)能源的生产和供应。

(6)新技术、新工艺、新设备的推广与应用。

(7)生产规模、结构和布局的确定。

(8)建设方式(新建、扩建和大修)和建设工期的确定。

(9)各种交通运输方式的发展、选择和配合。

(10)各种通信方式的发展、选择和配合。

(11)国防军事安全措施的选择。

(12)城市建设的规模和布局。

(13)科研、教育和卫生机构的规模、结构和布局。

(14)环境污染防治方式的选择。

(15)生产运行中工艺条件和技术参数的合理选择。

(16)物流技术经济问题。

(17)外贸技术经济问题。

(18)引进工程技术、合资经营和经济技术协作的技术经济问题。

(19)技术进步与创新问题。

(20)规划和设计(包括工程设计)的技术经济问题。

(21)技术项目的可行性问题等。

技术经济学是研究技术和经济矛盾关系的科学,具体说,它是专门研究技术方案经济效益问题的科学。技术经济学的研究任务是正确地认识和处理技术和经济之间的关系,寻找技术经济的客观规律,寻找技术和经济之间的合理关系。具体研究任务有以下三个部分:

(1)研究技术经济评价和综合评价的理论和方法。一是研究共同的评价理论和方法;二是结合不同技术研究不同的评价理论和方法。这两种研究互相促进,相辅相成。有了理论和方法,规划设计、生产运行和经济管理等部门就能够根据各种具体情况来解决各种具体的技术经济问题。

(2)从总的技术经济分析论证出发,寻找国内外技术(包括硬技术和软技术)发展的客观规律以及技术进步与经济发展的相互关系和发展规律。

(3)研究解决实际技术经济问题,特别是因素复杂、综合性很强的重大技术经济问题,提出具体结论和建议,作为决策的依据。

技术经济学是研究技术与经济的相互关系的学科。它通过技术比较、经济分析和效果评价,寻求技术与经济的最佳结合,确定技术先进与经济合理的最优经济效果。

技术经济学不是单纯从经济科学中产生出来的,而是从技术科学和经济科学互相交叉中形成和发展起来的,是科学发展综合化的必然结果,这是技术经济学产生的科学背景。

技术经济学的产生与西方的管理科学和工程经济学、前苏联的技术经济分析发展有密切的关系。技术经济分析起源于英(业绩分析)、美(工程经济)、法(经济分析)和日(经济性工学)等西方工业发达国家。1887 年,美国铁路工程师 Wellington 在其所著《铁路位置经济评价》一书中第一次把项目投资同经济分析结合了起来。1920 年,Goldman 在《财务工程》一书中,第一次提出把复利公式应用于投资方案评价,并且批评了当时研究工程技术问题不考虑成本、不讲求节约的错误倾向。技术经济学最早的著作当属于 E. L. 格兰特教授所著的《工程经济原理》,格兰特教授因此也被称为工程经济学之父。1930 年格兰特教授出版了《工程经济原理》,以复利计算为基础对固定资产投资经济评价的原理做了阐述,同时指出人的经验判断在投资决策中具有重要作用。

20 世纪 50 年代末 60 年代初,我国把技术经济学作为一门独立的学科进行研究。技术经济学在我国的发展经历了开创发展、全面破坏和全面发展三个时期。从 1962 年正式定名"技术经济"学,并制定了全国技术经济研究规划纲要开始,一直到十年内乱前,是第一个发展时期,也是这门新学科的创建时期。在这个时期里,具有中国特色的技术经济学理论方法体系开始形成,而且有着自己的特点,这些特点是:以马克思主义和毛泽东思想的经济理论为指导;以社会主义基本经济规律、国民经济按比例发展规律和价值规律为依据;以多快好省建设社会主义的要求为目标;以定性和定量相结合的方法为手段;以结合中国社会主义现代化建设为具体实际为基础;以认识和正确处理技术同经济之间的实际矛盾关系为目的。十分遗憾的是,在十年内乱中,技术经济研究机构被撤销,技术经济学的研究工作全部停止,而且遭到彻底的批判,这个时期就是全面破坏时期。自从党的十一届三中全会以后,技术经济学获得了新生,进入了历史上最好的发展时期。1978 年 11 月成立了中国技术经济研究会,现在许多省市和部门也都成立了技术经济研究会;1980 年中国社会科学院成立了全国第一个技术经济研究所,很多部门相继成立了技术经济研究机构;许多理工科大学开设了技术经济课程,不少文科大学也开设了技术经济课。一些大学和研究机构专门培养了技术经济专业博士生、硕士生和大学生。这个时期,技术经济学理论方法体系得到了不断的改进和完善。在社会主义市场经济条件下,技术经济这门学问越来越重要,研究工作正向深度和广度发展。技术经济学在实际中应用越来越广,技术经济学分支学科越来越多。

技术经济学研究的不是纯技术,也不是纯经济,而是两者之间的关系,即把技术与经济结合起来进行研究,以选择最佳技术方案。

技术经济学研究的主要目的是将技术更好地应用于经济建设,包括新技术和新产品的开发研制、各种资源的综合利用、发展生产力的综合论证。

技术经济学把研究的技术问题置于经济建设的大系统之中,用系统的观点和方法进行各种技术经济问题的研究。

技术经济学把定性研究和定量研究结合起来,并采用各种数学方法和数学模型进行分析评价。

技术经济学在研究中采用两种以上的技术方案进行分析比较,并在分析比较中选择经济效果最好的方案。

技术经济学研究的内容涉及生产、分配、交换、消费各个领域和国民经济各个部门、各个方面,也涉及生产和建设的各个阶段。

从全局的范围来看,技术经济学研究技术进步对经济发展的速度、比例、效果和结构的影响,以及它们之间的最佳关系问题;生产力的合理布局、合理转移问题;投资方向、项目选择问题;能源的开发与节流、生产与供应、开发与运输的最优选择问题;技术引进方案的论证问题;外资的利用与偿还,引进前的可行性研究与引进后的经济效果评价问题;技术政策的论证、物资流通方式与渠道的选择问题等。

从部门和企业范围看,技术经济学研究厂址选择的论证,企业规模的分析,产品方向的确定,技术设备的选择、使用与更新的分析,原材料路线的选择,新技术、新工艺的经济效果分析,新产品开发的论证与评价等。

从生产与建设的各个阶段看,技术经济学对试验研究、勘测考察、规划设计、建设施工、生产运行等各个阶段的技术经济问题的研究,对综合发展规划和工程建设项目的技术经济论证与评价等。

技术经济学的基本研究方法有系统综合,即采用系统分析、综合分析的研究方法和思维方法,对技术的研制、应用与发展进行估计;方案论证,即技术经济普遍采用的传统方法,主要是通过一套经济效果指标体系,对完成同一目标的不同技术方案的计算、分析、比较;效果分析是通过劳动成果与劳动消耗的对比分析,效益与费用的对比分析等方法,对技术方案的经济效果和社会效果进行评价,评价的原则是效果最大原则。

实际生活中,技术经济可以归纳为三类:第一类是纯宏观的技术经济问题,如国家技术政策制定,国家宏观调控,国家产业结构调整,国家体制改革,国家生产力布局,国家资源优化配置等技术经济问题,这类问题基本上只要应用宏观技术经济学原理方法就可以得到解决;第二类是纯微观的技术经济问题,如家庭购买电冰箱合算不合算,居民存款存几年最合算等技术经济问题,这类问题基本上应用微观技术经济学原理方法就能解决;第三类是介于宏观与微观之间的技术经济问题,如企业的各种技术经济问题,包括可行性研究和价值工程中的技术经济问题。这类问题从范围上看是微观的,但是从它们的客观作用看又是宏观的。因此,这类问题不能单纯应用微观技术经济学原理方法解决,必须结合宏观技术经济学原理方法,进行综合分析，才能得到较满意的结果。

二、工程机械技术经济学的研究内容

工程机械技术经济学是以工程机械领域中的各种技术活动为对象，以经济学理论和技术经济学方法为基础，研究产品开发设计、生产经营、使用管理过程中的经济规律、经济效果和技术经济关系的应用学科。工程机械技术经济学是技术经济学原理和方法在工程机械学科领域中的运用与发展。

结合技术经济学的研究内容，工程机械技术经济学的研究内容可归纳为以下几个方面。

(1)研究产品寿命周期各种技术实践活动的经济效果，探索提高经济效果的手段与方法。

任何技术活动都需要花费一定的经济代价，工程机械技术经济学就是研究如何以最低的产品寿命周期成本实现产品的必要功能，从而使企业获得最大的经济及社会效益的科学。产品的寿命周期成本是指产品研究、开发、设计、制造、销售、使用直至报废的寿命周期中，所花费的全部费用的总和。

技术活动的经济代价和经济效果，还包括生产或作业活动中的投入与产出。投入是指对于各种资源的消耗或占用；产出则是指各种形式的产品或服务。社会生产活动中的资源一般指厂房、基础设施、机械设备、原材料、能源、资金以及具有各种知识与技能的劳动力等。这些资源的使用总是有限的，必须得到有效使用和节省。如何最有效地利用各种资源，满足人类社会不断增长的物质和文化生活的需要是经济学研究的一个基本问题。在技术的使用过程中如何以最小的投入获得最大的产出是技术经济分析的重要方面。

总之，研究技术活动的经济效果就是研究技术活动中的费用与所能取得的经济及社会效益之间的关系或规律。

(2)研究技术与经济的相互关系，探讨技术与经济相互促进、协调发展的途径。

技术是人类进行社会实践和生产斗争的手段，经济是人类进行生产斗争的目的。技术和经济是人类社会中紧密相关的两个重要方面。一方面，经济的发展必须依靠一定的先进技术，技术的进步是经济发展的强大推动力，发展新技术能够节约社会劳动消耗，创造更多的物质财富。另一方面，技术的发展总是在一定的经济条件下实现的，技术的进步要受到经济条件的制约。经济发展了，不仅为技术的发展提供了保障，同时还会对技术的发展提出新的更高的要求。由此可见，经济发展的需要又是技术进步的直接动力和方向。

(3)研究技术项目、技术方案、工艺方法、机械配置等方面的技术经济评价与优化方法，从而达到优选技术方案、预测经济及社会效益、规避风险的目的。

为了正确决策和减小各种风险，现代产品的开发设计都需要进行可行性研究，提出多种选择方案进行方案论证，以供决策者进行正确选择。这就需要有各种科学的评价体系和决策方法。在工程机械领域的技术实践中，主要的技术经济问题包括：新产品开发项目的市场前景分析和经济及社会效益预测；最佳技术方案的选择；制造工艺方案的合理选择；最佳的营销策略；机械使用的技术经济评价指标体系；机械的合理使用范围；机群的合理配置方法；机械的保养维修体系等方面。

(4)研究如何通过技术创新推动产品技术进步，进而推动技术发展，最终提高企业的经济及社会效益。

技术创新是技术进步中最活跃的因素，是生产要素一种新的组合，是创新者将科学知识与技术发明用于工业化生产，并在市场上实现其价值的一系列活动，是科学技术转化为生产力的实际过程。技术创新能够不断促进新产业的诞生和传统产业的改造，不断为经济注入新的活力，因此，工业发达国家无不想尽各种办法，利用各种经济技术政策，力图形成一种推动技术创新的机制与环境。

技术创新一般包括新产品的开发，新技术、新材料、新工艺在生产过程中的应用，新资源的开发，新市场的开拓等。

第二节　技术经济学的特点和学习要求

一、技术经济学的特点

学习技术经济学的特点是为了更好的把握技术经济学的研究方法、教学规律，达到深入学习本学科基本内容，并能进行灵活运用的目的。技术经济学是一门综合性、边缘交叉性应用学科，其特点主要有以下几方面。

1. 综合性

技术经济学的研究内容往往涉及到工程技术、经济理论与方法、社会效益、国家方针政策、环境保护等多个方面，工程项目的最终方案是对于多种因素进行技术经济评价分析，权衡利弊后所作出的决策结果。技术经济分析的问题往往是多目标的，涉及到多个因素。这些因素包括经济、技术、政治、社会、时间等方面。综合化是现代科学技术发展的基本特征，综合化既表现在科学技术的应用方面，也表现在技术构成方面，如空间技术、海洋技术、能源技术、交通技术等都是多种科学技术的综合应用。

综合性要求技术经济研究人员不仅要掌握技术经济学的一般原理和方法，而且还必须具备工程技术、社会科学、管理科学、市场营销等多种知识、经验和进行综合分析问题的能力。

2. 系统性

技术经济学的系统性表现为，技术经济分析的多种因素是相互关联、相互作用的，每一种因素都对研究对象的总体目标存在一定的影响。进行技术经济分析的目的就是要保证工程技术项目的总体经济效果最大化。技术经济学原理要求必须从全局和整体利益出发分析研究工程项目，既要考虑项目的宏观经济效果，也要考虑微观的经济效果；既要考虑企业的经济效益，又要考虑项目的社会效益。

系统性要求技术经济研究人员，务必学会全面分析各种影响因素及其相互关系，从全局出发，着眼于总体效益，使局部利益服从于整体利益，最终使总体效益最大化。

3. 预测性

技术经济研究一般是在事件发生之前，对事件的可行方案进行预先分析、计算、比较、评价和优选，并对所选技术方案的未来效果作出预先的估计，使决策者能够做到运筹帷幄。因此，技术经济学研究具有明显的预测性。预测性是技术经济学的基本特点。技术经济预测不是纯技术预测，也不是纯经济预测，而是技术方案的经济效果预测。为了预测经济效果，必须对技术经济参变数进行科学的预测。技术经济预测是有时间性的，既要做短期预测，也要做中长期预测，根据技术经济性质的不同，选择不同时期的预测。技术经济预测可以从宏观的角度进行，就是宏观技术经济预测，也可以从微观的角度进行，就是微观技术经济预测。两种预测所采用的技术经济参变数不完全一样，目标也不一样。

预测性要求技术经济研究人员务必充分掌握各种相关的资料、信息和事物的发展变化情况，进行深入细致的调查研究，提高对于事物未来发展结果和趋势预测的准确性，避免出现重大决策失误，降低项目实施风险。

4. 实用性

技术经济学是应用性学科，技术经济学研究就是为了解决实际问题。技术经济学所研究的对象是在未来实践中将要实施的各种项目、技术方案，或在生产实践中正在进行的课题，其实际情况往往是非常复杂的。因此，进行技术经济学分析，需要从实际出发，经过周密的科学分析和论证，筛选出技术先进、经济合理的实用可行的方案。

实用性要求技术经济研究人员务必了解技术发展的实际水平，掌握企业的人力、物力的实际状况，使所确定的技术方案或项目一定要实用可行，符合企业的发展现状。既不能过分超前，也不能落后于当前的技术发展水平。

二、教学目的和要求

本课程的教学目的是，通过本课程学习使学员掌握技术经济学的基本概念和方法，进而掌握工程机械产品在开发设计、生产经营、使用管理过程中的一般技术经济分析方法，从而达到在工程技术实践中主动运用技术经济原理，减少资源消耗，降低生产成本，最大程度地提高企业产品经济与社会效益。为此提出以下几点要求。

1. 自觉学习和领会国家的有关经济、技术发展战略和政策

国家的经济、技术发展战略和政策是进行技术经济评价的基本依据。工程项目的提出应符合国家经济发展战略的大政方针，所提出的技术方案应以国家技术发展政策为导向。只有这样，所制定的技术方案或项目才能具有良好的发展前景，才有希望获得较高的经济及社会效益。国民经济发展战略是确定工程技术项目决策目标的依据。没有明确的目标，就会使方案的拟定具有盲目性，方案的评价也就没了评判标准，就不能实现决策的科学化。因此，作为一名现代工程技术人员，必须经常不断的认真学习和掌握国家经济、技术发展战略的大政方针，及时了解国家经济、社会发展政策调整与变化的各种信息，以使自己的工作主动适应国家的经济、技术发展方向。

2. 善于调查研究和进行预测工作

技术经济分析的第一步就是要收集、整理、分析大量的数据资料，因而要求工程技术人员要善于做深入细致的调查研究工作，要具有敏锐地观察问题和解决问题的能力。只有通过深入细致的调查研究，才能掌握较全面的信息，对问题的全局获得正确地认识，为后续工作打下坚实的基础。进行科学预测是技术经济学的基本特点，是正确决策的重要依据。凡事预则立，不预则废。只有对未来经济与社会发展方向作出正确的估计与判断，才能为正确的决策提供可靠的依据，从而使我们的工作不犯或少犯错误。科学预测是决策科学化的重要工具。

3. 学会拟定多种可行方案进行比较选优

进行技术经济分析，要求两种以上的可行替代方案。学会拟定多种替代方案是技术经济研究人员的基本功。通过一定的分析计算方法，进行方案评价和选优是技术经济学的基本分析原理。技术方案是指以技术为基础，由人力、物力、财力、运力、自然力和时力组成的，为达到某种目的和满足某种需要而形成的一种运行程序或运动系统。拟定替代或备选方案，就是从不同的角度出发，应用不同的工作原理，凭借各种工作经验制订出多种能够实现相同目标的可行方案。只有当存在多种替代方案时，才有可能进行方案的选优工作。有比较才能有鉴别，如果只有一种方案，就无所谓优选的问题，所进行的决策也是非常危险的。此外，在寻求多种方

案的过程中常常会伴随有新的发现和创造。

4. 善于把定性分析和定量分析相结合

技术经济学是以定量分析为主要内容的应用学科。通过各种定量计算分析,可以深刻揭示和认识事物的本质,掌握其规律性。只有当达到了量化的程度,才能算作真正意义上的科学研究。正因为技术经济学采用了一系列的经济数学方法,才使其发展成为一门普遍应用的现代学科。

定性分析是以经验为基础的传统分析方法,以定性分析为主的决策,是根据决策人员的经验、直觉、学识、洞察力和逻辑推理能力进行决策的方法,这种决策往往带有一定的主观性。

然而,由于实际情况的复杂多变,一些因素还难以用定量的方法描述和计算,还需要进行一定的定性分析。因此,在技术经济分析中,应当把定性分析和定量分析有机的结合起来,并通过深入的调查研究,努力提高定性分析的客观性,使分析结果更加正确可靠。

5. 成为既懂工程技术,又懂经济分析的人才

掌握技术经济学基本原理,增强经济意识,使自己成为一名既懂工程技术,又懂经济方法的现代复合型人才。

工程机械技术经济学还处在发展的初始阶段,因此,本学科目前的主要任务应当是探讨技术经济学原理和方法在工程机械领域各个方面的实际应用问题,以获取工程机械领域各方面的最佳技术经济效益。随着社会经济技术的不断发展,工程机械行业在社会发展中的地位和作用日益显现,工程机械产品随处可见,并已成为经济建设乃至人们生活中不可或缺的组成部分。因此,可以预料,工程机械技术经济学有着良好的发展前景,并将对工程机械行业的发展起到重要的推动作用。

第二章　技术经济学基本原理

第一节　经济效果及其影响因素

一、经济效果的概念和表达形式

经济效果，又称作经济效益，是指人们在生产实践活动中的劳动耗费同所创造的劳动成果（使用价值）间的比较关系，即投入与产出的比较关系。

劳动耗费包括劳动占用和劳动消耗两个方面。劳动占用是指在生产过程中表现为占用形式的物化劳动量，例如，厂房、机器设备等劳动工具和原材料、动力、燃料储备等。劳动消耗指生产过程中的人力和物化劳动消耗。物化劳动消耗包括两个方面，一方面指原材料、动力、燃料等在生产过程中的一次性消耗，它们在产品的制造过程中失去原有形态，改变了物理和化学性能，转化为另一种形态的使用价值；另一方面指厂房、机器设备等劳动工具在生产过程中的循环使用、逐渐磨损和失效。

劳动成果是指在生产活动中消耗和占用劳动所创造出来的、对社会有用的各种产品或服务。具体讲，劳动成果就是指产品的数量和质量两方面。

从经济效果最大化的意义上讲，人们总是希望以最少的劳动耗费获得最大的劳动成果，这是技术经济分析的基本准则和目标。经济效果有比率式和量差式两种基本表达形式。

1. 比率式

经济效果的比率表达式：

$$E_1 = \frac{V}{C} \tag{2-1}$$

式中：E_1——经济效果（相对值）；

V——劳动成果（产出）；

C——劳动耗费（投入）。

比率式表示单位经济效果的大小，即单位劳动耗费所产生的劳动成果。当 $V/C>1$ 时，技术方案是可行的；技术方案选择的准则是 V/C 最大。

比率式表示了劳动成果与劳动耗费间的相对比较关系，它所表示的是经济效果的质的方面。相对经济效果越大，说明企业的技术和管理水平越高。

2. 量差式

经济效果的量差表达式：

$$E_2 = V - C = C(E_1 - 1) \tag{2-2}$$

式中：E_2——经济效果（绝对值）。

量差式表示经济效果的绝对值。当（$V-C$）>0 时，技术方案是可行的；技术方案选择的准则是$(V-C)$最大。

量差式表示劳动成果与劳动耗费间的绝对比较关系，它表示了经济效果的数量方面。经济效果的绝对值越大，说明企业的规模越大。经济效果的量差表达式还说明，当相对经济效益不变时，投入越大，经济效果就越大，这就是规模效益。

二、影响经济效果的因素

影响经济效果的因素可以从劳动成果、劳动耗费及其相互关系等方面加以分析。影响经济效果的因素很多，可分为直接因素和间接因素。直接影响因素有以下方面。

1. 产品产量和品种数量

在其他条件相同时，增加企业产品的产量和品种规格数量，经济效果就可以正比例地提高。企业开工率不足，设备利用率不高，产量和品种数量少，经济效益就会降低。

2. 产品质量

产品质量水平的高低直接影响经济效果。提高成品率、优质品率和新产品率，经济效益和经济效率就可以提高。

3. 资金利用效率

节约资金是提高企业、社会经济效益的一个非常重要的方面。

4. 能源和原材料的利用效率

在工业产品成本中，能源和原材料费用占很大的比重（50% ~90%）。所以，节约使用物资，尤其是紧缺的原材料和能源，提高它们的利用效率，有助于显著提高经济效益。

5. 人力资源的利用效率

提高劳动生产率，合理利用人力资源，也是提高经济效益的一个重要途径。

6. 自然资源的利用效率

要把有限的自然资源利用好，提高利用效率，节约自然资源，发挥自然资源的最大作用，这样才有利于经济效益的提高。

7. 时间利用效率

时间就是速度，时间就是经济效益。缩短建设工期，缩短达产期，缩短生产周期，加快流动资金周转的速度，就能够提高经济效益。

8. 经济结构和各种生产要素

提高经济效益的一条重要途径是调整经济结构和合理分配各种生产要素。价格是经济评价和利益分配的工具。如果价格不合理，既不能客观地反映经济效益的大小，也不能合理地分配利益，使各方面积极性受影响，最后都对经济效益产生不好的影响。所以，价格合理化是提高企业和社会经济效益的一个很重要的途径。

经济效果的间接影响因素有技术方面的，社会经济的，生产力的，生产关系的，经济基础的，上层建筑的等。归纳起来，有政治、国防、社会、技术、经济、环境、自然资源七个方面。

根据分析，可以提出提高企业和社会经济效果的各方面措施。比如在政治方面：对外开放对内搞活，进行政治体制改革，加强精神文明建设等；社会方面：发展教育和文化，增强身体健康；技术方面：科技体制改革，加快技术进步；经济方面：进行经济体制改革，转变经济增长方式，增产节约，改进经济管理等。由此可见，提高企业和社会经济效果需要采取各方面的措施，必须依靠和动员企业和全社会的力量。

第二节　经济效果评价指标

对经济效果的具体评价，根据不同的工程技术领域需要应用不同的技术经济指标。各种指标是定量描述经济技术活动的基本参数和依据，也是评价工程技术项目经济效益的重要标准。

一、技术经济指标体系的类型

根据评价的不同侧重点和形式，技术经济指标体系分为以下类型。

1. 经济指标体系和技术指标体系

经济指标体系是反映技术方案经济状况的指标体系。经济指标有三种用途：一是用作技术方案经济评价指标，如超额利税、超额利润、资金利税率、资金利润率等；二是作为计算技术经济模型的确定性经济指标，如发电出力、单位千瓦投资、汇率、利率、税率等；三是作为影响技术经济效果的不确定性经济指标，如市场价格、销售量等。技术指标也有三种用途：一是用作技术评价指标；二是作为经济指标的计算依据；三是用作技术方案的代表性参变数，如电力导线经济截面指标。

2. 货币指标体系和实物指标体系

货币指标体系的最大优点是能够把各种形式的实物指标通过价值（货币）的形式统一起来，给技术经济评价和计算带来极大的方便；缺点是包含通货膨胀因素，不真实反映实物指标。实物指标体系反映实物平衡状况，是货币指标计算的基础。

3. 综合指标体系和单项指标体系

综合指标体系能够反映技术方案综合技术经济状况；单项指标体系只能反映某个局部的技术经济状况。局部和综合是相对的，局部是综合的基础。比如，成本指标对超额利润指标来说是单项指标，但对原材料成本、能源成本、工资成本等指标来说是综合指标。

4. 数量指标体系和质量指标体系

反映技术经济各方面数量关系的是数量指标体系；反映内在和外在的本质、特征与功能的指标体系是质量指标体系。为了定量计算，不少质量指标要采用各种方式转化为数量指标。

5. 相对数量指标体系和绝对数量指标体系

相对数量指标常常是一种系数、比例、百分比、比值和单位数值，如经济效果系数、折旧率、利率、税率、资金利税率、劳动生产率、资金利润率、单位投资、单位成本、单位价格和单位消耗等指标，容易反映技术方案之间的相对经济关系，也是绝对数量指标计算的基础。

6. 宏观指标体系和微观指标体系

反映宏观范围的技术经济指标形成宏观指标体系；反映微观范围的技术经济指标形成微观指标体系。

7. 动态指标体系和静态指标体系

考虑时间因素的技术经济指标体系是动态指标体系，不考虑时间因素的指标体系称为静态指标体系。

二、反映劳动耗费的指标

反映劳动耗费的指标主要包括产品成本指标和建设项目投资指标。

1. 产品成本指标

所谓成本，是指人们为达成一事或取得一物所必须付出或已经付出的代价。产品成本是指生产和销售产品所花费的全部费用的总和。发生在生产过程中的费用称为生产成本（亦称工厂成本），生产成本与销售费用之和称为销售成本。

（1）产品成本项目

按照产品成本中所包含的各种费用的经济用途和财务核算层次，可将产品成本划分为以下七个项目。

①原材料：构成产品实体的原料、材料、外购半成品、零件、配件及辅助材料等。

②燃料和动力：直接用于产品生产的外购和自制的燃料和动力。

③工资及工资附加费：直接参加产品生产的工人的工资、附加工资和提取的福利基金。

④废品损失：生产过程中产生废品所导致的损失。

⑤车间经费：指生产车间为管理和组织生产所发生的费用，如车间管理人员工资和应提取的职工福利基金、办公费、车间消耗性材料支出、维修费、劳动保护费以及车间厂房和设备的折旧费等。

⑥企业管理费：指为管理和组织企业生产所发生的费用，如企业管理人员的工资和应提取的职工福利基金、行政管理费、工会经费、运输费、试验设计费、折旧费及利息支出等。

⑦ 销售费用：在产品销售中所发生的费用，如推销费、广告费、售后服务费等。

（2）不变成本与可变成本

按照产品成本中各种费用与产品产量的关系，可将产品的成本划分为不变（固定）成本和可变（变动）成本。

①不变成本：指在一定生产规模内不随产品产量的变化而变化的费用，如管理人员工资、行政管理费、基本工资、固定资产折旧费等。

②可变成本：指产品成本中随产品产量变化而随之变化的费用，如构成产品实体的原材料的费用，随产品产量增加而增加的燃料费、动力费，实行计件工资制的生产工人的工资等。

（3）经营成本

经营成本是指产品成本中扣除固定资产折旧费（包括无形资产的摊销费，如技术转让费、咨询费等）后的余额。技术经济分析是工程项目实施的全过程，在这一过程中，固定资产投资已被作为现金流出，所以在产品的生产经营活动中真正的现金流出是不包括折旧费的。

（4）机会成本

在进行生产经营决策时，如果用某些生产要素生产某种产品，同时就要放弃利用这些要素去生产另一种产品的机会。为生产某种产品（项目投资）而放弃另一种产品生产（或另一种项目投资）所能带来的收益，就称为生产这种产品（这一投资项目）的机会成本。

机会成本又称择一成本，是现代投资者所必备的基本概念，它可帮助投资决策者进行科学的思维与抉择，是选择最佳方案的重要因素。

2. 投资指标

投资的概念有广义和狭义之分，广义的投资是指人们的一种有目的的经济行为，即把一定的资源投入某项计划，以获取所希望的收益。所投入的资源可以是资金，也可以是人力、技术或其他资源。狭义的投资，是指人们在社会生产活动中为实现某种预定的生产经营目标而预先垫支的资金。

在工业生产活动中，投资包括固定资产投资（固定资金）和流动资金。

固定资产投资是指用于兴建厂房、建筑物和购买机器设备等固定资产的投资。固定资产的特点是能长期使用而不改变其实物形态，其价值随着生产过程的进行及自身的磨损而逐渐向产品成本中转移。把固定资产的价值逐渐转移到产品成本中去的过程又称为固定资产折旧，折旧是对固定资产磨损和价值损耗的补偿。固定资产折旧所提取的资金称为固定资产折旧费。

流动资金是指用于购买生产所需的原材料、半成品、燃料、动力以及支付工资等费用。流动资金的特点是，随着生产过程和流通过程的持续进行，不断地从一种形态转变为另一种形态。

(1)投资总额

投资总额是指为实现技术方案而支付的全部资金的总和。投资总额反映了项目建设规模的大小。投资总额包括固定资产投资总额和流动资金投资总额。

固定资产投资总额 K 可按下式计算：

$$K=(K_m+K_f+K_w)(1+a) \tag{2-3}$$

式中：K_m——机器设备投资额估算值；

K_f——建筑物投资估算值；

K_w——其他费用估算值；

a——不可预见因素费用系数，可取 0.05 ~ 0.10。

流动资金投资总额有下列几种估算方法：

①按经营成本的一定比例估算。

②按固定资产的一定比例估算。

③按年销售收入的一定比例估算。

(2)单位产品投资额

单位产品投资额 K_e 是投资总额与产品年产量间的比值，它反映了技术方案的投资水平，其计算公式为：

$$K_e=\frac{K_Z}{Q} \tag{2-4}$$

式中：K_Z——投资总额；

Q——产品的年产量。

三、反映经济效果的指标

评价经济效果的指标主要包括产品数量指标、品种指标、质量指标、时间因素指标和价值指标等。具体指标的形式十分繁杂，下面仅介绍常用的重要指标。

1. 总产值

总产值是企业生产的成品、半成品和处于加工过程中的在制品价值的总和，可按现行市场价格或不变价格计算。技术方案寿命期内的总产值 S 可按下式计算：

$$S=\sum_{i=1}^{n}Q_iJ_i \tag{2-5}$$

式中：Q_i——第 i 种产品（劳务）的总产量（工作量）；

J_i——第 i 种产品（劳务）的价格；

n——产品的品种数量。

2. 销售收入

销售收入是指向社会出售商品或提供劳务所获得的货币收入。销售收入等于商品销售量与商品单价的乘积。这里的单价是出售商品时的市场价格。只有当产品在市场上被出售,才能为企业和社会带来实际的收益。因此,销售收入是反映技术项目经济效益的重要指标。

在进行项目的技术经济评价时,往往假定项目投产后每年的产品全部售出,即产量等于销售量,在这种情况下总产值与销售收入相等。

3. 利润

利润是从企业的销售收入中扣除产品成本和税金后的余额。销售收入扣除销售成本后的剩余部分是企业的纯收入。纯收入是企业新创造的价值的一部分,要在全社会范围内进行再分配,其中一部分由国家以税收的方式征收,作为国家的财政收入,剩余部分就是企业的税后利润。

销售收入减去经营成本和应纳税金后的余额称为净收益,净收益也是技术经济分析的重要指标。

4. 投资回收期

投资回收期是指从项目投建之日起,用项目各年的净收益将全部投资收回所需的期限。投资回收期的一般表达式为:

$$\sum_{i=0}^{T_P}(B_i - C_i) = K_Z \tag{2-6}$$

式中:T_P——投资回收期;

B_i——第 i 年的项目收入;

C_i——第 i 年的项目支出(不包括投资);

K_Z——投资总额。

如果年平均净收益为 P_A,则投资回收期有以下简单计算公式:

$$T_P = \frac{K_Z}{P_A} \tag{2-7}$$

投资回收期反映了技术项目收回原始投资的能力,投资回收期越短,说明项目运营后收回投资所花的时间越少,因而投资的风险也越小。技术方案的决策要受到未来不确定性因素的影响,时间越长,不确定因素所带来的风险越大,因为离现实越远,人们所能确知的情况就越少。为此,为了降低投资风险,总希望投资回收期越短越好。

在技术经济分析中,如果项目的投资回收期小于或等于预先规定的基准投资回收期,则认为该项目是可以接受的。否则该项目就应予拒绝。

由于计算中未考虑资金的时间价值,所以上述指标也称作静态指标。

5. 投资收益率

投资收益率 R 是项目正常运营年份的净收益与投资总额的比值,一般用百分比表示。其计算式为:

$$R = \frac{P_A}{K_Z} \times 100\% \tag{2-8}$$

投资收益率反映了项目或企业的获利能力。把对投资项目要求的最低收益率称为基准收益率,简称 MARR。投资收益率大于或等于基准收益率的项目可以考虑接受。

第三节 技术经济分析的基本原理

一、技术经济分析的基本程序

技术经济分析活动一般包括确定目标、调查研究、建立模型和论证分析等基本过程。可分为以下几个步骤。

1. 确定目标与调查研究

确定目标就是制订项目方案所要达到的总体技术经济效果，一般用有关的经济及社会效益指标表示。明确的目标与合理的效益指标是进行技术经济分析的前提条件。调查研究的目的是：

(1)搜集各种有关的技术经济基本资料、原始数据以及合理化建议。

(2)检验技术经济理论方法和具体结论的准确性。

(3)总结技术发展的一般规律、实践经验和趋势。

(4)发现实际中存在的技术经济新方法。

调查研究应贯穿于技术经济分析活动的全过程。

2. 拟定各种可行方案

在这一步骤中，既不能把实际可能的技术方案漏掉，致使技术方案的最优选择可能不是实际上最优的技术方案；也不能把实际上不存在或不可能实现的(或不可能如期实现的)技术方案，也作为可能实现的技术方案进行比较，致使技术方案的经济比较和选择缺乏可靠的基础。

3. 对方案进行比较分析

在分析技术方案优缺点时，必须进行深入的调查研究；必须从兼顾企业和国家利益出发；必须从分析不同技术方案所引起的内、外部各种自然、技术、经济社会等方面的相互联系和所产生的影响出发；防止片面地找某个技术方案的优点和另一个技术方案的缺点。

4. 建立技术经济数学模型

在技术经济优缺点的分析基础上，就能够用相应的数学公式和方程来表达每个技术方案，技术经济效果指标的计算公式及其与各种参变数之间的函数关系，称它们为技术经济方程和数学模型。

5. 计算求解模型

为了计算和求解技术经济公式和数学模型，必须把所需要的各种资料和数据，代入技术经济公式和数学模型，进行运算。然后，可以求得经济上最优方案，这是经济评价很重要的一步。

6. 对技术方案进行综合评价

在许多情况下，上面对技术方案经济效果计算和优选的结果，就可以成为决策的重要依据。但是，技术方案的某些优缺点有时难以定量计算。因此，为了考虑技术方案在政治、国防、社会、环境生态、自然资源等方面的优缺点，还必须对技术方案进行综合的分析、论证和评价。最后，才能选定最佳的技术方案。

7. 技术方案的修改补充

应该指出，上面所进行的技术经济工作程序是一个动态过程。有时要根据经济评价和综合评价的结果进行反馈控制，对最初建立的一些方案进行修改和补充，然后再重新进行技术经济工作；当有些重要指标随着技术和经济的发展发生较大变化的时候，也要再进行技术经济工作，使方案的经济效益不断提高。总之，在任何方案的决策过程中以至在执行过程中都要经常做好技术工作。

二、技术经济分析的方法体系

技术经济学的方法体系如图 2-1 所示。

按照分析方法的种类区分，技术经济分析主要有以下类型。

1. 比较法

比较法是通过对每个技术方案的经济效果或综合效果的比较来优选最佳方案的一种方法。在比较方案数量少、各个比较方案彼此间又独立又互相排斥、比较方案的经济效果指标只和技术经济参变数有关等情况下，可用比较法选择其中最好的方案。比较法应用相当广泛。

2. 列表法

列表法是采用表格形式的一种方法。在技术经济中的应用有两种：一是“表示法”，二是“表解法”。所谓“表示法”是指利用列表的形式反映技术方案各种技术经济指标和数据的方法。“表解法”是指利用列表形式对技术方案进行计算评价和优选的方法。通常，先把技术方案参变数假定若干数值，然后将每个数值代入经济评价公式进行计算，最后求得经济效果的指标。整个计算过程和数据列在表上，从表上就可以看出技术方案经济效果的好坏，从而选择最优方案。列表法与比较法有密切关系，它们往往是相辅相成同时使用。

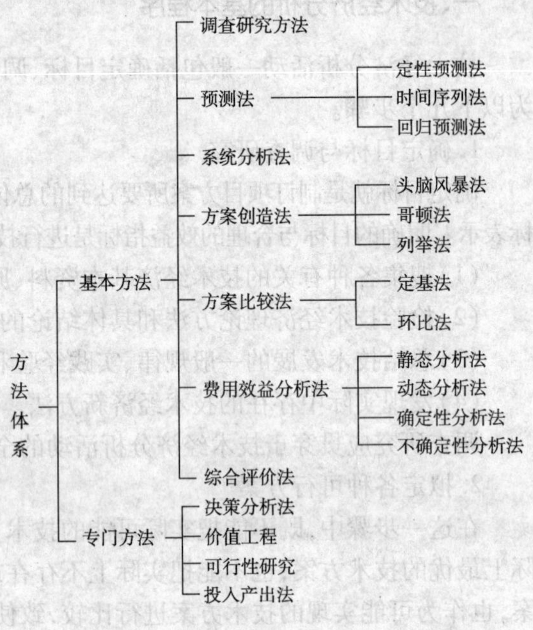

图 2-1　技术经济分析的方法体系

3. 图解法

在技术经济中常常应用“图示法”和“图解法”。“图示法”是用图来形象地表示技术经济计算及其结果的方法；“图解法”是指用绘图技术对各种方案进行经济比较和优选的一种方法。在技术经济中采用较多的图解法有技术经济优化图、技术经济决策树和技术经济网络图等几种。

4. 分析法

分析法是与综合法相对的一种研究问题的方法。在技术经济评价中，除了系统分析法以外，还采用技术经济因素分析法(敏感性分析法)、经济临界点分析法(盈亏分析法)、经济安全系数分析法，最小最大(或最大最小)和最大最大(或最小最小)分析法等。

5. 数学方法

数学在技术经济研究中起着很重要的作用。常用的数学方法有以下几种：①普通数学法主要是运用加、减、乘、除、等式运算和代数等方法计算各种技术经济指标，例如计算成本、投资、经济效果等。②数学分析法，数学分析法主要是微分方法和矩阵方法。矩阵方法在技术经济中的应用最主要就是投入产出法的应用。③运筹学方法，在技术经济评价中应用较多的运筹学方法，一般是线性规划、非线性规划、静态规划和动态规划这几种。④数理统计和概率论方法，在技术经济评价中，需要处理许多社会经济现象和自然现象，而它们有不少是比较复杂的、在目前还没有找到一定的规律性，因此，必须利用概率论和数理统计方法来处理这些现象，为解决技术经济问题提供科学依据。概率论和数理统计在不确定情况下的技术经济评价中的应用有以下几种方法：技术经济期望值法、技术经济模拟法、技术经济决策树法。

从技术经济评价涉及的范围分，有微观技术经济评价和宏观技术经济评价。两种评价的区别如下。

(1)评价立场不同：微观技术经济评价计算方法是站在局部利益主体（如企业、行业、地区）的立场上，对技术方案本身所发生的经济利益关系进行分析计算；宏观技术经济评价计算是站在全社会和国家的立场上，对技术方案所发生的内外部经济利益关系进行分析计算。

(2)评价目的不同：宏观技术经济评价可为决策提供科学依据；微观技术经济评价只有在符合国家利益的前提下，可为决策提供科学依据；一般只能为调节国家和局部利益关系提供依据。

(3)经济含义不同：如税收对宏观技术经济评价来说是收入不是费用，而对微观来说是费用。

(4)计算范围不同：微观技术经济评价只考虑局部利益主体企业本身的直接经济效益，而宏观还要考虑由它引起的间接经济效益。

(5)采用指标不同：微观技术经济评价采用现行价格、现行税率、现行利率、现行汇率和实际寿命期，宏观则要采用合理价格、各种经济效果系数、影子价格、合理汇率和计算寿命期。

两种评价的共同点如下：

(1)除法和减法：不论哪种技术经济评价方法，不外乎两种计算形式，一种是用除法形式，另一种是用减法形式。

(2)总量和增量：采用总量计算的是绝对经济效果，采用增量计算的是相对经济效果。总量和增量这两种计算形式无论在宏观和微观技术经济评价方法中都是有用的。

(3)静态和动态：在宏观和微观技术经济评价方法中，这两种计算形式都被采用。实际上，考虑时间因素的动态计算形式采用的较多。动态计算有"现值法"和"时值法"两种时间因素折算方法。

(4)总值和年值：总值是指整个计算期或寿命期内的总经济量，年值是指整个计算期或寿命期内每年平均的经济量。算总值和算年值在宏观和微观技术经济评价方法中都是一样有用的。对于寿命期不等的多方案经济比较计算，以采用年值计算形式为好。如果用总值计算形式，则要采用相同的计算期或寿命期。

(5)综合优化：在宏观和微观技术经济评价中，都考虑了多、快、好、省四方面的要求，以达到多、快、好、省综合优化配置资源的目的。

三、技术经济分析的可比性原理

从多个替代方案中选择最优方案是技术经济学的基本分析方法。为了使评价选择的结果正确可靠，所有进行技术经济分析的替代方案必须具备共同的比较基础，即供选择的各个方案应具有可比性。技术经济分析所涉及的技术方案或项目一般都比较复杂，影响的因素比较多。如比较方案的技术经济因素往往存在一定的差异，因此，在进行方案选择之前，首先应当考察其是否具备可比条件，如果不具备可比性，就应当通过适当的方法进行条件转换或修改，以满足方案分析的可比条件。

根据可比性原理，两个以上技术方案进行技术经济比较时，必须满足四个可比条件，即：满足需要上可比，消耗费用上可比，价格指标上可比，时间上可比。

1. 满足需要的可比条件

任何技术方案都是为了满足一定的社会需要。从技术经济分析的角度出发，一种技术方案与另一种技术方案进行比较，首先必须满足相同的需要，否则，它们之间就不能相互替代，也就不能相互比较。这是最重要的可比条件。例如，铜和铝具有不同的材料特性，可满足不同的社会需要，一般不能直接相比，但当做同一种用途时，如输电导线，就可以进行比较。

满足需要的指标一般包括产量、质量和品种等方面的评价指标。

当所比较的方案产量不同时，应当用单位指标进行比较，如用单位产品投资额、单位产品经营费用等指标进行比较。

【例 2-1】 某产品有两个建设方案，方案 I 的投资总额为 1 000 万元，年产量为 20 万件，预计年经营成本为 2 万元；方案 II 的投资总额为 1 500 万元，年产量为 25 万件，预计年经营成本为 3 万元。试用产量可比条件分析两种建设方案。

解：由于两方案的年产量不等，应该用单位指标进行比较。设方案 I 和方案 II 的单位产品投资额、单位产品经营费用分别为 K_{e1}、C_{e1} 和 K_{e2}、C_{e2}，则有：

单位产品投资额
$$K_{e1}=\frac{1\ 000}{20}=50(\text{万元/万件})$$

$$K_{e2}=\frac{1\ 500}{25}=60(\text{万元/万件})$$

单位产品经营费用
$$C_{e1}=\frac{2}{20}=0.1(\text{万元/万件})$$

$$C_{e2}=\frac{3}{25}=0.12(\text{万元/万件})$$

由于 $K_{e1}<K_{e2}$，且 $C_{e1}<C_{e2}$，所以方案 I 较优。

当所比较的方案产品质量有差异时，应首先用使用效果系数对其投资总额和经营成本进行修正，然后再进行比较。使用效果系数 k 的计算公式如下：

$$k=\frac{E_{k1}}{E_{k2}} \tag{2-9}$$

式中：E_{k1}——方案 I 的使用效果；

E_{k2}——方案 II 的使用效果。

修正后方案 I 的投资总额和经营成本分别可按下式计算：

$$K'_{Z1}=\frac{1}{k}K_{Z1} \tag{2-10}$$

$$C'_{1}=\frac{1}{k}C_{1} \tag{2-11}$$

式中：K_{Z1}、K'_{Z1}——分别为调整前、后方案 I 的投资总额；

C_1、C'_1——分别为调整前、后方案 I 的经营成本。

【例 2-2】 假如方案 I 与方案 II 的产量相同，方案 I 的投资总额为 1 500 万元，方案 II 的投资总额为 1 200 万元；方案 I 的使用寿命为 12 年，方案 II 的使用寿命为 8 年。试比较两方案的优劣。

解：由题意可知，两方案的使用效果不同，且 $E_{k1}=12$ 年，$E_{k2}=8$ 年，由式(2-9)可得使用效果系数为

$$k=\frac{E_{k1}}{E_{k2}}=\frac{12}{8}=1.5$$

对 K_{Z1} 进行修正后，得：

$$K'_{Z1}=\frac{1}{k}K_{Z1}=\frac{1}{1.5}\times 1\ 500=1\ 000(\text{万元})$$

由此可见，在质量可比的条件下方案 I 的投资总额低于方案 II 的投资总额，故方案 I 较优。

2. 消耗费用的可比条件

消耗费用的可比条件是指：在进行费用指标的计算和比较时，不仅要计算和比较方案本身的各种费用，还应考虑相关费用，并且应采用统一的计算原则和方法。

为了使技术方案在消耗费用方面具有可比性，必须从国民经济的高度，从全社会的角度，用系统的观点和方法全面考察技术方案的各种费用。相关费用是指，为实现本方案所引起的其他相关环节或部门费用的增加或节约额。例如，某钢铁厂建设项目的分析，除考虑钢铁总厂工程投资外，还必须考虑与其相关的配套工程的投资费用的影响，如冶金备件制造厂工程、耐火材料厂工程、辅助材料工程等的投资，以及外部配套工程，如铁路工程、矿石转运港口等工程的相关费用。

采用统一的计算原则是指，在计算技术方案的消耗费用时，各方案的费用结构和计算范围应当一致。采用统一的方法是指各项费用的计算方法必须一致。

3. 价格指标的可比条件

价格可比是指在计算技术经济方案的各项费用和收益时，必须采用合理一致的价格。

合理价格是指价格能够反映产品的价值，各种产品之间的比价合理。由于种种原因，许多产品的价格与价值之间会出现严重背离的现象。如果采用这种价格进行技术经济分析计算，就会给评价结果带来假象，使评价结果失真，甚至会导致错误的结论。为此，在技术经济分析中可采用理论价格。理论价格等于单位产品必要成本（社会必要成本）与单位产品利润之和。

一致价格是指计算价格应与方案实施的时期相一致，对不同时期的技术方案分析比较时，必须采用相应时期的价格指标。

4. 满足时间可比的条件

满足时间可比的条件主要有以下两个方面：

（1）对不同技术方案的经济比较应采用相同的计算期。如甲、乙两方案的经济寿命周期分别为 10 年和 5 年，就不能把甲方案在 10 年期间的经济效果与乙方案在 5 年期间的经济效果作比较，因为两个方案在时间上不可比。只有把它们折合成相同的计算期方可进行比较。例如，可将乙方案重复建设一次，就可以 10 年为计算期来比较两方案的经济性。

（2）技术方案在不同时间内产生的效益和费用，不能将其直接简单相加，必须考虑时间因素的影响。资金的价值与时间有着密切的关系。如果资金闲置，不仅不能产生利润，而且还会损失或付出利息，从而造成资金的浪费。

投资的方式不当也会造成投资效果较大的差异。例如，某项目需 3 年完成，项目总投资 45 万元。假如年贷款利率为 10%，有两种投资方式：

第一种投资方式是，工程开始时一次投资 45 万元，则项目建成时按复利法计算的总投资额约为 60 万元；

第二种投资方式为分期投资，三年的投资额分别为10万元、15万元、20万元，项目建成时同样按复利法计算的总投资额约为53.5万元。即由于投资方式的不同，第二种投资方式比第一种投资方式可节约贷款利息6.5万元。

第四节　方案比较法与系统分析法的应用

技术经济分析就是对技术方案的经济效果，进行综合分析、计算、比较和评价，从中选取技术上先进，经济上合理的最优方案，为技术方案的确定提供科学依据。

技术经济效果是技术方案所带来的效益与由此而付出的耗费的比较。因此，要对技术方案作经济效果评价，就应对技术方案作效益—费用分析，将技术方案的效益与费用作比较，权衡效益与劳动耗费，投入与产出之间的合理关系。

技术经济分析的方法较多，下面介绍一些简便的技术经济分析方法，便于工程技术人员在实践中采用。

一、方案比较法

方案比较法是工程技术人员经常使用的一种简单分析方法，即从具有同一目标的几种不同方案中，借助于一组能够从各方面评价方案技术经济效果的指标体系，通过分析比较各方案的优劣，最后选出最优方案。

1. 方案比较法的程序

1）选择对比方案

方案是分析比较的对象，要正确地评价优选，首先要正确选择对比方案，在占有资料的基础上，对比方案应尽可能多一些，以确保优选的质量，但也不能把一切实际方案都选进来。

2）确定对比方案的指标体系

技术经济分析的目的，在于寻求方案的优劣比较，要比较就必须有共同的指标，然后按指标去寻找最优方案。若指标搞错了，将导致整个分析方向上的错误，确定对比方案的指标体系是重要的一环。在一般情况下，不同的方案有一些共性的指标，如前述的数量、质量、成本、投资、劳动生产率等。但由于不同方案的特性，还有些特定的指标，如设计精密仪器厂，地区的气候条件指标就是它的特定指标。

3）把比较方案的使用价值等同化

互相比较的方案，由于一些指标和参数的不同，往往难于直接对比。因此需要对一些不能直接对比的指标，进行处理，使方案在使用价值上等同化，然后比较评选，如照明用20W日光灯管与20W普通白炽灯泡的使用价值是不同的。确定两种灯的技术经济效果时，它们的投资和使用费用就无法进行直接比较，必须把白炽灯炮的照度换算成日光灯管的照度后，使其使用价值等同化，才能对它们的耗费指标进行比较。

4）分析和比较指标

对不同的技术方案中可计量的指标，分别进行计算和分析，得出定量分析的结果。对方案中不可计量的指标应通过经验分析，定性地确定其分析的结果。

5）综合分析确定最优方案

在定量分析和定性分析的基础上，综合分析评价各方案的社会、技术、经济效果，经过反复比较权衡，选出最优方案。

2. 方案比较法的定量分析方法

定量分析和定性分析是互为补充和相互结合使用的,定性分析往往是通过主观分析和经验积累,以及可能的客观实验判断之后,把分析结果用文字描述出来。而定量分析则要进行具体的计算,通过数学公式和图表等形式,把分析结果用数值表达出来。由于某些定性的质量效果往往可以通过定量的数量效果反映出来,所以定量分析比定性分析复杂和重要。

下面主要叙述比较法的定量分析方法。

1)比较方案使用价值等同化

方案比较法一般要先把被比较方案的使用价值等同化,然后才能对它们的耗费指标进行比较。使用价值等同化的主要指标有数量、质量、品种和时间等。有关产量不同的可比性、质量不同的可比性和时间因素的可比性,可参阅"技术经济分析的比较原理"一节。

2)不同方案消耗费用的比较

比较各方案的消耗费用时,不一定计算每个方案的全部绝对值,只需计算费用有差别部分即可。

如有两个方案的费用消耗中,其管理费用、辅助材料、动力和折旧费用都相同,只有基本材料和工资不同,在方案比较时,只比较基本材料和工资方面的差别即可,假定第Ⅰ和第Ⅱ方案中基本材料费各为500元和550元,工资费用各为200元和300元,则第Ⅰ方案与第Ⅱ方案相比较的费用消耗节约额为:

$$(550-500)+(300-200)=150(\text{元})$$

在进行费用消耗的比较时,必须采用统一的原则,即各方案的费用结构和计算范围应当一致。如估算投资指标时,把流动资金包括在内还是只考虑固定投资,各方案必须一致,而且计算方法亦应一致。

消耗费用相比时,必须考虑相关费用。考虑相关费用就是不仅计算和比较方案本身的费用,而且要从整个国民经济出发,计算和比较因实现本方案而引起相关部门所增加或减少的费用。特别是机械工业部门,它为国民经济各行各业提供劳动手段,它的技术经济效果不仅反映在本部门,最终要反映在国民经济其他各部门。因此,只有用系统的观点,全面考虑相关费用,消耗费用才是可比的。如一个钢铁总厂工程,两个方案费用消耗相比时,不仅要考虑总厂工程投资,还应考虑配套工程的投资。

3)不同方案投资回收期的比较

设投资额为 K_Z,年销售收入为 S,年产品成本为 C,则投资回收期 T_P 为:

$$T_P=\frac{K_Z}{S-C}(\text{年})$$

采用投资回收期进行方案评价时,应把技术方案的投资回收期与国家(或部门)规定的标准投资期 T_A 相比较,方能确定技术经济效果的大小及其取舍。取舍的条件是:

$$T_P \leqslant T_A$$

式中:T_A——标准投资回收期。

如果 $T_P \leqslant T_A$,则认为该方案是可取的;如果 $T_P > T_A$,则认为该方案是不可取的。在方案比较时,投资回收期最短的方案为最优方案。

可见,标准投资回收期是取舍方案的决策标准。

标准投资回收期的确定是一项很复杂的工作。各行各业生产性质和技术经济特点不同、技术发展速度不同、技术装备和投资结构不同、在国民经济中的作用和地位不同,所以标准投

资回收期不能确定一个统一的标准,它随着各行各业的不同,标准也各异,一般说来,标准投资回收期受下列因素影响:

(1)投资构成的比例。一般说来,生产性投资比重扩大,非生产性投资比重减少,回收期可以缩短。

(2)成本构成的比例。一般说来,成本降低,利润增加,则导致回收期的缩短。

(3)技术进步的程度。新产品发展速度快,老产品更新频率高,企业改建扩建加速等,都会使回收期缩短。

此外,产品价格、建设规模、投资能力等也会直接或间接影响投资回收期。

我国尚未规定全国和部门的标准投资回收期,但有历史数据可供参考。机械行业的投资回收期,一般电气设备为4年,汽车、拖拉机约为5年,仪表约为3年,机床、工具约为4~7年,重工业和造船业约为7年。国外的投资回收期一般比我国短,美国3~5年,日本3~4年。

用投资回收期的长短来评价技术方案,它反映了初始投资得到补偿的速度,从缩短资金占用周期,发挥资金的最大效用,加速扩大再生产来说是很必要的。但它没有考虑资金的时间价值等因素。

【例2-3】 新建某工厂,设计方案估算的投资总额为6亿元,年产值为4亿元,年生产成本为2.8亿元,设该工厂的标准投资回收期为7年,试问用投资回收期作为评价标准,该方案是否可取?

解:
$$T_{\mathrm{P}}=\frac{K_{\mathrm{Z}}}{S-C}=\frac{6}{4-2.8}=5(\text{年})$$

投资回收期只有5年,少于标准投资回收期,故可认为该方案是可取的。

4)不同方案折算费用的比较

从经济效果出发,一个技术方案是否经济合理,既取决于一次性投资的大小,又取决于方案实现后经常性费用的高低。因此,在比较不同方案时,必须把两者合为一体,进行比较。但把一次性投资和经常性费用加在一起是不可能的,因为它们不可比;为了可比,就需要利用标准投资效果系数对投资进行换算,使它们能够与经常性费用相加,这两者相加起来就叫做年折算费用。可用下列公式计算:

$$Z_1=C+E_{\mathrm{H}}K_{\mathrm{Z}} \tag{2-12}$$

式中:Z_1——年折算费用;

C——年生产成本;

E_{H}——标准投资效果系数。

如果相比较的技术方案效益指标是等同的,则年折算费用最低的方案是最优方案。

【例2-4】 为保证某种产品的产量达到某一水平,有三种基本建设投资方案:

方案I是改建现有工厂,其一次性投资$K_{\mathrm{Z1}}=2\,545$万元,年产品成本$C_1=760$万元;

方案II是建新厂,其一次性投资$K_{\mathrm{Z2}}=3\,340$万元,年产品成本$C_2=670$万元;

方案III是扩建现有工厂:其一次性投资$K_{\mathrm{Z3}}=4\,360$万元,年产品成本$C_3=650$万元。

如所在部门的标准投资效果系数为0.1,试用年折算费用选择最优方案。

解:$Z_1=C_1+E_{\mathrm{H}}K_{\mathrm{Z1}}=760+0.1\times2\,545=1\,014.5$(万元)

$Z_2=C_2+E_{\mathrm{H}}K_{\mathrm{Z2}}=670+0.1\times3\,340=1\,004$(万元)

$Z_3=C_3+E_{\mathrm{H}}K_{\mathrm{Z3}}=650+0.1\times4\,360=1\,086$(万元)

故方案Ⅱ最优。

二、系统分析法

系统分析法是从整体出发分析和处理事物的一种方法。

影响技术方案的因素是多方面的、各种各样的，而且它们之间又存在着错综复杂的关系。从技术角度要求，希望方案适用、安全、可靠并能合理利用自然资源等；从经济角度来看，希望技术方案消耗最少的劳动，以尽快的速度发挥最大的效益；从政治方面来看，技术方案必须符合党和国家的方针、政策和法令的要求；从社会方面来看，技术方案应满足环境保护、生态平衡以及保护自然资源等要求。因此，技术方案的优劣评价不能是单一的，而应是多方面的，即应从政治、社会、技术和经济四个方面进行全面评价。

1. 系统分析的概念

所谓系统，就是由若干个要素组成的既相互联系又互相制约、为实现一个共同目标而存在的有机集合体。如一个工厂、一条生产线、一套管理体制、一个技术方案等，都是一个系统。

系统分析就是把分析对象视为一个系统，首先为系统建立数学模型，再按照这种模型进行数学分析和经验判断，从中选出最优方案。

作为一个系统应具备以下六个基本特征：

(1)目标性：每个系统都具有特定的目标。

(2)组织性：系统分为总系统和子系统，总系统由子系统组成，各子系统具有一定的独立性。

(3)集合性：系统由若干个可以相互区别的要素组成。

(4)相关性：系统内的要素互相联系和互相作用。

(5)开放性：系统存在于一定的物质环境之中，它与外部环境产生物质的、能量和信息的联系与交换。

(6)状态性：系统具有静态和动态的特征。静态是不随时间变化的，而动态是随时间变化的。

系统分析可分为硬件系统分析和软件系统分析两种。硬件系统分析如产品设计方案的可靠性，结构的合理性等；软件系统分析如经济性，人力、物力、财力的管理与控制分析等。

2. 系统分析数学模型的建立

用系统分析法进行方案的技术经济分析，首先应把方案所涉及的许多变量，建立一个数学模型，然后对模型进行数学分析，得出方案的解。

数学模型就是用符号和函数关系，将目标、程序、系统规定下来，并把其间的变化关系，通过数学公式表示出来，它具有三个基本特征：

(1)解决问题和分析问题的抽象化和仿真化。

(2)它由与分析对象有关的许多因素构成。

(3)它表明各有关因素之间的关系。

数学模型的种类很多，在技术经济分析中主要有以下几种。

(1)确定性模型：它的常数及变量为确定值。如技术方案中求解目标值的指标体系中的所有变量均为确定值。

(2)随机模型：它的常数与变量具有概率特点。

(3)不确定性模型：它的常数与变量均是不确定值，需用主观分析的方法判断取值。数学

模型的一般表现形式是由两个条件组成,即目标函数和约束条件,即

$$\max 或 \min u = f(x,y)$$

$$s.t.\ g(x,y) = 0$$

$$\underline{X} \leqslant X \leqslant \overline{X}$$

式中:s. t. ——约束条件。

以上目标函数的方程 $u = f(x,y)$ 和约束条件 $g(x,y) = 0$ 及 $\underline{X} \leqslant X \leqslant \overline{X}$ 三个部分组成一个系统的数学模型。式中的 $x = x_1, x_2, \cdots, x_n$ 是可控变量,$y = y_1, y_2, \cdots, y_n$ 是不可控变量。$\underline{X}$、$\overline{X}$ 是 X 取值的上限与下限。目标函数 $f(x,y)$ 所要求达到最大或最小的效果即技术效果(如最大强度、最高精度、最大功率等)或经济效果(如最大利润、最小费用)等。约束条件是决定变量存在的领域范围(如尺寸范围、产量限制、强度限制等)。

以上表达式可根据 $f(x,y)$ 及 $g(x,y)$ 的性质和种类,采用不同的数学方法求得最优解。

设 X_j 为变数,C_j 为目标函数的常数,a_{ij} 及 b_i 为限界函数的常数,则线性规划数学模型的一般表达式为:

$$\max f(u) = \sum_{j=1}^{n} C_j X_j$$

$$s.t. \begin{cases} \sum_{j=1}^{n} a_{ij} x_j \leqslant b_i \\ x_j \geqslant 0 \end{cases} \quad i = 1, 2, \cdots, m$$

现举例说明线性规划数学模型的建立。

【例 2-5】 机器设备的使用问题

某汽车制造厂在某一时期内拟生产三种类型的汽车:小轿车、吉普车及卡车。汽车厂内三个主要车间的生产能力及每种汽车在三个车间的加工工时等原始数据见下表。求最优的品种计划,保证在现有生产能力条件下获得最大盈利。

原始数据表

汽车型号	工时耗费(工时/辆)			盈利(元/辆)
	铸工车间	冲压车间	喷漆装配	
小轿车	42	30	28	6 000
吉普车	15	24	21	5 000
卡车	30	6	14	9 600
总生产能力(工时)	45 000	24 000	28 000	

根据提供的资料,这家工厂应该有怎样的生产计划?什么是最优的生产计划?具体说,也就是在现有车间设备条件下,每种产品应该生产多少可以盈利最大?这家工厂可以订出大量不同的生产计划。如只生产任何一种产品或它们的任意组合,而在每种产品上又有不同数量的组合等大量方案。由于生产卡车的盈利最大,可以只生产卡车。如果产量按生产单位卡车所耗工时最多的铸工车间的能力来安排,这样一来,冲压车间和喷漆装配车间的大量工时就要白白地浪费。如果产量按生产单位卡车所耗工时最少的冲压车间的能力来安排,则铸工车间和喷漆装配车间的能力远远满足不了生产的要求。由此看来,必须通过两种以上产品的组合,才能合理使用各车间的生产能力。而每一种产品又有各种不同数量组合。像这样头绪很多,似乎很复杂的问题,一一列举方案,作出比较选优,是一件非常困难的工作。线性规划为我们提供了一种有效的方法。线性规划是研究对现有资源如何进行统一分配、全面安排、合理调配

或最优设计,以实现在给定的约束条件下取得最优的经济效果的一种科学方法。

设 x_1, x_2, x_3 分别为小轿车、吉普车和卡车的计划产量。目标是谋求最大的盈利,而盈利大小是由汽车的类型和数量决定的。所以目标函数为:

$$\max f(u) = 6\,000x_1 + 5\,000x_2 + 9\,600x_3$$

盈利虽然随着产品产量的增加而增加,但每种产品产量不能无限制的增加,要受车间生产能力的制约,三种汽车生产的总工时不能超过车间的生产能力,即:

$$42x_1 + 15x_2 + 30x_3 \leqslant 45\,000$$
$$30x_1 + 24x_2 + 6x_3 \leqslant 24\,000$$
$$28x_1 + 21x_2 + 14x_3 \leqslant 28\,000$$

在这些生产计划中,需要决定每种产品的产量。因为每种类型的汽车只能生产一定的数量,或根本不生产,也就是说产量应为正数或零,即 x 可以为零或大于零,而不能为负数,因此可以列出以下一组新的约束条件:

$$x_1 \geqslant 0, \quad x_2 \geqslant 0, \quad x_3 \geqslant 0$$

所以这个线性规划问题的数学模型为:

$$\max f(u) = 6\,000x_1 + 5\,000x_2 + 9\,600x_3$$

$$\text{s. t.} \begin{cases} 42x_1 + 15x_2 + 30x_3 \leqslant 45\,000 \\ 30x_1 + 24x_2 + 6x_3 \leqslant 24\,000 \\ 28x_1 + 21x_2 + 14x_3 \leqslant 28\,000 \\ x_1 \geqslant 0, x_2 \geqslant 0, x_3 \geqslant 0 \end{cases}$$

数学模型的建立是一种创造性的劳动,也是一种复杂的思维过程。建立数学模型时,应注意模型的准确性,且使其尽可能简化,以有利于系统分析。

从上例可见,线性规划的数学模型中,有变量、目标函数和约束条件。变量是评价者对于问题需要考虑的因素。考虑的因素越多,对问题的控制越细,越接近实际情况,但求解也越复杂。因此建立数学模型时,要抓住最本质的因素,去掉非本质的因素,力求建立的模型既简单又能真正反映问题的本质规律。

第三章　资金的时间价值与等值计算

时间是一种特殊的资源,任何物质资源的存在和发展都和时间密切地联系在一起,都包含、体现着时间的价值。资金也是这样,将它投入生产与流通环节后,由于劳动者的工作,使得资金在生产与流通过程中获得了一定的收益,使资金发生增值。换言之,资金在使用过程中产生了增值。而如果资金没有投入使用,无论经过多长时间,这笔资金将不会发生任何变化。相应于资金在使用中带来增值的情况,资金不投入使用就相当于放弃了资金的增值,或理解为资金闲置就相当于付出了一定的代价,其大小就是资金的时间价值,它是社会劳动创造价值能力的一种表现形式。

第一节　资金时间价值与等值计算的概念

一、资金时间价值的概念

如前所述,将资金投入使用后经过一段时间,资金便产生了增值,也就是说,由于资金在生产和流通环节中运动,使投资者得到了收益或盈利。不同时间发生的等额资金在价值上的差别,就是资金的时间价值。同样道理,如果把资金存入银行,经过一段时间后也会产生增值,这就是通常所说的利息。客户按期得到的利息是银行将吸纳的款项投资于工程项目之中所获得的盈利的一部分,盈利的另一部分则是银行承担风险运作资金的收益。盈利和利息是资金时间价值的两种表现形式,都是资金时间因素的体现,是衡量资金时间价值的绝对尺度。在工程技术经济分析中,对资金时间价值的计算方法与银行利息的计算方法是相同的,银行利息就是一种资金时间价值的表现形式。

在商品经济条件下,资金在生产与交换过程的运动中产生了增值,给投资者带来利润,其实质是由于劳动者在生产过程中创造了价值。从投资者的角度看,资金的增值特性使资金具有时间价值。另外,资金用于投资后则不能再用于现时消费,个人储蓄和国家积累的目的也是如此。从消费者的角度来看,资金的时间价值是对放弃现时消费带来的损失所做的必要补偿。

资金的时间价值是工程技术经济分析中重要的基本原理之一,是用动态分析法对项目投资方案进行对比、选择的依据和出发点。资金的时间价值是客观存在的,要正确地评价工业项目或技术方案的经济效果,不仅要考虑投资额与收回的效益的大小,还必须考虑投资与效益发生的时间,有效地利用"资金只有运作才会增值"的规律,以便取得更好的经济效益,促进经济和生产的发展。资金时间价值的大小主要取决于投资收益率、通货膨胀率和项目投资的风险。投资收益率反映出该工业项目或技术方案所能取得的盈利大小,通货膨胀率则反映投资者必须付出的因货币贬值所带来的损失,而投资风险往往又和投资回报相联系,通常回报越高,风险越大。投资风险的分析、判断、评估则会涉及政治、经济、金融、资源等多方面的因素。

二、资金等值计算的概念

资金的时间价值表明,在不同的时间付出或得到同样数额的资金,其经济价值是不等的。

也就是说，一笔数额确定的资金的经济价值随着时间的不同而不同。同样，根据资金时间价值的概念知道，数额不等的资金在不同的时间可能会具有相同的经济价值。例如，在年利率为5.22%的条件下，今年的100元钱与明年的105.22元是等值的，即：

$$100 \times (1 + 5.22\%) = 105.22$$

而今年的100元钱又与去年的95.04元等值，即：

$$100/(1 + 5.22\%) = 95.04$$

资金等值是指在不同时期(时点)绝对值不等而价值相等的资金。如上例，可以认为在年利率为5.22%的情况下，现在的100元与明年的105.22元是等值的。同样，还可以说，现在的100元与一年前的95.04元是等值的。

在比较工业项目或技术方案时，应该对项目或方案的各项投资与收益进行对比，而这些投资或收益往往发生在不同的时期，于是就必须将其按照一定的利率折算至某一相同时点，进行等值计算，使之具有可比性。等值计算是工程经济学中的一个重要内容，资金时间价值的计算方法是根据银行计算利息的方法而得到的。

第二节　利息、利率及计算

一、利息、利率的概念

1. 利息

如果将一笔资金存入银行(相当于银行占用了这笔资金)，经过了一段时间以后，资金所有者就能在该笔资金之外再得到一些报酬，我们称之为利息。一般地，利息是指占用资金所付出的代价(或放弃使用资金所得到的补偿)，存入银行的资金就叫做本金。于是有：

$$F_n = P + I_n \tag{3-1}$$

式中：F_n——本利和；

P——本金；

I_n——利息。

下标 n 表示计算利息的周期数，计息周期通常为“年”、“季”和“月”等。

2. 利率

利息通常由本金和利率计算得出，利率是指在一个计息周期内所应付出的利息额与本金之比，一般以百分数表示：

$$i = \frac{I_1}{P} \times 100\% \tag{3-2}$$

式中：i——利率；

I_1——一个计息周期的利息。

利率是银行根据国家的政治、经济形势及大政方针确定的，它可以反映国家在一定经济发展时期的经济状况及特色。利率的含义是每单位本金经过一个计息周期后的增值额。

二、单利与复利

利息的计算分单利法和复利法两种。

1. 单利法

单利法是每期均按原始本金计息，即不管计息周期为多少，每一期按原始本金计息一次，利息不再生利息。单利计息的计算公式为：

$$I_n = P \cdot n \cdot i \tag{3-3}$$

式中：I_n——总利息；

n——计息期数；

i——利率。

n 个计息周期后的本利和为：

$$F_n = P(1 + i \cdot n) \tag{3-4}$$

例如，存入银行 1 000 元本金，年利率为 6%，共存五年，每年计息周期的本金、利息和本利和见表 3-1。

单利法计息表 表 3-1

年 份	本 金	当年利息	本 利 和
1	1 000 元	1 000 元 ×0.06 =60 元	1 000 元 +60 =1 060 元
2	1 000 元	1 000 元 ×0.06 =60 元	1 000 元 +60 ×2 =1 120 元
3	1 000 元	1 000 元 ×0.06 =60 元	1 000 元 +60 ×3 =1 180 元
4	1 000 元	1 000 元 ×0.06 =60 元	1 000 元 +60 ×4 =1 240 元
5	1 000 元	1 000 元 ×0.06 =60 元	1 000 元 +60 ×5 =1 300 元

2. 复利法

复利法按本金与累计利息金额的和计息，也就是说除本金计息外，利息也生利息，每一计息周期的利息都要并入本金，再计利息。复利的计算公式为：

$$F_n = P(1 + i)^n \tag{3-5}$$

式(3-5)中各字母意义与式(3-4)相同。上例若按复利法计息，本金、利息和本利和见表3-2。

复利法计息表 表 3-2

年 份	本 金	当年利息	本 利 和
1	1 000 元	1 000 ×0.06 =60 元	1 000 +60 =1 060 元
2	1 060 元	1 060 ×0.06 =63.60 元	1 060 元 +63.60 =1 123.6 元
3	1 123.60 元	1 123.60 ×0.06 =67.42 元	1 123.60 +67.42 =1 191.02 元
4	1 191.02 元	1 191.02 ×0.06 =71.46 元	1 191.02 +71.46 =1 262.48 元
5	1 262.48 元	1 262.48 ×0.06 =75.75 元	1 262.48 +75.75 =1 338.23 元

从上面的例子可看出，同一笔本金，在 i、n 相同的情况下，用复利计息所得本利和比用单利计息所得要多，而实际占用资金的情况也正是复利所表达的，复利计息更符合资金在社会再生产过程中运动的实际。因此，工程经济分析中一般采用复利计算。

三、名义利率和实际利率

在技术经济分析中，复利的计算通常以年为计息周期，但实际上计息周期也有比一年短的，如半年、一个季度、一个月等。当利率的时间单位与计息周期不一致时，同样的年利率下，不同计息周期所得的利息不同，这是因为名义利率与实际利率不同。

1. 名义利率与实际利率的概念

名义利率是计息周期的利率与一年的计息次数之乘积。计息周期的利率可以是月利率，也可以是季利率或半年利率，这主要由借贷双方来确定。例如按月计算利息，月利率为1%，乘以12个月，其名义利率为12%。显然名义利率忽略了资金的时间价值。如果考虑资金的时间价值，用计息周期的利率按实际复利计算出来的利率为实际利率。例如有本金1 000元，月利率为1%，每月复利计息一次，则一年后的本利和为：

$$F = 1\,000(1+0.01)^{12} = 1\,126.8$$

实际年利率 i 为：

$$i = \frac{1\,126.8 - 1\,000}{1\,000} \times 100\% = 12.68\%$$

这里得到的12.68%就是实际利率，显然高于名义利率12%。

2. 实际利率计算公式

若名义利率为 r，一年中计息次数为 n，那么一个计息周期的利率就为 r/n，一年后的本利和为：

$$F = P\left(1+\frac{r}{n}\right)^n$$

利息为：

$$I = F - P = P\left(1+\frac{r}{n}\right)^n - P = P\left[\left(1+\frac{r}{n}\right)^n - 1\right]$$

实际利率为：

$$i = \frac{I}{P} = \frac{P\left[\left(1+\frac{r}{n}\right)^n - 1\right]}{P} = \left(1+\frac{r}{n}\right)^n - 1 \qquad (3\text{-}6)$$

上式即名义利率与实际利率的换算公式。式中当 $n=1$ 时，名义利率等于实际利率，当 $n>1$ 时，实际利率大于名义利率，且 n 越大，即一年 计算复利的有限次数越多，则年实际利率相对于名义利率就越高。

表3-3给出了当名义利率分别为12%和6%时，对应于不同计息周期的年实际利率值。

不同计息周期的年实际利率 表3-3

计息周期	一年内计息次数 n	年名义利率 r (%)	各期利率 r/n (%)	年实际利率 i (%)	年名义利率 r (%)	各期利率 r/n (%)	年实际利率 i (%)
年	1	12	12.000	12.000	6	6.000	6.000
半年	2	12	6.000	12.360	6	3.000	6.090
季	4	12	3.000	12.551	6	1.500	6.136 4
月	12	12	1.000	12.683	6	0.500	6.178
周	52	12	0.230 8	12.734	6	0.115 4	6.180 0
日	365	12	0.032 9	12.748	6	0.016 4	6.183 1

四、连续复利及计算

如果计息周期缩短，短到任意长，即无限缩短，则称为连续复利。由以上分析计算可以看出，对同一个年利息，计算次数越多，也就是计息周期越短，实际利率就越高。对于名义利率 r，若在一年中使计息次数无限多，也就是使计息周期无限小，就可得连续复利率计算公式：

$$i = \lim_{n\to\infty}\left(1+\frac{r}{n}\right)^n - 1 = \lim_{n\to\infty}\left[\left(1+\frac{r}{n}\right)^{\frac{n}{r}}\right]^r - 1 = e^r - 1 \qquad (3\text{-}7)$$

式中：r——名义利率；

e——自然对数的底。

可见，连续复利率为名义利率下实际利率的极限。

例如当年利率为12%时，其连续复利率为：

$$i = e^{0.12} - 1 = 12.75\%$$

当年利率为6%时，其连续复利率为：

$$i = e^{0.06} - 1 = 6.1837\%$$

第三节　现金流量与现金流量图

一、现金流量

工业企业的生产经营活动总是伴随着一定的物流和货币流。从物质形态上看，生产经营活动表现为人们使用各种工具和设备，消耗一定量的能源，将各种原材料加工转化成所需要的产品，如图3-1所示。从货币形态来看，生产经营活动表现为投入一定量的资金，花费一定量的成本，通过产品销售获取一定量的货币收入，如图3-2所示。工程经济研究货币的流动。

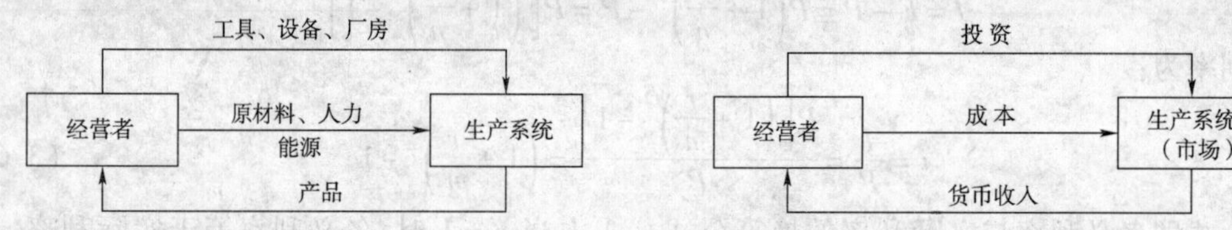

图3-1　工业企业物流简图　　图3-2　工业企业货币流简图

在工程经济分析中，通常总是将工程项目或技术方案视为一个独立的经济系统，来考察系统的经济效果。对一个系统而言，凡在某一时点上流出系统的货币称为现金流出或负现金流量；流入系统的货币称为现金流入或正现金流量；同一时间点上的现金流入和现金流出的代数和称为净现金流量。现金流入、现金流出及净现金流量统称为现金流量。

二、现金流量图

一个项目或方案的实施，往往要延续一段时间。在项目或方案的寿命期内，各种现金流量的数额和发生的时间又都不尽相同，为了便于分析不同时间点上的现金流入和现金流出，计算其净现金流量，通常采用现金流量图来表示项目在一段时间内发生的现金流量。

在现金流量图上，要表明现金流量的性质（流入或流出），发生时点和金额大小。如图3-3所示。其作法和规则如下：

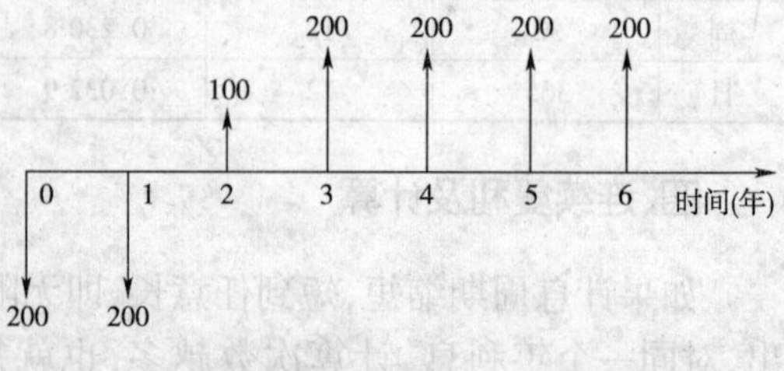

图3-3　现金流量图举例

（1）以横轴为时间轴，向右延伸表示时间的连续。横轴等分成若干间隔，每一间隔代表一个时间单位（通常为年），时间轴上的点称为时点。时点通常表示该年份的年末，同时也是下一年的年初。如0代表第一年年初，1代表第一年年末和第二年年初，依此类似。

（2）与横轴相连的垂直线，代表流入或流出系统的现金流量。箭头表示现金的流动方向。

箭头向上表示现金流入,箭头向下表示现金流出。

(3)箭头长短与现金流量大小成比例,并在箭头旁注明现金流量的金额。

在画现金流量图时,凡属收入、收益、借入的资金视为现金流入,凡属支出、损失、贷出的资金视为现金流出。若无特别说明,现金流量图中的时间单位均为年,并假定投资均发生在年初,销售收入、经营成本及残值回收均发生在年末。

第四节　资金的等值计算

在工程经济分析中,资金时间价值的等值是一个非常重要的概念。资金等值是指在考虑了时间因素之后,在不同时刻发生的数值不等的资金可具有相等的价值。由于资金时间价值的存在,不同时刻发生的资金支出或收入不能直接相加,为了达到支出或收入的时间可比性要求,要进行资金的等值计算。例如,在年利率为8%的条件下,现在1 000元资金在一年后将增值为

$$1\ 000 \times (1 + 8\%) = 1\ 080(\text{元})$$

即现在的1 000元与一年后的1 080元是等值的。

可见,在年利率8%的情况下,现在的1 000元与一年后的1 080元发生的时间和金额均不相同,但其价值相等。而现在的1 000元与一年后的1 000元,在年利率为8%时,虽然数额一样但发生的时间不同,其价值不相等,造成这种情况的原因就是资金的时间价值。

资金的等值是考虑了资金时间价值后的等值。资金数额相等,发生的时间不同,其价值并不一定相等;而资金数额不等,但发生的时间也不同,其价值却可能相等。

决定资金等值的因素有三:①资金数额;②资金发生的时刻;③利率。其中利率是关键性因素,在考察资金等值的问题中通常都以相同利率作为依据进行比较计算。

利用等值的概念,把在不同时点发生的资金金额换算成同一时点的等值金额,这一过程叫做资金等值计算。把将来某一时点的资金金额换算成现在的等值金额的换算过程称为"折现"或"贴现"。将来时点上的资金折现到现在时点的资金的价值称为"现值"。与现值等价的将来某时点的资金价值称为"终值"或"未来值"。现值是指资金的现在瞬时价值,而当对未来某时点发生的资金折现到现在的某个时点时,所得的等值资金就是未来那个时点上资金的现值。终值则是资金现值按照一定的利率、经过一定时间后所得到的资金新值。

资金的等值计算,是以资金时间价值原理为依据,以利率为杠杆,结合资金的使用时间及增值能力,对工程项目和技术方案的现金流量进行折算,以期找到共同时点上的等值资金额来进行比较、计算和选择。资金的等值计算要借助于普通的复利利率进行,计算公式与复利公式也是相同的,下面分整付和等额分付两种类型进行介绍。

一、整付类型

整付是指在分析经济系统现金流量时,现金流入或流出均在一个时点发生,现金流量图表示如图3-4。在考虑资金时间价值的情况下,现金流入F与现金流出P相等,则P与F就是等值的。

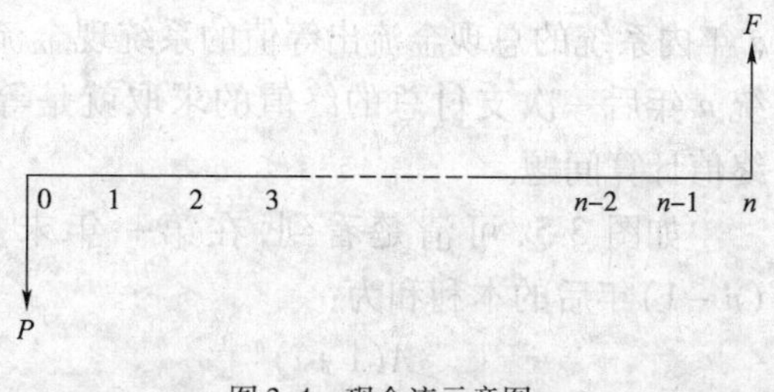

图3-4　现金流示意图

1. 整付终值计算公式

整付终值是指期初投资P元,利率为i,在第n

年末一次偿还本利和 F。

整付终值公式为：

$$F=P(1+i)^{n} \tag{3-8}$$

此式与复利计算时的本利和公式相同。在等值计算中，F 为 n 年末的终值（本利和），P 为现值（本金），i 为折现率（利率），n 为计息周期。系数 $(1+i)^n$ 称为整付终值系数，记为 $(F/P,i,n)$，其数值可以从相应的复利表中查到。式中，斜线右边字母表示的是已知的参数，左边表示的是待求的等值现金流量。现金流量图，如图 3-4 所示。

【例 3-1】 某工程项目需向银行贷款 100 万元，年利率为 12%，借期 5 年，5 年后向银行偿付的本利和应为多少？

解：5 年后偿付的本利和与现在的贷款额等值，$i=0.12$，$n=5$，$P=100$ 万，则：

$$F=P(1+i)^{n}=100\times(1+0.12)^{5}=100\times1.762=176.2(\text{万元})$$

即 5 年后应偿付银行 176.2 万元。另外，查 12% 的复利系数表可知整付终值系数 $(F/P,12\%,5)$ 为 1.762，结果亦可直接得出。

2. 整付现值计算公式

整付现值公式是已知终值 F 来求现值 P 的等值公式，它是整付终值的逆运算：

$$P=F\left[\frac{1}{(1+i)^{n}}\right] \tag{3-9}$$

式中符号意义与终值公式的相同，系数 $1/(1+i)^n$ 称为整付现值系数，记为 $(P/F,i,n)$，它与整付终值系数互为倒数。

【例 3-2】 某用户 8 年后需用款项 10 000 元，银行年利率为 6%，现应存入银行多少资金？

解：当年利率为 6% 时，现在多少资金与 8 年后的 10 000 元等值，$i=0.06$，$n=8$，$F=10\ 000$

$$P=10\ 000\times\frac{1}{(1+0.06)^{8}}=10\ 000\times\frac{1}{1.594}=6\ 274.1$$

或查 6% 的复利系数表，当 $n=8$ 时得 $(P/F,i,n)=0.627\ 41$

$$10\ 000\times0.627\ 41=6\ 274.1$$

即该用户应存入银行 6 274.1 元。

二、等额分付类型

一个系统的现金流量，可以是只发生在一个时点上的，整付研究的就是这种情况。还可以是现金流入和流出发生在多个时点的现金流量，其数额可以是不等的，也可以是相等的，下面我们讨论等额分付的几个类型的计算公式。

1. 等额分付终值计算公式

对于一个系统，在每一个计息周期期末均支付相同的数额 A，在年利率为 i 的情况下，则与 n 年内系统的总现金流出等值的系统现金流入即系统 n 年后一次支付总的终值的求取就是等额分付终值计算问题。

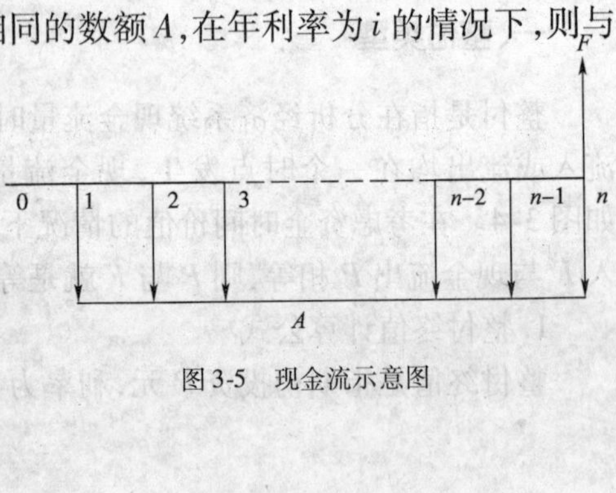

如图 3-5，可清楚看到，在第一年末投资 A，$(n-1)$ 年后的本利和为：

$$A(1+i)^{n-1}$$

图 3-5 现金流示意图

第二年末投资 A，$(n-2)$ 年后的本利和为：

$$A(1+i)^{n-2}$$

第三年末投资 A，$(n-3)$ 年后的本利和为：

$$A(1+i)^{n-3}$$

依此类推，第 $(n-1)$ 年末投资 A，$[n-(n-1)]=1$ 年后的本利和为 $A(1+i)$，第 n 年末投资 A，当年的本利和为 A。

这样，在这 n 年中，每年年末投资 A，n 年后的本利和为：

$$\begin{aligned} F &= A(1+i)^{n-1}+A(1+i)^{n-2}+\cdots+A(1+i)+A \\ &= A[1+(1+i)+\cdots+(1+i)^{n-2}+(1+i)^{n-1}] \end{aligned}$$

上式右边括号内的式子为一公比为 $(1+i)$ 的等比数列，由数列求和公式可得：

$$F=A\left[\frac{(1+i)^n-1}{i}\right] \tag{3-10}$$

上式即为等额分付终值公式系数。$\frac{(1+i)^n-1}{i}$，称为等额分付终值系数，记为 $(F/A,i,n)$。

等额分付终值计算公式应满足：①每期支付金额相同；②支付间隔相同（如一年）；③每次支付都在对应的期末，终值与最后一期支付同时发生。

【例 3-3】 某人从 41 岁起参加养老保险，每年年末为下一年交纳保费 200 元，若年利率 10%，问此人 20 年后退休时可获得多少养老保险金？

解：本题为等额分付终值计算问题，$A=200$ 元，$i=0.1$，$n=20$。有：

$$F=A\left[\frac{(1+i)^n-1}{i}\right]=200\left[\frac{(1+0.1)^{20}-1}{0.1}\right]=200\times57.3=11\,460(\text{元})$$

2. 等额分付偿债基金公式

在年利率为 i 的情况下，欲将第 n 年年末的资金 F 换算为与之等值的 n 年中每年年末的等额资金，这就是等额分付偿债基金计算问题。显见，等额分付偿债基金的计算是等额分付终值计算的逆运算，于是可得到公式：

$$A=F\left[\frac{i}{(1+i)^n-1}\right] \tag{3-11}$$

其中 $\frac{i}{(1+i)^n-1}$ 称为等额分付偿债基金系数，记为 $(A/F,i,n)$。等额分付偿债基金的现金流量图与上图同。

【例 3-4】 某企业计划自筹资金进行一项技术改造，预计 5 年后进行的这项改造需用资金 300 万元，银行利率 8%，问从今年起每年末应筹款多少？

解：本题为等额分付偿债基金计算问题。

$F=300$ 万元；$i=0.08$；$n=5$，有：

$$A=F\left[\frac{i}{(1+i)^n-1}\right]=300\left[\frac{0.08}{(1+0.08)^5-1}\right]=300\times0.17=51(\text{万元})$$

需要指出，利用以上两式进行的等值计算，只适用于从第 1 年年末开始有现金流入或流出的情况。若是从第1年年初就有现金流入或流出的情况，则需将每一年年初的发生值考虑到年末进行计算，将本金当年的时间价值计入，折算成年末的等价金额，即公式右边的项乘以$(1+i)$。

【例3-5】 某大学生贷款读书，每年初需从银行借款3 000元，年利率5%，4年后毕业时一次付清本金和利息，共需多少钱？

解：本题是现金流量发生在年初的等额分付终值问题。

$A=3\ 000$元；$i=0.05$；$n=4$

$$F=A\left[\frac{(1+i)^n-1}{i}\right](1+i)=3\ 000\times\left[\frac{(1+0.05)^4-1}{0.05}\right](1+0.05)$$
$$=3\ 000\times4.31\times1.05=13\ 576.5(元)$$

3. 等额分付现值计算公式

对于工程项目，在第1年年初投资额为P，从第1年年末取得效益，考虑资金的时间价值，在年利率为i的情况下，已知n年中每年末所获效益均为A，从每1年到第n年的等额现金流入总额等值于最初的现金流出P，欲求投资P，这就是等额分付现值计算问题。

要求n年后的终值F折合成现值P，由等额分付终值公式有：

$$F=A\left[\frac{(1+i)^n-1}{i}\right]$$

而由整付现值公式又可得：

$$P=F\left[\frac{1}{(1+i)^n}\right]$$

于是有：

$$P=A\left[\frac{(1+i)^n-1}{i(1+i)^n}\right] \tag{3-12}$$

这就是等额分付现值公式。其中$\frac{(1+i)^n-1}{i(1+i)^n}$称为等额分付现值系数，记为$(P/A,i,n)$，图3-6为其现金流示意图。

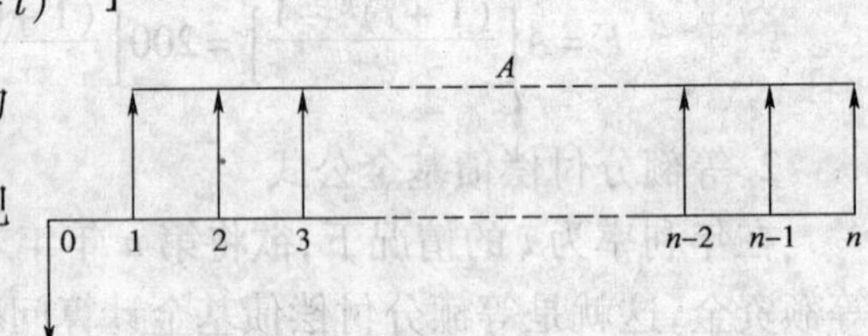

图3-6 现金流示意图

等额分付现值计算公式应满足：①每期支付金额相同(A值)；②支付间隔相同(如一年)；③每次支付都在对应的期末。

【例3-6】 一辆轿车每年的维护费为1 000元，轿车的使用寿命为15年，若从购车日起每年末支付维护费，在年利率7%的情况下，现应预存多少钱？

解：本题为等额分付现值计算问题。

$A=1\ 000$元；$i=0.07$；$n=15$，有

$$P=A\left[\frac{(1+i)^n-1}{i(1+i)^n}\right]=1\ 000\times\left[\frac{(1+0.07)^{15}-1}{0.07\times(1+0.07)^{15}}\right]$$
$$=1\ 000\times9.108=9\ 108(元)$$

4. 等额分付资本回收计算公式

对于初期投资P，当年利率为i时，在n年内每年末以等额资金A回收，当A为多少时，所有的回收额等值于初期投资额P？这是等额分付资本回收计算问题，它是等额分付现值公式的逆运算，即已知现值，求与之等值的等额年值，可由上式得出：

$$A=P\left[\frac{i(1+i)^n}{(1+i)^n-1}\right] \tag{3-13}$$

式中：$\frac{i(1+i)^n}{(1+i)^n-1}$称为等额分付资本回收系数，记为$(A/P,i,n)$。在对工业项目或技术方案进行经济技术分析时，常常根据计算出的单位投资值，在考虑资金时间价值的前提下，应用等额分付资本回收系数核定在项目生产期或回收成本期内每年至少应返还多少资金。若项目实际返还的资金小于根据单位投资的等额分付资本回收系数所求的资金数额，则说明该项目在指定期间无法按要求收回投资。资本回收系数与偿债基金系数的关系为：

$$(A/P,i,n)=(A/F,i,n)+i$$

【例 3-7】 投资 2 000 万元新建一企业，准备于开工后 5 年内收回投资，当年利率为 8% 时，该企业每年应获得多少利润？

解：本题是等额分付资本回收计算问题。

$P=2\ 000$ 万元；$i=0.08$；$n=5$，有：

$$A=P\left[\frac{i(1+i)^n}{(1+i)^n-1}\right]=2\ 000\times\left[\frac{0.08\times(1+0.08)^5}{(1+0.08)^5-1}\right]$$

$$=2\ 000\times0.25=500(\text{万元})$$

前面介绍了六个在技术经济分析中进行资金等值计算的基本公式(3-8)~公式(3-13)，为了便于理解、归纳，现将六个公式汇于表3-4。

六个常用资金等值公式　　表 3-4

公式名称		已 知	求 解	公 式	系数名称符号
整付	终值公式	现值 P	终值 F	$F=P(1+i)^n$	整付终值系数 $(F/P,i,n)$
	现值公式	终值 F	现值 P	$P=\frac{F}{(1+i)^n}$	整付现值系数 $(P/F,i,n)$
等额分付	终值公式	年值 A	终值 F	$F=A\left[\frac{(1+i)^n-1}{i}\right]$	等额分付终值系数 $(F/A,i,n)$
	偿债基金公式	终值 F	年值 A	$A=F\left[\frac{i}{(1+i)^n-1}\right]$	等额分付偿债基金系数 $(A/F,i,n)$
	现值公式	年值 A	现值 P	$P=A\left[\frac{(1+i)^n-1}{i(1+i)^n}\right]$	等额分付现值系数 $(P/A,i,n)$
	资本回收公式	现值 P	年值 A	$A=P\left[\frac{i(1+i)^n}{(1+i)^n-1}\right]$	等额分付资本回收系数 $(A/P,i,n)$

应用上述六个基本公式进行计算时，不必每次都按照公式一一计算，只要根据给定的年利率 i 和年限 n 查阅相应的复利系数表，就可以直接得出结果。

第四章 不确定性分析

第一节 概 述

在投资项目评价论证阶段，项目评价论证所需要的数据都来自对项目未来的预测和估算。由于工程项目寿命一般都很长，项目所处环境在不断变化以及分析预测工作中的有些因素会随时间、地点、条件的变化而变化，就形成了项目评价中的不确定性因素。这些不确定性因素会使项目的预测效益与项目实施后的实际效益产生偏差，当这种偏差为不利偏差时就会使项目产生一定的风险，即可能使投资项目达不到预期的经济效果，甚至发生亏损。为了避免投资决策失误，就必须进行不确定性分析。

一、不确定性分析的概念

所谓不确定性分析，是指为了提高项目经济评价的可靠性，在项目经济评价中，以计算、分析各种不确定性因素的变化，对项目经济效益的影响程度为目标的分析方法。为此，在对项目进行分析时，不仅要在已有数据的基础上按正常情况（即确定条件下）计算项目效益的分析指标，还要分析、计算出现不确定性因素后给项目效益带来的不利后果，据以评价项目抵抗风险的能力。只有考虑了各种易发生的不确定性因素的不良影响后，项目有关的经济分析指标仍不低于基准值，经济上才是可行的。不确定性分析不仅有助于提高投资决策的可靠性，而且有助于提高投资项目的风险防范能力。

二、不确定性产生的原因

工程项目经济分析中存在许多不确定性，它们主要来源于以下几个方面。

(1)工程项目是一个获益于未来的投资计划，未来总是不确定的，例如技术进步、资源开发及社会发展的未来过程，特别是项目的社会经济环境总是给予项目建设经营以各种多变的影响。这些未来发生的事件几乎无法准确地加以预测。

(2)许多不可用货币计量的成本、收益的分析评价，要靠分析者个人价值判断，主观判断总是因人而异，难以确定准确。

(3)分析者掌握的信息是有限的，并在此基础上进行推断、预测并得出结论，这需要作出大量假设。有时所需资料缺乏，有时则无充分时间去收集必要的资料。这些情况都会增加项目分析中的不确定性。

总之，项目的不确定性可以出自项目内部，也可以出自项目外部。项目的内部结构和组织成分可以与预期的不同，项目外部环境则随着项目的进展而发生变化。由于数据和分析工作的弱点，不确定性也可能出现在项目分析自身中。

三、项目的主要不确定性因素及其对项目的影响

进行不确定性分析，就是要找出影响项目的主要不确定性因素，分析其影响程度，研究预

防和应变措施,减少和消除对项目的不利影响,以达到项目的预期效果。当然,不同类型的项目,其不确定性因素也不尽相同,通过对大量的实际情况的总结归纳分析,影响项目经济效益的主要不确定性因素及其对项目的影响如下:

(1)物价的变化。由于通货膨胀、供求关系的变化及其他原因会引起大部分项目投入物、产出物价格的变化,如原材料费用的上涨、劳务费用的增加、产品价格的波动。

(2)工艺技术的进步。在项目评价论证时,项目所需投入物的数量、或获得产出物的数量及他们的质量、价格是根据当时的工艺技术水平确定的。然而在相当长的项目寿命期内,工艺技术水平不可能一成不变,随着新技术、新替代材料的产生及采用会影响项目的经济效益。

(3)投资超支、建设工期延长。这些使项目的投入增大并降低项目的经济效益。

(4)项目产出达不到正常的生产能力,会使项目的产出减小并降低项目的经济效益。

(5)与项目有关的政策及国内外环境的变化也会影响项目的经济效益。例如项目评价论证阶段国家可能对该项目持扶持态度,在财务税收方面予以减免税收、低息贷款等优惠政策。但过了若干年,国家可能对该项目持限制态度,取消甚至提高了税收和贷款利率,致使项目的经济效益由好变坏。

不确定性分析就是要分析不确定因素变化对方案经济效果的影响程度,以及方案本身对不确定性的承受能力。

四、不确定性分析方法

不确定性分析包括盈亏平衡分析、敏感性分析和风险决策分析三部分。通过盈亏平衡分析我们可以掌握不确定因素对项目盈亏的影响程度,在保证项目不发生亏损(或在可行)的情况下,允许各种不确定因素最大变动范围,为决策者提供一个数量界限。通过敏感性分析,我们可以知道哪些不确定因素是影响项目效益变化的最敏感的因素,为决策者提出注意的方向。风险决策分析在盈亏分析和敏感性分析的基础上,不仅了解哪些因素可能变化,而且要进一步估计各种因素发生的概率大小,以此可以估算出项目取得一定经济效益的概率大小,为决策者提供科学决策的依据。

第二节　盈亏平衡分析

盈亏平衡分析是根据投资项目正常生产年份的成本、价格、产品构成(两种以上产品时)等方面的数据确定项目的盈亏平衡点,以此分析产销量、成本、价格等不确定性因素变动对项目盈亏的影响。盈亏平衡分析的核心问题是确定盈亏平衡点,进而分析并找出能够减少亏损、增加盈利的有效途径和措施,以达到提高项目经济效益的目的。

盈亏平衡状态是指项目的销售收入等于总成本,项目既不赢利也不亏损时所处的一种临界状态。根据销售收入及总成本与产销量(假定产量等于销量)之间是否呈线性关系,盈亏平衡分析可分为线性盈亏平衡分析和非线性盈亏平衡分析。

一、线性盈亏平衡分析

1.单一品种的线性盈亏平衡分析

单一品种的线性盈亏平衡分析是指当投资项目只生产一种产品,并且其销售收入 B、总成本费用 C 都是产销量 Q 的线性函数时的盈亏平衡分析。此时有:

$$B = PQ \tag{4-1}$$

$$C = C_F + C_V = C_F + C_v Q \tag{4-2}$$

式中：P——单位产品价格；

C_F——总固定成本；

C_V——总变动成本；

C_v——单位产品变动成本。

将销售收入、成本与产销量的函数关系画在同一张图上，就构成线性盈亏平衡图，如图4-1所示。

在盈亏平衡图上，销售收入线与成本线的交点就称为盈亏平衡点（BEP），即是项目盈利与亏损的分界点。通常用处于此状态下的销售量或销售额表示。当实际销售量（额）大于此点的销售量（额）时，项目为盈利；当实际销售量（额）等于此点的销售量（额）时，项目既不盈利也不亏损；当实际销售量（额）小于此点的销售量（额）时，项目处于亏本状态。所以盈亏平衡点又称作保本点。盈亏平衡点越低越好，这意味着项目在同等的销售量（额）下，能获取更多的利润，项目的抗风险能力越强。

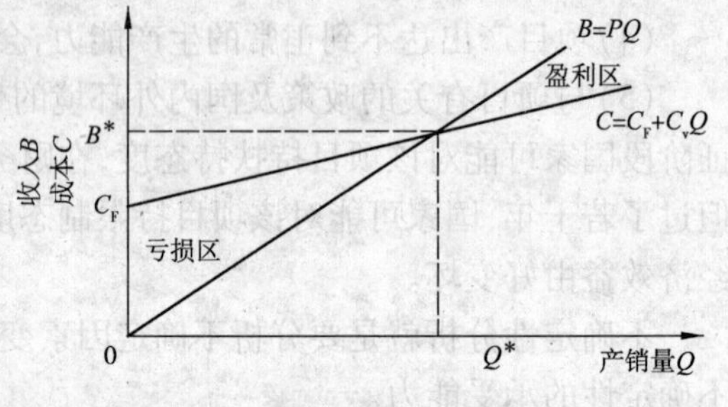

图 4-1　线性盈亏平衡图

用解析法能方便地求出用产品产销量、销售收入、生产能力利用率、产品价格表示的盈亏平衡点。

在正常生产状态下销售收入 B 等于成本 C 加利润 R 即：

$$B = C + R$$

$$PQ = C_F + C_v Q + R$$

则：

$$Q = \frac{C_F + R}{P - C_v} \tag{4-3}$$

式(4-3)表示在获利 R 要求下，项目应具有的产销量。

当项目处于盈亏平衡状态时，利润为零，即 $R = 0$（此时 $B = C$），代入式(4-3)，可求出对应的盈亏平衡产销量 Q^* 为：

盈亏平衡产销量：

$$Q^* = \frac{C_F}{P - C_v} \tag{4-4}$$

式中：$P - C_v$——单位产品的边际利润。

进而可求出用销售额表示的盈亏平衡点为：

盈亏平衡销售额：

$$B^* = PQ^* = \frac{C_F}{1 - \dfrac{C_v}{P}} \tag{4-5}$$

式中：$1 - \dfrac{C_v}{P}$为边际利润率。

当年设计生产能力为 Q_C，用生产能力利用率表示的盈亏平衡点为：

盈亏平衡生产能力利用率

$$E^* = \frac{Q^*}{Q_C} \times 100\% = \frac{C_F}{Q_C(P - C_v)} \times 100\% \tag{4-6}$$

【例 4-1】 某项目年设计生产能力为年产 50 000t，总成本为 40 000 万元，其中固定成本为 15 000 万元，若产品价格为 1.1 万元/t，试进行盈亏平衡分析。

解:总变动成本 $C_V = 40\ 000$ 万元 $- 15\ 000$ 万元 $= 25\ 000$ 万元

单位变动成本

$$C_v = \frac{25\ 000}{50\ 000}\text{万元/t} = 0.5\text{ 万元/t}$$

由式(4-4)可得:

$$Q^* = \frac{C_F}{P - C_v} = \frac{15\ 000}{1.1 - 0.5}\text{t} = 25\ 000\text{t}$$

由式(4-5)可得:

$$B^* = PQ^* = (1.1 \times 25\ 000)\text{万元} = 27\ 500\text{ 万元}$$

由式(4-6)可得:

$$E^* = \frac{Q^*}{Q_C} \times 100\% = \frac{25\ 000}{50\ 000} \times 100\% = 50\%$$

通过以上计算可对该投资项目发生亏损可能性作出大致判断。若未来产品的销售价格及生产成本与预期相同,项目不发生亏损的条件是:年产销量不低于 25 000t;年销售额不低于27 500万元;生产能力利用率不低于 50%。

2. 多品种产品的线性盈亏平衡分析

当工程项目生产、销售多种产品时,由于生产中的总固定成本很难准确分摊到每一种产品上,并且确定每一种产品的盈亏平衡点并不能说明项目总体的盈亏平衡状况。此时,对多品种产品的线性盈亏平衡分析,可采用临界收益率法进行分析。

所谓临界收益 M_i,是指销售收入 B_i 减去变动成本 C_{Vi} 后的余额,即:$M_i = B_i - C_{Vi}$。临界收益的大小说明该产品能为补偿总固定成本所作出的绝对贡献的大小。某品种产品的临界收益与该品种产品的销售收入之比,称作临界收益率 r_i。即 $r_i = \frac{M_i}{B_i}$(品种数为 $i = 1, 2, 3, \cdots, n$)。临界收益率高低说明该品种产品能为补偿固定成本所作出的相对贡献大小。

为了尽快补偿固定成本,实现项目的盈亏平衡,应该按照临界收益率 r_i 从大到小的次序安排生产。

【例 4-2】 某项目建成后投产可生产四种产品 A、B、C、D。总固定成本为 500 万元,其他有关资料如表 4-1 所示,试求盈亏平衡销售额。

四种产品 A、B、C、D 的有关数据 表 4-1

科目 \ 品种	A	B	C	D
销售单价(元/件)	20	25	10	20
单位变动成本(元/件)	11	15	7	10
产量(万件)	20	20	50	30

解:(1)求出各产品的临界收益:

$$M_A = 20\text{ 万件} \times (20 - 11)\text{元/件} = 180\text{ 万元}$$

$$M_B = 20\text{ 万件} \times (25 - 15)\text{元/件} = 200\text{ 万元}$$

$$M_C = 50\text{ 万件} \times (10 - 7)\text{元/件} = 150\text{ 万元}$$

$$M_D = 30\text{ 万件} \times (20 - 10)\text{元/件} = 300\text{ 万元}$$

(2)求出各产品的临界收益率:

$$r_A = \frac{M_A}{B_A} = \frac{180}{20 \times 20} = 0.45 = 45\%$$

$$r_B = \frac{M_B}{B_B} = \frac{200}{25 \times 20} = 0.4 = 40\%$$

$$r_C = \frac{M_C}{B_C} = \frac{150}{10 \times 50} = 0.3 = 30\%$$

$$r_D = \frac{M_D}{B_D} = \frac{300}{20 \times 30} = 0.5 = 50\%$$

(3)将临界收益率 r_i 从大到小排列顺序,计算临界收益的累计值。见表4-2。

临界收益的累计值计算表(金额单位:万元) 表4-2

产品	临界收益率(1)	销售收入(2)	销售收入累计值(3)	临界收益值	临界收益累计值(4)	固定成本(5)	利润累计值(6)=(4)-(5)
D	50%	600	600	300	300	500	-200
A	45%	400	1 000	180	480	500	-20
B	40%	500	1 500	200	680	500	180
C	30%	500	2 000	150	830	500	330

从表4-2可以看出,从D产品到A产品的临界收益累计值为480万元,还不够补偿固定成本500万元;而从D产品到B产品的临界收益累计值为680万元,显然又大于固定成本500万元。因此,可以断定盈亏平衡点应在B产品区。假设盈亏平衡点所在产品区的序号为 N,则盈亏平衡销售额可按下式计算:

$$B^* = \sum_{i=1}^{N-1} B_i + \frac{C_F - \sum_{i=1}^{N-1} M_i}{r_N} \tag{4-7}$$

由式(4-7)可得:

$$B^* = (20 \times 30 + 20 \times 20)\text{万元} + \frac{500 - 480}{40\%}\text{万元}$$

$$= 1\,000\text{ 万元} + 50\text{ 万元} = 1\,050\text{ 万元}$$

这说明该项目需用全部D产品、全部A产品和10%(50/500=10%)的B产品销售收入就可以补偿全部固定成本达到保本要求。用作图法也可以确定盈亏平衡点,如图4-2所示。

将临界收益率按从大到小的顺序排列求盈亏平衡点的方法称作乐观计算法,用乐观计算法求得的盈亏平衡销售额较小;将临界收益率从小到大的顺序排列求得的盈亏平衡点的方法称作悲观计算法,用悲观计算法求得的盈亏平衡销售额较大。实际上在现实经营中到底先销哪种产品是由市场决定的,因此实际的盈亏平衡销售额一般是在最乐观与最悲观两个极端结果之间,掌握了这两个极端结果,投资者就可以对项目的盈亏做到心中有数。

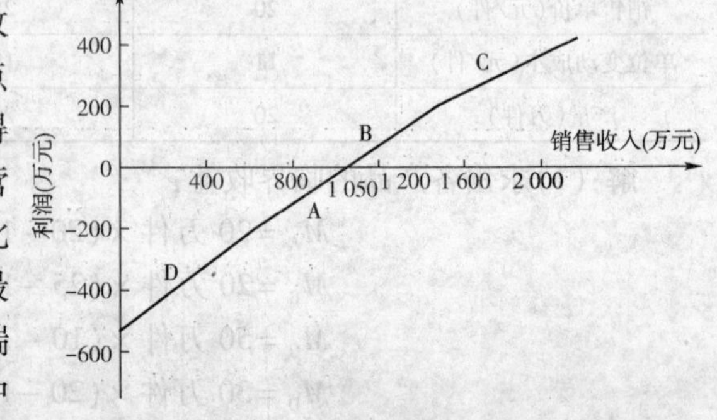

图4-2 多品种盈亏平衡图

二、非线性盈亏平衡分析

前面所讨论的线性盈亏平衡分析是在销售价格、固定成本、单位变动成本与产销量总是保持不变条件下成立,但是这个产销量必须是在一定的相关范围而不能是任意范围。若产销量在任意范围,则销售收入曲线、成本曲线都为非线性,此时的盈亏平衡分析为非线性盈亏平衡分析,例如,当产品数量很多以致供大于求时,必须采用薄利多销策略,给顾客以价格优惠,表现为产品价格的降低,此时销售收入曲线斜率随产销量增大而变小;成本与产量也并非一成不变,产量不同所采用的加工工具和加工方法也有所不同,从而导致原材料和工时消耗不同,单位变动成本发生变化;当产量超过一定生产能力范围时,就要增加设备和管理人员等才能保证生产的正常进行,这样固定成本也要相应增大。非线性盈亏平衡如图4-3所示。

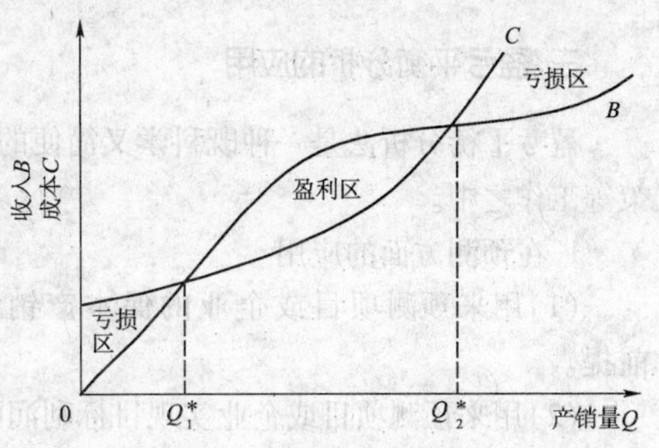

图 4-3　非线性盈亏平衡图

【例 4-3】　某项目预计建成投产后所生产的产品售价为 55 元/件,年固定成本为 66 000 元,单位变动成本为 28 元,考虑到随产量的扩大、原材料利用率提高、采购费用节约、劳动工时下降等因素,因而单位产品变动成本会随产量增加而递减 0.001 元/件,单位产品价格亦会随产销量增加而递减 0.002 5 元/件,试求:(1)非线性盈亏平衡点;(2)最大利润的产销量和利润额。

解:(1)单位产品变动成本　　$C_v = 28 - 0.001Q$

成本　　$C(Q) = 66\,000 + (28 - 0.001Q)Q = 66\,000 + 28Q - 0.001Q^2$

单位产品售价　　$P = 55 - 0.002\,5Q$

销售收入　　$B(Q) = (55 - 0.002\,5Q)Q = 55Q - 0.002\,5Q^2$

当盈亏平衡时:$C(Q) = B(Q)$,则有:

$$66\,000 + 28Q - 0.001Q^2 = 55Q - 0.002\,5Q^2$$

即:

$$0.001\,5Q^2 - 27Q + 66\,000 = 0$$

解此二次方程得　$Q_1^* = 2\,917$ 件/年

$Q_2^* = 15\,083$ 件/年

(2)利润 $R(Q) = B(Q) - C(Q)$

$$= 55Q - 0.002\,5Q^2 - 66\,000 - 28Q + 0.001Q^2$$

$$= -0.001\,5Q^2 + 27Q - 66\,000$$

令

$$\frac{dR}{dQ} = -0.003Q + 27 = 0$$

$$\frac{d^2R}{dQ^2} = -0.003 < 0$$

故 $R(Q)$ 存在极大值。

$$-0.003Q + 27 = 0$$

最大利润产量 $Q_R^* = \frac{27}{0.003} = 9\ 000$(件)

当利润产量 =9 000 件时,最大利润为:

$$R_{max} = -0.001\ 5Q^2 + 27Q - 66\ 000$$
$$= (-0.001\ 5 \times 9\ 000^2 + 27 \times 9\ 000 - 66\ 000)$$
$$= 55\ 500(\text{元})$$

三、盈亏平衡分析的应用

盈亏平衡分析法是一种既科学又简便的定量分析方法,广泛运用于项目或企业的预测、决策等工作之中。

1. 在预测方面的应用

(1)用来预测项目或企业的保本产销量,这是任何一种项目或企业实现盈利的必要前提。

(2)用来预测项目或企业实现目标利润的产销量,这是保证利润计划得以实现的前提。

(3)用来预测当项目或企业的固定成本、变动成本发生增减变化时,对产品成本和利润的影响。

(4)用来预测当项目或企业的产品售价发生变化时,对销售量和利润的影响。

(5)用来预测当产品品种构成发生变化时,对项目或企业的销售收入和利润的数额及水平所带来的影响。

2. 在经营决策方面的应用

(1)产销量及产品品种构成的决策

在市场经济时代,企业生产什么、生产多少、如何销售都由企业自己决定。运用盈亏平衡分析原理可以帮助企业作出这一基本决策。

(2)方案比较选优的决策

在产品生产经营过程中,需要从多个可供选择的互斥可行方案中选出一个最佳方案实施。运用盈亏平衡分析原理,可对互斥方案进行优劣平衡分析,从中选出最优方案。

(3)成本的决策

运用盈亏平衡分析原理可分析企业固定成本是增加、还是减少,以及如何使产品的变动成本得以有效控制,从而作出正确的决策。

(4)产品价格调整的决策

在市场经济条件下,需要企业根据市场的需求情况对产品价格随时作出调整,以使企业获取最大的利益,盈亏平衡分析可为之提供一些有效方法。

第三节　敏感性分析

所谓敏感性分析是通过研究项目主要不确定性因素变化对方案经济效果指标的影响程度,以达到能对各种不确定性因素发生不利变化时,对投资方案的承受能力作出判断的分析方法。敏感性分析的目的是要找出敏感因素,并确定敏感程度,以预测项目承担的风险,并为制定风险防范措施提供依据,从而达到降低项目风险的目的。

一、敏感性分析的步骤及主要内容

1. 确定分析评价指标

原则上，前面所讲过的投资回收期、净现值、内部收益率、净年值和净现值指数等经济评价指标都是敏感性分析可选择的分析指标，但分析者不可能也没有必要对所有的评价指标一一进行敏感性分析。分析者应根据项目的不同特点、要求及投资者最关心的问题，选择一、二个最能反映项目经济效益的综合性评价指标。若投资者最关心的是不确定性因素变化对投资项目投资回收速度快慢的影响，则应选择投资回收期指标进行敏感性分析；若投资者最关心的是不确定性因素变化对投资项目在整个寿命期内获利大小的影响，则应选择净现值指标进行敏感性分析；若投资者最关心的是不确定性因素变化对投资项目投资效率的影响，则应选择内部收益率指标进行敏感性分析。

2. 确定不确定性因素及其变化范围

敏感性分析只分析那些对项目经济效益有较大影响，并在项目寿命期内发生变动的可能性较大的不确定性因素，如产品价格、投资额、经营成本、产销量、项目寿命期等，并确定其变化范围。

3. 计算不确定性因素变动对分析指标的影响程度

在计算某特定因素变化所产生的影响时，假定其他因素保持不变，对每一因素的变动逐一计算出对经济评价指标的影响，建立一一对应的关系，并用表和图的形式表示出来。

4. 确定敏感因素

确定敏感因素的方法有两种，一是相对法，二是绝对法。相对法是通过比较并确定各不确定因素在给定同样变动幅度下能使经济评价指标发生较大变化的因素为敏感因素。它在各不确定性因素变动率与经济评价指标成线性关系时使用。绝对法是通过计算并比较各不确定性因素的临界变动率大小，从中选择临界变动率绝对值最小的因素为敏感因素。不确定性因素临界变动率是指由于不确定性因素的变动，使方案处于可行与不可行临界状态所对应的不确定性因素的变动率，当不确定性因素变动率小于此值时方案可行，大于此值的方案不可行。

根据每次变动因素的数目不同，敏感性分析又可分成单因素敏感性分析和多因素敏感性分析。

二、单因素敏感性分析

单因素敏感性分析就是每次只考虑一个不确定性因素变动对方案经济效果评价指标影响程度的分析方法。

这里要作两个假设：一是当分析某个不确定性因素变化对评价指标的影响时，假定其他因素不变化；二是假定每个不确定性因素变动的机率是相等的。

【例 4-4】 某项目方案用于不确定性分析的现金流量表如表 4-3 所示，表中的数据是根据对未来最可能出现的情况预测估算的。由于对未来影响经济环境的某些因素把握不大，投资额、年经营成本、年销售收入均有可能在 ±20% 的范围内变化。试以净现值为分析指标，分别就上述三个不确定性因素作敏感性分析（基准收益率为 10%）。

解：根据表 4-3 计算确定分析的 NPV：

$$\begin{aligned}\text{NPV} &= -50\text{万元} - 300\text{万元} \times (P/F,10\%,1) - 50\text{万元} \times (P/F,10\%,2) + 150\text{万元} \\ &\quad \times (P/F,10\%,3) + 200\text{万元} \times (P/A,10\%,3)(P/F,10\%,3) \\ &= 122.25\text{万元}\end{aligned}$$

某项目现金流量表(金额单位:万元)　　表 4-3

指标＼年份	0	1	2	3	4	5	6
投资(K)	50	300	50				
年经营成本(C)				150	200	200	200
年销售收入(B)				300	400	400	400
净现金流量	-50	-300	-50	150	200	200	200

以净现值为分析指标进行单因素敏感性分析。

设投资额的变动率为 x,年经营成本变动率为 y,年销售收入变动率为 z,则不确定性因素对净现值影响的公式分别为:

$$NPV = -50(1+x) - 300(1+x)(P/F,10\%,1) - 50(1+x)(P/F,10\%,2) + 150(P/F,10\%,3) + 200(P/A,10\%,3)(P/F,10\%,3)$$
$$= 486.4 - 364.02(1+x)$$

$$NPV = -50 - 300(P/F,10\%,1) - 50(P/F,10\%,2) + [300 - 150(1+y)](P/F,10\%,3) + [400 - 200(1+y)](P/A,10\%,3)(P/F,10\%,3)$$
$$= 608.76 - 486.39(1+y)$$

$$NPV = -50 - 300(P/F,10\%,1) - 50(P/F,10\%,2) + [300(1+z) - 150](P/F,10\%,3) + [400(1+z) - 200](P/A,10\%,3)(P/F,10\%,3)$$
$$= -850.41 + 972.78(1+z)$$

将 x、y、z 变化分别取值 ±10%、±20%,计算所对应的净现值变化结果如表 4-4 和图4-4 所示。

不确定性因素对净现值的影响(金额单位:万元)　　表 4-4

参数＼净现值＼变动率	-20%	-10%	0	+10%	+20%	敏感因素
年销售收入(B)	-72.22	25.06	122.25	219.62	316.9	最敏感
年经营成本(C)	219.63	170.98	122.25	73.70	25.06	次敏感
投资(K)	195.15	158.75	122.25	85.94	49.53	不敏感

根据表 4-4 画出图 4-4。

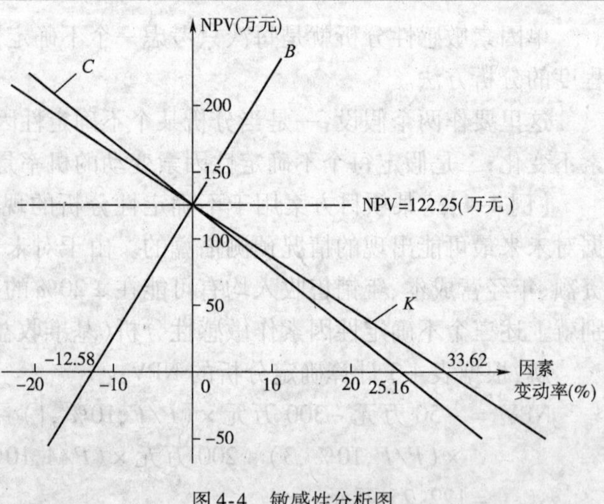

图 4-4　敏感性分析图

从表 4-4 和图 4-4 可以看出:在同样变动率下,销售收入的变动对净现值的影响最大,经营成本变动影响次之,投资额变动的影响最小。

如果以 NPV = 0 作为方案可接受的临界条件,分别令上面三个公式的 NPV = 0,求得临界变动率:$x = 33.62\%$;$y = 25.16\%$;$z = -12.58\%$。这说明当实际投资额超出预计投资额的33.62%,或者实际年经营成本超出预计年经营成本的25.16%,或者实际销售收入低于预计销售收入的12.58%,方案将变得不可接受。

由上述分析可知,销售收入为敏感因素,经营成本为次敏感因素,投资为不敏感因素。因此,应对影响敏感因素销售收入的两大因素即售价和销售量进行严格控制,采取必要措施防止售价和销售量的下降。

三、多因素敏感性分析

进行单因素敏感性分析的前提是假定其他因素不变,只考虑一个因素变动对经济评价指标的影响。在现实中这一假设并非总能成立,通常情况下可能会有两个以上变动因素共同作用对项目产生影响,这时就要进行多因素敏感性分析,考虑多个因素同时变动对方案经济效益的影响,以达到判明方案的风险情况。

多因素敏感性分析比单因素敏感性分析要复杂得多。当同时变动的因素不超过三个时,可采用解析法与作图法相结合的方法进行分析。

【例4-5】 某项目现金流量表如表4-5所示,若基准贴现率为12%,试就初始投资、年销售收入两个因素同时变动对净现值进行双因素敏感性分析。

某项目现金流量表(金额单位:万元) 表4-5

指标 \ 年份	0	1~9	10
初始投资(K)	320		
年经营成本(C)		26	26
年销售收入(B)		88	88
期末资产残值(L)			25
净现金流量	-320	62	62+25

解:设初始投资额的变动率为x,年销售收入变动率为z,则净现值表达式为:

$$NPV = -320(1+x) - 26(P/A,12\%,10) + 88(1+z)(P/A,12\%,10) + 25(P/F,12\%,10)$$

$$= 38.35 - 320x + 497.2z$$

对上式令NPV=0,则有:

$$38.35 - 320x + 497.2z = 0$$

求出净现值指标可行的临界线线性方程为:

$$z = 0.644x - 0.077$$

将该方程在坐标图上表示出来,如图4-5所示。在临界线上,NPV=0,该临界线将整个平面分为可行与不可行两个区域。临界线的左上方区域,NPV>0,为方案的可行区域;临界线的右下方区域,NPV<0,为方案的不可行区域,即如果初始投资额、年销售收入同时变动,只要变动范围不超出该可行区域,方案都是可接受的。

【例4-6】 在例4-5中,若初始投资、年销售收入、年经营费用三个因素同时变动,试对净现值进行三因素敏感性分析。

解:设初始投资额的变动率为 x,年经营成本变动率为 y,年销售收入变动率为 z,则净现值表达式为:

$$NPV = -320(1+x) - 26(1+y)(P/A,12\%,10) + 88(1+z)(P/A,12\%,10) + 25(P/F,12\%,10)$$
$$= 38.35 - 320x - 146.9y + 497.2z$$

取不同的年经营成本变动幅度代入上式,可以求出一组 NPV = 0 的临界线方程:

当 $y = 20\%$ 时,$z = -0.018 + 0.644x$

当 $y = 10\%$ 时,$z = -0.048 + 0.644x$

当 $y = -10\%$ 时,$z = -0.107 + 0.644x$

当 $y = -20\%$ 时,$z = -0.1378 + 0.644x$

在坐标图上,这是一组平行线,如图 4-6 所示。

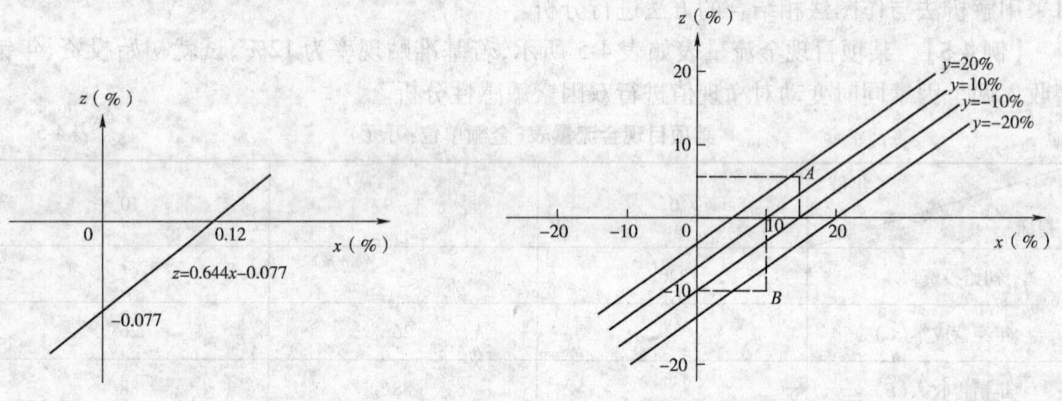

图 4-5　双因素敏感性分析图

图 4-6　三因素敏感性分析图

图中 A 点位于 $y = 10\%$ 临界线的左上方,三因素同时变动,即投资增加 15%,年经营成本增加 10%,年销售收入增加 5%,则:

$$NPV = 38.35 - 320x - 146.9y + 497.2z$$
$$= 38.35 - 320 \times 0.15 - 146.9 \times 0.1 + 497.2 \times 0.05$$
$$= 0.52 > 0$$

方案仍然可行。

图 4-6 中,B 点位于 $y = -20\%$ 临界线的右下方,三因素同时变动,即投资增加 10%,年经营成本减少 20%,年销售收入减少 10%,则:

$$NPV = 38.35 - 320x - 146.9y + 497.2z$$
$$= 38.35 - 320 \times 0.10 - 146.9 \times (-0.20) + 497.2 \times (-0.10)$$
$$= -13.99 < 0$$

方案不可行。

第四节　风险决策分析

多因素敏感性分析虽然能够反映多个不确定性因素同时变动对经济评价指标的影响,但是,它仍未考虑各不确定因素发生变动的可能性大小对经济评价指标的影响程度,采用概率分析可以弥补这一不足。

一、概率分析

(一)概率分析的含义

概率分析是运用概率论方法研究各种不确定因素发生不同幅度变动的概率分布,及其对方案经济效益指标的影响的一种定量分析方法。

概率分析的关键是确定不确定因素发生变动的可能性即概率值。概率分析中主要应用主观先验概率,就是在事件发生前,根据过去已有的经验数据人为预测和估计为基础的概率,它带有一定的主观判断性。概率分析结果的可靠性,在很大程度上取决于对每个变量概率值判断的正确性。因此必须邀请有丰富经验、掌握专门理论知识及从事专门研究的专家及机构作出判断和估计。一般对大型重要骨干项目,在经济评价时可根据项目的特点和实际需要,在有条件时进行概率分析。

(二)概率分析的研究方法及步骤

1. 概率分析的研究方法

概率分析的研究方法分为期望值和方差法。

投资项目的随机现金流受多种已知或未知的不确定因素的影响,可以看成是多个独立的随机变量之和。与各个周期现金流有关的经济评价指标也必须是一个随机变量,随机变量的主要参数是期望值与方差。期望值和方差法是运用概率论的原理,在对投资经济效果指标进行概率估计的基础上,通过计算其经济效果指标的期望值和标准差来反映方案的风险程度。

(1)投资经济效果指标的期望值

设 x_i 为某经济评价指标的第 i 个值($i=1,2,\cdots,n$),P_i 为某经济评价指标第 i 个值出现的概率;$E(x)$ 为某经济评价指标的期望值,则投资经济效果指标的期望值的计算公式为:

$$E(x)=\sum_{i=1}^{n}x_iP_i \tag{4-8}$$

期望值是随机变量所有可能取值的加权平均值,是考虑了随机变量发生概率后最可能出现的值。

(2)投资经济效果指标的标准差与离散系数

标准差

$$\sigma=\sqrt{\sum_{i=1}^{n}P_i[x_i-E(x)]^2} \tag{4-9}$$

标准差反映了随机变量的实际值与其期望值偏离的程度,在一定意义上反映了投资方案的风险大小。

进行多方案比较时,在期望值相同情况下,标准差小的方案投资风险小。但不同方案比较时常常是期望值不同、标准差也不同,这时要比较方案的风险可用离散系数 q,它是标准差与期望值之比。即:

离散系数

$$q=\frac{\sigma(x)}{E(x)} \tag{4-10}$$

离散系数反映了单位期望值所具有的标准差,此值越小,方案风险越小。

2. 概论分析的步骤

(1)确定投资方案的变量(即可能发生变动的不确定因素)。

(2)估计每个变量可能出现的概率。

(3)计算变量的期望值、标准差。

(4)根据变量的期望值和标准差比选方案,或求某一状态下的概率值,进行方案风险分析。

(三)概率分析的应用

1. 已知不确定性因素 x_i 及其可能出现的状态概率 P_i,求其期望值 $E(x)$、标准差 $\sigma(x)$,比选方案

【例 4-7】 某工程项目的投资决策有两个方案,即"投资"方案与"不投资"方案。采用投资方案,在没有竞争情况下,可从该项目中得到净现值为 500 万元的收益;在有竞争的情况下,如竞争对手也建一个生产同样产品的工厂,并且产品在同一市场出售,则投资方案的净现值将变为 -100 万元。如果采用"不投资"方案,把这笔资金投资于别的项目,可得到净现值为 150 万元的收益。设"有竞争"的概率为 0.25,"无竞争"的概率为 0.75,试确定哪个方案好。

解:将已知条件列表,如表 4-6 所示。

不确定性因素状态及其发生概率 表 4-6

序　号	机会事件	概论 $P(x)$	净现值(NPV)/万元	
			投资方案(A)	不投资方案(B)
1	有竞争	0.25	-100	150
2	无竞争	0.75	500	150

投资方案:

$$E(\text{NPV})_{\text{A}} = -100 \times 0.25 + 500 \times 0.75 = 350(\text{万元})$$

$$\sigma_{\text{A}} = \sqrt{(-100-350)^2 \times 0.25 + (500-350)^2 \times 0.75} = 259.81(\text{万元})$$

$$q_{\text{A}} = \frac{\sigma_{\text{A}}}{E(\text{NPV})_{\text{A}}} = \frac{259.81}{350} = 0.74$$

不投资方案:

$$E(\text{NPV})_{\text{B}} = 150 \times 0.25 + 150 \times 0.75 = 150(\text{万元})$$

$$\sigma_{\text{B}} = \sqrt{(150-150)^2 \times 0.25 + (150-150)^2 \times 0.75} = 0$$

$$q_{\text{B}} = \frac{\sigma_{\text{B}}}{E(\text{NPV})_{\text{A}}} = \frac{0}{350} = 0$$

结论:$E(\text{NPV})_{\text{A}} > E(\text{NPV})_{\text{B}}$,说明投资方案比不投资方案能获得较大的效益。

$q_{\text{A}} > q_{\text{B}}$,说明投资方案比不投资方案风险大。

风险与利益共存,即通常获利大的方案风险也大,获利小的方案风险也小。到底选择哪个方案,取决于投资者对风险的态度。冒险型的投资者,通常选择获利大、风险也大的方案;保守型的投资者,通常选择获利小、风险也小的方案。但是,就项目的类型而言,一般中小型项目常以期望值大为选择的标准,而大型项目则要兼顾风险。

2. 已知某变量的期望值、标准差求其在某状态下的概率，进行方案的风险分析

【例 4-8】 已知某方案的净现值出现的概率分布呈正态分布，净现值的期望值为 232.83 万元，标准差为 246.39 万元，试确定：

(1)净现值大于或等于 0 的概率。

(2)净现值小于 -100 万元的概率。

(3)净现值大于或等于 500 万元的概率。

解：由概率论可知，对非标准正态分布可通过替换转化为标准正态分布。

转化式为：$P(x < x_0) = P\left(z < \dfrac{x_0 - \mu}{\sigma}\right)$，通过查正态分布数值表求得其概率。

本例中：$\mu = 232.83$ 万元，$\sigma = 246.39$ 万元

(1)净现值大于或等于 0 的概率

$$\begin{aligned}P(\text{NPV} \geqslant 0) &= 1 - P(\text{NPV} < 0)\\ &= 1 - P\left(z < \frac{0 - 232.83}{246.39}\right)\\ &= 1 - P(z < -0.945\,0)\\ &= P(z < 0.945\,0)\end{aligned}$$

由标准正态分布表可查得 $P(z < 0.945\,0) = 0.827\,6$，故可知

$$P(\text{NPV} \geqslant 0) = 0.827\,6$$

(2)净现值小于 -100 万元的概率

$$\begin{aligned}P(\text{NPV} < -100) &= P\left(z < \frac{-100 - 232.83}{246.39}\right)\\ &= P(z < -1.351)\\ &= 1 - P(z < 1.351)\\ &= 1 - 0.911\,5\\ &= 0.088\,5\end{aligned}$$

(3)净现值大于或等于 500 万元的概率

$$\begin{aligned}P(\text{NPV} \geqslant 500) &= 1 - P(\text{NPV} < 500)\\ &= 1 - P\left(z < \frac{500 - 232.83}{246.39}\right)\\ &= 1 - P(z < 1.084)\\ &= 1 - 0.860\,8\\ &= 0.139\,2\end{aligned}$$

由上面计算结果可进行风险分析：

项目能取得满意经济效果（NPV ≥ 0）的概率为 82.76%，不能取得满意经济效果（NPV <0）的概率为 17.24%，故本项目风险不大。净现值小于 -100 万元的概率为 8.85%，净现值大于 500 万元的概率为 13.92%。

二、决策树分析

概率分析方法属于一次性决策方法，但在实际中情况往往更为复杂，需要进行多次决策方可确定方案的取舍。决策一旦作出，将面临多种可能的后果，任何一种可能性出现后，又要求进行新的决策。同样，这一决策作出之后，其后果也有多种可能，任一种可能实现后，又要进行

下一步决策，如此反复直到作出最后一个决策为止。这个决策过程称为多级决策。决策人员面临的任务是要根据事先确定的某种目标决定最佳的各级决策，即找出最佳决策系列。决策树方法是序列决策分析中普遍而行之有效的一种方法。

决策树方法决策的准则仍然是经济效果指标的数学期望值最佳，如果评价指标是费用类指标，应选择期望值最小的方案，如果评价指标是收益类指标，则应选择期望值最大的方案。决策树是一种图上作业法，其特点是脉络清楚、方便简单、易于掌握、应用广泛。凡是存在着各种可能机会，而且能估计出各种机会出现概率的问题，一切领域的决策分析均可应用决策树进行分析并作出决策。

(一)决策树的结构

决策树是以其结构形态而得名的。它是一种树状结构，以方块或圆圈为结点，用直线联结有关连的结点而构成一树状结构。图4-7为用决策树描述例4-9中的风险决策问题的图示。

图中：□ ——决策点，从它引出的分枝称方案分枝，分枝数表示可能的方案数；

○ ——状态点，从它引出的分枝叫概率分枝，表示一种可能发生的自然状态，分枝上注明自然状态及其出现的概率，分枝数反映可能的自然状态数，每一状态分枝末端的数值为相应的损益值。

决策树一般从左向右绘制，为方便计算，通常对结点从左至右，从上而下编号。决策过程相反，从右至左计算，逐步后退。

(二)决策树的计算

决策树是一种图上作业法。其方法是：根据末端的损益值及相应概率枝上的概率，计算出同一方案不同自然状态下的期望值(即加权平均值)，然后对比各方案的期望损益值大小，根据期望最佳的原则，淘汰效益较差的方案，并在图上标明，这一过程称为剪枝。如此反复计算，最后在决策树上只留下一条方案分枝，这条树枝所代表的方案即为所选择的最佳方案。

【例4-9】 某企业准备生产一种新产品，预计销路好的概率为0.7。如果销路好，企业可大批生产。由于大批产品上市可能导致价格下降，使销路变差，估计这种可能性的概率为0.2，且此时年利润为70万元，而在销路仍然保持良好的情况下年利润为200万元，如果企业不大批生产，则年利润为100万元。若开始就发现销路不好，企业可投入广告费10万元以扩大销路，通过广告宣传使销路变好的概率为0.6，此时年利润为200万元(未扣除广告费)，如果广告仍未扩大销路，则每年亏损20万元(未扣除广告费)；如果不做广告，则每年将亏损35万元，如果企业不生产此种新产品，仍维持原有老产品的产销，则在销路好时的年利润为50万元，概率为0.4，销路差时亏损40万元。问正确的决策序列是什么？

解：决策树绘制如图4-7。

下面计算各结点的期望利润：

结点6：$E_6=(0.8\times200+0.2\times70)=174$(万元)；

结点8：$E_8=(0.6\times200+0.4\times(-20))=112$(万元)；

结点3：$E_3=(0.4\times50+0.6\times(-40))=-4$(万元)。

将计算结果标在各结点上方。

决策过程如下：比较结点6和结点7，因为$E_6=174>E_7=100$，故方案结果4为最佳，选择大批生产方案，剪去结点7一枝，将174标于结点4上方；比较结点8和结点9，因为$E_8=112>E_9=-35$，故方案5为最佳，选择做广告方案，在图上剪去结点9一枝，将102标于结点5上方；此时可计算结点2的预期收益：

$$E_2 = (0.7 \times 174 + 0.3 \times 102) = 152.4 (万元)$$

将结果标于结点 2 上方；最后比较结点 2 和结点 3，显然 $E_2 = 152.4 > E_3 = -4$，故最终决策为生产新产品方案。

因此，正确的决策序列应为：结点 1，生产新产品；结点 4，大批生产；结点 5，做广告。

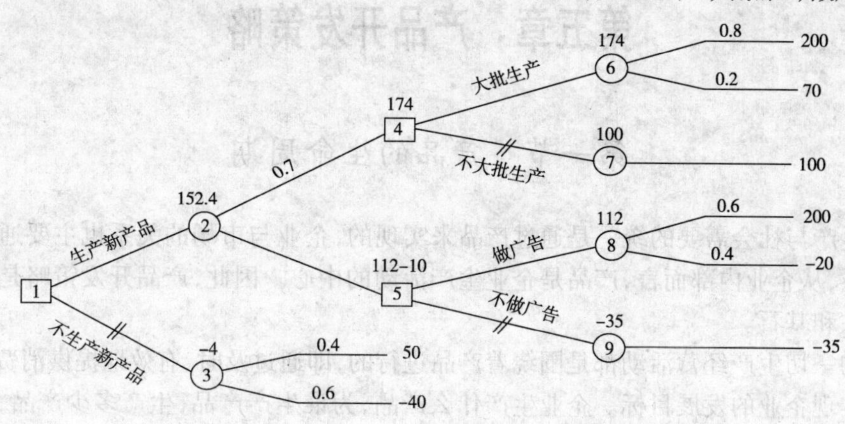

图 4-7　新产品分析决策树

第五章 产品开发策略

第一节 产品的生命周期

企业生产与社会需要的统一是通过产品来实现的，企业与市场的关系也主要通过产品或服务来联系，从企业内部而言，产品是企业生产活动的中心。因此，产品开发策略是企业经营活动的支柱和基石。

企业的一切生产经营活动都是围绕着产品进行的，即通过及时、有效地提供消费者所需要的产品而实现企业的发展目标。企业生产什么产品，为谁生产产品，生产多少产品，是企业产品策略必须回答的问题。企业如何开发满足消费者需求的产品，并将产品迅速、有效地销售给消费者，构成了企业活动的主体。以现代观念对产品进行界定，产品的内涵已从有形物品扩大到服务（美容、咨询等）、人员（体育、影视明星等）、地点（桂林、维也纳等）、组织（保护消费者协会）和观念（环保、公德意识等）等；产品的外延也从其核心产品（基本功能）向一般产品（产品的基本形式）、期望产品（期望的产品属性和条件）、附加产品（附加利益和服务）和潜在产品（产品的未来发展）拓展。

产品最基本的属性是核心利益，即向消费者提供产品的基本功能和利益，也是消费者真正要购买的利益和服务。消费者购买某种产品本质上并非是为了拥有该产品实体，而是为了获得能满足自身某种需要的功能和利益。如洗衣机的核心利益体现在它能让消费者方便、省力、省时地清洗衣物。产品核心功能需要依附一定的实体来实现，产品实体称为一般产品，即产品的基本形式，它主要包括产品的构造、外型等。期望产品是消费者购买产品时期望的一整套属性和条件，如对于购买洗衣机的人来说，期望该机器能省时省力地清洗衣物，同时不损坏衣物，洗衣时噪音小，方便进排水，外形美观，使用安全可靠等。附加产品包含的附加服务和利益，主要包括运送、安装、调试、维修、产品保证、零配件供应、技术人员培训等。附加产品来源于对消费者需求的综合性和多层次性的深入研究，要求营销人员必须正视消费者的整体消费体系，但同时必须注意因附加产品的增加而增加的成本消费者是否愿意承担的问题。潜在产品预示着该产品最终可能的所有增加和改变。

现代企业产品外延的不断拓展缘于消费者需求的复杂化和竞争的白热化。在产品的核心功能趋同的情况下，谁能更快、更多、更好地满足消费者的复杂利益整合的需要，谁就能拥有消费者，占有市场，取得竞争优势。不断地拓展产品的外延部分已成为现代企业产品竞争的焦点，消费者对产品的期望价值越来越多地包含了其所能提供的服务、企业人员的素质及企业整体形象的综合价值。目前发达国家企业的产品竞争多集中在附加产品层次，而发展中国家企业的产品竞争则主要集中在期望产品层次。

一、产品的生命周期

产品从投入市场到最终退出市场的全过程称为产品的生命周期。产品的生命周期一般包括投入期、成长期、成熟期和衰退期四个阶段。在产品生命周期的不同阶段,产品的市场占有率、销售额和利润额是不一样的。投入期产品销售量增长较慢,利润额多为负数。当销售量迅速增长,利润由负数变为正数并迅速增长时,产品进入了成长期。经过快速增长的销售量逐渐趋于稳定,利润增长处于停滞时,说明产品的成熟期已来临。在成熟期的后一阶段,产品销售量缓慢下降,利润开始下滑。当销售量加速递减,利润也较快下降时,产品便步入了衰退期。

产品生命周期有以下几点含义:①产品的生命是有限的;②产品销售经过不同阶段,每一阶段将对销售者提出不同的挑战;③在产品生命周期的不同阶段,利润有增有减;④在产品生命周期的不同阶段,产品需要不同的市场营销、财务、制造、采购和人事策略。产品生命周期显现了产品销售历史中的不同阶段。与各个阶段相对应的是与营销策略和利润潜量有关的不同的机会和问题。企业可通过确定其产品所处的阶段或将要进入的阶段制定更好的市场营销计划。

一般产品的生命周期表现为一条S型曲线,并可分为四个阶段,即投入期、成长期、成熟期和衰退期(图5-1)。

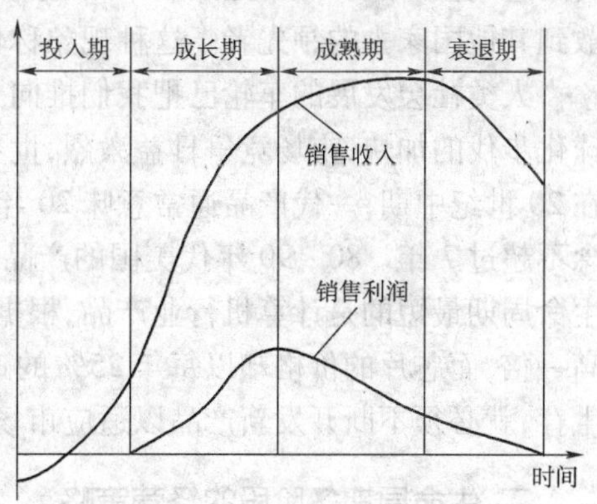

图5-1 产品的生命周期

投入期又称导入期,指产品引入市场,销售缓慢成长的时期。在这一阶段因为产品引入市场所支付的巨额费用,致使利润几乎不存在。成长期是指产品被市场迅速接受和利润大量增加的时期。成熟期的特点是,产品已被大多数的购买者所接受,销售收入的增长不断减缓;为了保持竞争力,维持产品的地位,营销费用日益增加,利润稳定或下降。在衰退期,销售量下降的趋势增强而利润不断下降。

生命周期的各阶段通常以销售增长率或下降率的显著变化处作为区分点。波里(Polli)和库克(Cook)曾提出一个可操作的衡量方法,该方法以逐年实际销售量的百分率变动的正态分布为基础来划分产品的各阶段。企业必须对各个阶段的时间长度进行定期审查。激烈的竞争会导致产品生命周期缩短,这意味着产品必须在较短的期间内获取利润。

产品种类具有最长的生命周期。许多产品种类的销售在成熟阶段是无限期的,这是因为它们与人口变化规律密切相关。有些产品种类如雪茄、报纸、咖啡、电影等,似乎已经进入产品生命周期的衰退阶段;而另一些种类,如传真机、无线电话,明显已进入成长阶段。产品形式比产品种类更能准确地体现典型的产品生命周期的历史。例如,手动打字机经历了产品生命周期的投入期、成长期、成熟期和衰退期;而电动打字机正在经历被电子打字机取代的历史。品牌化的产品可以有短的或长的产品生命周期。

并非所有的产品生命周期都呈S型曲线。研究发现,产品生命周期具有多种形态。此外,有三种特殊类型的产品应与其他类型的产品相区别,即风格型、时尚型和热潮型产品。

(1)风格型产品　风格是某一领域里所出现的产品的一种基本的和独特的形式。例如,住宅建筑风格(殖民地式、大牧场式、哥特式)、衣着风格(临时的、标新立异的)、艺术风格(现实的、超现实的、抽象的)。一种风格一旦形成后,它会维持许多年,在此期间时而风行,时而衰落,形成一个人们感兴趣的周而复始的周期。

(2)时尚型产品　时尚是在某一领域当前被普遍接受或流行的一种风格。牛仔裤是当今的服装时尚,"说唱乐"是当代流行音乐的时尚。一种时尚一般会经历四个阶段:第一个阶段是区分阶段，有些消费者为了从其他消费者中分离出来，自成体系而对某些新产品感兴趣；第二是模仿阶段，其他消费者以超乎寻常的兴趣仿效时尚领袖；第三是大量流行阶段，这种时尚非常风行，生产厂商在此阶段会加快大量生产的步伐；第四是衰退阶段，消费者向吸引他们的另一些时尚转移。因为时尚趋向于缓慢地成长，保持一段流行，并缓慢地衰退，时尚周期的长短很难预料。

(3)热潮型产品　热潮是迅速引起公众注意的时尚，它们被狂热地采用，很快地达到高峰，然后迅速衰退。它们的接受周期短且趋向于只吸引有限的追随者。它们的外表经常表现为新奇或善变。热潮的对象是寻求刺激者、标新立异者或好表现自己者。由于热潮一般不能满足强烈的需求或至少未能较好地满足，因而它们是短命的。

即使产品在一个国家的销售量下降，它还可能在另一个国家增长。产品在世界各地以不同的速率被采用。经常是最后采用的国家能够以最为经济的方法生产产品，并成为将产品扩散到其他国家去的领先者。这种现象称作国际产品生命周期。

人类社会发展的车轮已把我们推向了一个高速创新的时代，科学技术的飞速发展，经济全球化步伐的加快，市场竞争日益激烈，世界市场机会在不断转移，导致产品生命周期越来越短。在20世纪中期，一代产品通常意味20年左右的时间，而到了20世纪90年代，一代产品的概念不超过7年。80~90年代美国的产品生命周期平均为3年，1995年已经缩短为不到2年。生命周期最短的是计算机行业产品，根据莫尔定理，计算机芯片的处理速度每18个月就要提高一倍，而芯片的价格却以每年25%的速度下降。这迫使企业不仅是为了利润，至少是为了生存，就必须不断开发新产品以适应市场需求的快速变化。

二、生命周期各阶段的经营策略

1. 投入期的经营策略

当新产品推出时，宣传推广阶段就开始了。沟通经销商渠道和在几个市场中推广需要花费时间，因此销售成长处于缓慢发展状态。一些著名的产品，如低热量可乐、速溶咖啡、麦片等，在它们进入迅速成长阶段以前，徘徊了许多年。在这一阶段，由于销售量少和促销费用高，企业会亏本或利润微薄，它们需要大量经费以吸引分销商。这一时期促销支出占销售额的比率最高，因为它需要高水平的促销努力，以便达到：告诉潜在的消费者新的和他们不知道的产品；引导他们试用该产品；使产品通过零售网点分销。

只考虑价格与促销因素时，管理者可从下面的四种策略中择一而行。

(1)快速撇脂策略　即以高价格和高水平促销的方式推出新产品。企业采用高价格是为了在每单位销售中尽可能获取更多的毛利。同时，企业花费巨额促销费用向市场上说明虽然该产品定价水平高，但是物有所值。高水平的促销活动加快了市场渗透率。采用这一策略的假设条件是：潜在市场上大部分人还没有意识到该产品；知道它的人渴望得到该产品并有能力照价付款；企业面临着潜在的竞争和想建立自身的产品品牌。

(2)缓慢撇脂策略　即以高价格和低水平促销方式推出新产品。推行高价格是为了从每单位销售中获得尽可能多的毛利；而推行低水平促销是为了获取大量利润。采用这一策略的假设条件是：市场的营销费用大；大多数的市场已知晓这种产品；购买者愿出高价；潜在对手的竞争并不紧迫。

(3)快速渗透策略　即以低价格和高水平促销的方式推出新产品。这一策略期望能给企业带来最快速的市场渗透和最高的市场份额。采用这一策略的假设条件是：市场规模很大；市场对该产品不知晓;大多数购买者对价格敏感;潜在竞争很强烈;随着生产规模的扩大和制造经验的积累,企业的单位制造成本会下降。

(4)缓慢渗透策略　企业可降低其促销成本以实现较多的净利润。企业确信市场需求对价格弹性很高,而对促销弹性很小。采用这一策略的假设条件是:市场规模大;市场上该产品的知名度较高;市场对价格相当敏感;有一些潜在的竞争。

一家企业,特别对市场开拓者而言,必须根据其确定的产品定位选择一项推广策略,作为产品生命周期总体营销计划中审慎选择的第一步。如果开拓者选择的推广策略是"狠赚一笔",那么它将为了短期利润而牺牲长远收益。如果市场开拓者办事非常高明,则他定会抓住成为保持市场领先地位的最好时机。

市场开拓者应该分析每一市场各自的和组合的利润潜量,并做出一个市场扩展战略决策。开拓者向前看,就会知道竞争早晚要加入进来,并会引起价格和其市场份额的下降。问题在于这种情况何时发生?开拓者在各个阶段应该做什么?开拓者必须了解竞争周期的各个阶段。开始,即第一阶段,开拓者是唯一的供应商,拥有100%的生产能力。当然,该产品的全部销售都为他所有。第二阶段,竞争渗透,开始于一个新的竞争者已经具备了生产能力并上市销售。其他的竞争者也陆续登场,市场领导者的生产份额和销售份额逐渐下降。后来的竞争者因为可见的风险和他们质量上的不稳定性,因而常常采用低于领导者价格的方式进入市场。随着时间的推移,与领导者有关的可见的相对价值下降了,并引起领导者的溢价下降。在快速成长阶段,生产能力往往发展得过大,因此,当所引起的周期性降价发生时,该行业的过剩能力就会驱使毛利下降,趋向"正常的"水平。这时,新的竞争者不大愿意加入竞争,而已经参加竞争的企业要努力巩固自己的地位。这样就进入了份额稳定的第三阶段。在这一阶段,能力份额和市场份额都趋向于稳定。份额稳定期后,就进入商品竞争阶段。这时,产品被看成是商品,消费者不再支付商业溢价,供应商只能赚到一个平均的投资收益率。此时,一个或几个企业可能退出竞争。因此,对于可能仍在市场份额上处于支配地位的开拓者来说,他可以决定在别人离开后去进一步扩大市场份额,或者也可以放弃市场和逐步退出。当市场开拓者经历了竞争周期的各个不同阶段时,如果想成功,那么在面临的各种新挑战面前,他必须制定新的定价和营销战略。

2. 成长期的经营策略

成长阶段的标志是销售迅速增长。早期采用者喜欢该产品,中间多数消费者开始追随领导者。由于大规模的生产和利润的吸引,新的竞争者进入市场。他们引入新的产品特点,导致分销网点数目增加。在需求迅速增长的同时,产品价格维持不变或略有下降。企业维持同等的促销费用或把水平稍微提高,以应付竞争和继续培育市场。销售的高速上升使促销费用对销售额的比率不断下降。

在这一阶段内,随着促销成本被大量的销售额所分摊,利润增加,同时产品单位制造成本的降低比价格下降得快。

在成长阶段,企业为了尽可能长时间地维持市场成长可采取下列策略。

(1)改进产品质量和增加新产品的特色和式样。

(2)增加新样式和附属产品。

(3)进入新的细分市场。

(4)扩大分销覆盖面并进入新的分销渠道。

(5)从产品知觉广告转向产品偏好广告。

(6)降低价格以增加购买力。

企业推行这些市场扩展策略将会大大加强其竞争地位。但是,这个改进措施会增加成本。企业在成长阶段要决定究竟选择高市场占有份额,还是选择当前高利润。如果把大量的钱用在产品改进、促销和分销上,它能获得一个优势地位,但要放弃获得最大的当前利润,对此企业有希望在下一阶段得到补偿。

3. 成熟期的经营策略

产品销售量到达某一点后将会减缓速度,并进入相对成熟阶段。这个阶段的持续期一般长于前两个阶段,并给营销管理部门带来最难对付的挑战。大多数产品都处于生命周期的成熟阶段,因此,大部分的营销管理部门处理的正是这些成熟产品。

成熟阶段仍可分成三个时期。第一个时期是成长中的成熟。此时由于分销的影响,未来的销售依赖于人口增长和更新需求;第二个时期是衰退中的成熟。此时销售的绝对水平开始下降,顾客也开始转向其他产品和替代品。销售成长率的减慢使得整个行业中的生产能力过剩,能力过剩又导致竞争加剧,竞争者更频繁地使用减价或不明码标价的方法进行销售。他们增加广告,扩大贸易和增加与消费者交易的机会。他们为改进产品式样和开发侧翼品种而增添研究和开发预算。这些步骤都意味着某些利润的减少和较弱的竞争者开始退出。最后,该行业由一些地位牢固的竞争者所组成,他们的基点是要获得竞争利益。

在成熟阶段,许多企业会放弃变弱的产品。他们宁愿集中资源在有利可图的产品和开发新产品上。但它们可能忽视许多老产品仍有的高潜力。许多行业被广泛认为已经成熟,如汽车、摩托车、电视、手表和照相机等。但日本企业却不这样认为,它们找到了为顾客提供新价值的方法。营销人员应该有系统地考虑市场、产品和营销组合,来改进这些战略。

(1)市场改进　可用组成销售量的两个因素为企业的成熟品牌扩大市场。销售量 = 品牌使用者数量 × 每个用户的使用率。

可通过下列三种方法增加品牌使用者的数量。

①转变非用户　企业能努力吸引非用户转变为用户。例如,飞机货运服务成长的关键是不断地寻找新用户,说服他们相信空运比陆地运输有更多的好处。

②进入新的细分市场　企业可以努力进入新的细分市场—地理的和人口统计的。即那些使用此产品但不使用本企业品牌的。例如,强生已经把它的婴儿洗发剂成功地推销给了成年的用户。

③争取竞争对手的顾客　企业可以吸引竞争对手的顾客试用或采用它的品牌。例如,百事可乐抛出一个接一个的挑战,劝说可口可乐的消费者改用百事可乐。

可以设法让当前品牌使用者增加他们的年使用率来提高产品数量,下面是三种相应策略。

①提高使用频率　企业可以努力使顾客更频繁地使用该产品。例如,牛奶的营销人员应努力劝说人们除了在早餐时间饮用外,还可以在一般场合下饮用。

②增加每个场合的使用量　企业可以努力使用户在每次使用时增加该产品的用量。例如:洗头膏制造商可以向用户指出,每次洗头时冲洗两次比一次更有效。

③发掘产品新的和更广泛的用途　企业应努力发现该产品的各种新用途,并且要说服人们尝试更多的用途。例如,一个食品制造商通常的做法是在包装上列出几种食谱,使消费者了解食品的全部用法。

(2)产品改进　企业还应努力改进产品的特性,使其能吸引新用户和增加现行用户的使用量以改善销售。在产品改进方面可选择以下策略:

①质量改进　其目的是注重于增加产品的功能特性——它的耐用性、可靠性、速度和口味等。一个制造商通过推出“新颖和改进的”汽车、电视机或洗涤剂，通常能压倒它的竞争对手。食品杂货制造商把这种做法称之为“附加”推出并促销了附加的产品，或者对这些东西用“更强”、“更大”或“更好的”的术语进行广告宣传。这种战略有效的范围是：质量确实能改进；买方相信质量被改进的说法；要求较高质量的用户其数量足够多。

②特色改进 其目的是增加产品的新特色（例如尺寸、重量、材料、添加物和附件等），扩大商品的多功能性、安全性或便利性。例如，一些信用卡能从自动取款机取款；另一些可作为智能卡使用，记录在会员百货店的购物情况和持卡人的个人特征；还有一些卡上有持卡人的照片和签名，防止被别人冒用。特色改进战略有几个优点：新特色为企业建立了创新的形象；新特色赢得了重视它们的特定细分市场顾客的忠诚。新特色能被迅速采用、迅速丢弃，为购买者提供了更多选择；新特色能够给企业带来免费的公众宣传效果，并激发销售人员和分销商的热情。其主要缺点是特色改进很容易被模仿，除非首先推出者享有永久的权益，否则它可能会得不偿失。

③式样改进　目的是增加对产品的美学需求。定期引进新车型是式样竞争，而并非是质量或特色竞争。在包装食品和家庭用品上，一些企业常采用颜色和结构的变化，以及对包装式样不断更新，把包装作为该产品的一个延伸。式样策略的优点是每家厂商可以获得一个独特的市场个性，赢得忠诚的追随者。但是，式样竞争也带来一些问题：难以预料是否有人和有哪些人会喜欢这种新式样；式样改变通常意味着不再生产老式样，企业将面临失去某些喜爱老式样的顾客的风险。

(3)营销组合改进　企业还应该努力通过改进营销组合的一个或几个要素刺激销售。在寻找刺激成熟产品销售的方法中，企业对营销组合的非产品因素应考虑如下的关键性问题：

①价格　削价会吸引新的试用者和新用户吗？如果是，要不要降低目录标价，或者通过特价、数量或先购者的折扣、免费运输、更方便的信用条款等方法下调价格，或用提高价格来显示质量较好的方法更为有利。

②分销　企业在现有的分销网点上能够获得比较多的产品支持和陈列吗？企业能渗透更多的销售网点吗？企业的产品能够进入某些新类型的分销渠道吗？

③广告　广告费应该增加吗？广告词句或文稿应该修改吗？宣传媒体组合应该更换吗？宣传的时间、频率或规模应该变动吗？

④销售促进　企业应该采用何种销售促进形式——暂时降价、舍零头、打折扣、担保、赠品还是竞赛？

⑤人员推销　销售人员的数量和质量应该增加或提高吗？销售队伍专业化的基础应该变更吗？销售区域应该重新划分吗？对销售队伍的奖励方法应该修改吗？销售访问计划需要改进吗？

⑥服务　企业能够加快交货工作吗？企业能扩大对顾客的技术援助吗？企业能提供更多的信贷吗？

营销人员经常争论在成熟阶段何种营销工具更有效。例如，企业可否通过增加广告或销售促进预算来获得更多盈利？一些营销人员认为在此阶段促销更有效，因为消费者在他们的购买习惯和偏好上已达到某种平衡，而要打破这种平衡，心理上的说服力（广告活动）不如财务上的说服力（促销手段）有效。因此，许多企业用超过总促销预算 50% 的经费来支持对成熟产品的销售促进活动。但另一些人认为品牌应该作为一项主要资产进行管理并用广告支持它。广告支出也应被当作投资,而不是花费。品牌经理喜欢使用促销手段,因为它能在短期内见效,但过度的销售促进活动会损害品牌长期利润的实现。

4. 衰退期的经营策略

大多数的产品和品牌销售最终会衰退。销售衰退的原因很多,其中包括技术进步、消费者口味的改变、国内外竞争的加剧等。所有这些都会导致生产能力过剩、削价竞争增加和利润被侵蚀。当销售和利润衰退时,有些企业退出了市场。留下来的企业可能会减少产品供应量。它们也可能从较小的细分市场和较弱的贸易渠道中退出。它们也可能削减促销预算和进一步降低价格。

可惜的是,大多数企业尚未能制定出一种周密思考的政策,以处理它们的未经老化的产品。相反,感情在起作用,企业可能发现难于判处最初产品的死刑,仍把它看作一位又老又忠诚的朋友。逻辑也在起作用,管理部门相信,在经济改善或营销战略修订或改进产品后,销售将会上升。疲软产品可能在不相称地消耗管理部门的时间,它需要频繁地调整价格和存货,通常要花费大量的准备时间。它消耗广告和推销队伍的精力,如果把这些注意力转移到健康的产品上将会更有利。它在市场上的不适用会引起顾客的不安,给企业形象蒙上阴影。一个企业在处理它的老化产品中面临着许多任务和决策。

(1)识别疲软产品

第一任务是建立识别疲软产品的制度。企业应组成一个由营销、研究与开发、制造和财务代表参加的产品审查委员会,由这个委员会拟定一套识别疲软产品的制度。审计办公室提供每种产品的资料,包括产品的市场规模、市场份额、价格、成本和利润方面的动向信息,通过这些信息的处理分析,确定出可疑产品。其标准包括销售疲软的年数、市场份额的趋势、毛利和投资报酬。把列在可疑表上的产品向负责经理们报告。由这些经理填写评估表,说明在营销战略不修改和修改后的情况下销售和利润的前景。产品审查委员会审核这些报告并对每一可疑产品提出建议——继续保留该产品、修改它的营销战略或放弃它。研究证据显示,采用这种方式使得管理工作更有效率。

(2)确定营销战略

有些企业将比其他企业率先放弃衰退市场。这在很大程度上取决于退出的障碍水平。退出障碍越低,企业就越容易脱离该行业,同时对留下来的企业就更具诱惑力,它们可以去吸引退出企业所拥有的顾客。留下来的企业将会增加销售和利润。因此,一个企业必须对是否要在市场上坚持到底做出决策。

(3)放弃决策

当企业决定放弃一个产品时,它面临着进一步的决策。如果产品有很强的分销能力并留存一些好名声,企业也可将它卖给一个小企业。如果企业找不到买主,就必须决定是迅速还是缓慢结束这个品牌。它还必须决定保留多少部件和服务项目为老顾客服务。

第二节　新产品开发与创新

一、新产品的类型

按产品研究开发的特点,新产品可分为全新产品、模仿型新产品、改进型新产品、形成系列型新产品、降低成本型新产品和重新定位型新产品。

1. 全新产品

全新产品是指应用新原理、新技术和新材料，具有新结构和新功能的产品。该新产品在全世界首先开发，能开创全新的市场。如电灯、计算机和电视机等的发明都属全新产品开发。

2. 改进型新产品

这种新产品是指在原有老产品的基础上进行改进，使产品在结构、功能、品质、花色、款式及包装上具有新的特点和新的突破。这种新产品与老产品十分接近，有利于消费者迅速接受，开发也不需要大量的资金，开发风险相对要小。

3. 模仿型新产品

企业对国内外市场上已有的产品进行模仿生产，并称之为本企业新产品。

4. 形成系列型新产品

它是指在原有的产品大类中开发出新的品种、花色和规格等，从而与企业原有产品形成系列，扩大产品的目标市场。如系列化妆品等，这种新产品与原有产品的差别不大，所需开发投资不大，技术革新程度也不高。

5. 降低成本型新产品

以较低的成本提供同样性能的新产品，主要是指企业利用新技术，改进生产工艺或提高生产效率，削减原产品的成本，但保持原有功能不变的新产品。

6. 重新定位型新产品

指企业的老产品进入新的市场而被称为该市场的新产品。

美国著名管理学家李维特曾说过："新的竞争不在于工厂里制造出来的产品，而在于工厂外能够给产品加上包装、服务、广告、咨询、融资、送货或顾客认为有价值的其他东西。"因此，在产品的其他层次方面的新产品形式往往也是十分重要的。

在现代社会，创新已成为时代发展的主旋律，大多数企业销售收入的三分之一强来自新产品及新服务。对企业而言，开发新产品具有重要的战略意义，它是企业生存和发展的重要支柱。

新产品的开发对企业的重要性主要体现在以下方面。

(1)开发新产品有利于促进企业成长。一方面，企业可以从新产品中获取更多的利润，另一方面，推出新产品比利用现有产品能够更有效地提高市场份额。利润和市场份额是企业追求的两个重要目标，它们的增加和提高能帮助企业不断的发展。

(2)开发新产品可以维护企业的竞争优势和竞争地位。为拥有消费者，占有市场份额，企业会运用各种方式和手段来获得竞争优势，开发新产品是当今企业加强自身的竞争优势的重要手段。

(3)开发新产品有利于充分利用企业的生产和经营能力。当企业的生产、经营能力有剩余时，开发新的产品是一种有效的提高其生产和经营能力利用率的手段。因为在总的固定成本不变的情况下开发新产品会使产品成本降低，同时提高企业资源利用率。

(4)开发新产品有利于企业更好地适应环境的变化。在社会快速发展的今天，企业面临的各种环境条件也不断发生变化。这预示着企业的原有产品可能会衰退，企业必须寻找合适的替代产品。

(5)开发新产品有利于加速新技术、新材料、新工艺的推广和应用。

二、新产品构思的来源

进行新产品构思是新产品开发的首要阶段。构思是创造性思维，即对新产品进行设想或创意的过程。缺乏好的新产品构思已成为许多行业新产品开发的瓶颈。一个好的新产品构思是新产品开发成功关键。企业通常可从企业内部和企业外部寻找新产品构思的来源。

（一）企业内部新产品构思的来源

企业内部人员包括企业的生产部门，技术部门，市场营销部门以及包装、维修等从属于企业内部的部门人员。这些人员与产品的直接接触程度各不相同，但他们总的共同点便是都熟悉企业业务的某一或某几方面，对企业提供的产品较外行人有更多的了解与关注，因而往往能针对产品的优缺点提出改进或创新产品的构思。在企业的这些内部人员中，除研究开发部门外，销售人员和高层管理部门的人员也是新产品构思极为重要的来源。

1. 研究开发部门

研究开发部门是新产品构思最重要的内部来源。美国统计资料显示，所有的新产品构思中，88%来自于企业内部，而其中60%来自于企业研究开发部门。新产品开发研制过程分为基础研究、应用研究和开发研究。企业研究开发部门的任务便是积极的且有计划的致力于上述三种研究，积累成果并不断产生各种新的构思，从而开发出既畅销又能获利的新产品。可以说，研究开发部门人员的主要职责就是进行新产品构思。而且，不管企业整个生产过程何如，新产品开发工作的启动、前进、维持直至最后成功完成，无论哪个环节都离不开研究开发部门人员的参与和努力。

2. 销售人员

销售人员经常与消费者（用户）打交道，尤其是当产品技术性较强，操作较复杂，需要销售人员提供相应的技术指导时，销售人员与消费者的关系更为密切。比如，机器设备等工业品生产企业以及高科技产品企业，销售人员为了更好地售出产品，需要与用户保持紧密的联系，熟悉用户的使用要求，并应及时收集用户对产品的意见，主动询问并探求用户对该产品有哪些新的需求。这些与产品相关的信息收集，使得销售人员的头脑里蕴藏有许多符合用户实际需要的新产品构思及对现有产品的改进性设想，这些想法往往会为企业进行新产品开发指明方向。

3. 高层管理部门

高层管理部门在审查与调整企业总体经营战略时，可能会出于下面的情况而得到有关新产品开发的构思。

（1）打算对企业现有产品线和产品组合做出延长、加深或其他调整，以更好的适应市场需求，从而增强企业竞争实力时，可能构思出新产品的设想，至少也会对新产品的范围与性能构架规定一个合适的范围或方向。譬如，洗发水公司开发出专供婴幼儿使用的刺激性较弱的洗发水，以及玩具厂生产专供老年人使用的更具智力性也更安静的玩具等。

（2）在对原有但未执行或已废弃的产品计划的重新审查中发现新产品构思。通过再度审查产品计划如设计，包装，材料，销售渠道等，可发现新产品构想。

（3）为节约成本和更有效的使用原料，检查生产工艺过程以寻求生产副产品的可能性，从而发现新产品设想。

4. 企业内部其他部门的职工

企业职工相对他人而言，对本企业产品的性能优缺点最为关注，这直接影响他们自身的经济利益。发动全体职工都来构思新产品常常能取得良好的效果，调动全体职工的创新心理可以采用雇员建议制度，欢迎每名雇员提出自己的设想。还可以安排一名“构思协调员”，负责在雇员中进行协调，鼓励雇员创新并搜集他们新的构思。

（二）企业外部新产品构思的来源

1. 顾客

顾客是新产品构思最丰富的来源。顾客在使用企业产品的过程中，直接感受到产品的方便与不便之处，并针对这些不便产生关于产品改进或进行相关产品系列扩展的需求。研究证明，大量工业品的新产品构思起源于用户。许多构思搜索者认为，要找到最理想的产品构思，通过向顾客询问现行产品的问题来获得。来自于顾客的产品构思通常不包括完整的产品概念，只是包含了产品概念的三个主要方面（需求、形式和技术），但也正是这些不完整的构思，成为点燃新产品构思之源的火花。收集顾客的构思通常可采用用户调查、投射测试、函询、座谈等形式以创造消费者表达意见的机会。此外，一些非正式的场合如顾客在使用产品时萌生的抱怨也常能激发相关人员新产品构思的灵感。

2. 中间商

同行业的经纪人、推销员、分销商、批发商及零售商都可能成为新产品设想的较好来源，他们提供的有关新产品构思对企业也常具有较高价值。这些中间商熟悉市场需求，清楚现有产品的缺陷，且许多中间商因为已成为消费者直接的产品使用顾问，他们提出的建议也因而具备较高的开发价值。

3. 竞争对手

研究竞争对手的产品，从而改进企业现有的产品，是新产品构思来源的一条重要途径，竞争者的新产品可能是本企业跳跃式或附加型新产品构思的间接来源。企业可以建立正式程序来获取有关竞争对手新产品的情况，这种程序包括在交易中有意识的收集即将上市的新产品的信息及上市后对产品性能与销售情况的分析，并有五个步骤：

(1)购买存在竞争性的最新产品。

(2)逐一拆解产品，直至每一个螺帽、每一个螺钉、每一个结合部，以获得基本部件。

(3)反向设计产品。在拆解产品的时候，要绘出图纸、列出零件清单，并研究制造方法。

(4)计算成本。利用能够获得的人工成本、原材料成本和间接费用，精确地估算竞争对手为制造该产品而花费的资金。

(5)确定规模经济。在已知和预测生产过程，并结合销售价格的条件下，估算竞争对手的利润。

4. 企业外的研究和发明人员

这些人员广泛存在于发明家评议会、商务管理部门、商标局和专利局、国家的企业性援助计划组、大学的研究与创新中心等。这些人员的创新构思一般是直接针对本企业产品做出的，但他们的创新程度很高，常常可以从中得到创新产品的某一或某几方面的灵感。

5. 咨询企业

咨询企业多负责企业管理咨询方面的工作，但现在越来越多的咨询企业已参与到新产品构思工作中来，且一些咨询企业还相当专业化，甚至专门设立了新产品构思部门，并将产生的构思作为其直接产品之一。

6. 营销调研企业

营销调研企业接受客户委托，调查消费者的需求状况，往往会无意中发现一些企业未注意到的市场机会，从而引发新产品构思。不过这些营销调研企业一般不会直接把他们发现的市场机会提供给代理人，而是需要代理人付出一定报酬。

三、新产品构思的方法

（一）属性分析

属性分析是指将企业某种新产品的属性一一列出，然后寻求改进每一种属性的方法，从而改良这种产品。不同类型的属性产生不同的属性分析方法。

1. 多方面分析

所有能够影响产品的销售状况、增加市场需求的产品属性及其附加属性，都可能成为产品创新的构思来源点。例如，新的产品材料、新的产品功能、新的产品用途、新的产品质量、新的制造技术、新的产品外观、新的产品商标、新的产品包装和新的产品形象等等，都可能引起产品特征及其市场变化，这种属性的简单罗列往往是激发新产品开发人员创造性思想的火花来源，它对于企业进行年终产品系列审查尤为有效。

2. 功能分析

产品功能是一种重要的产品要素，不同的产品具有不同的产品功能或用途，一种产品的功能和用途，就是这种产品的使用价值，它是决定产品市场需求量的关键因素之一。因此，在进行新产品构思时，只要能够使一种产品具有新的功能或用途，或使一种产品功能的完好度不同（如电视机有黑白与彩色、普通与高清晰度之分）或使同一种产品用途范围的宽窄不同（如载货吨位不同的货车及载客人数不同的客车等），就意味着实现了产品创新。

实现产品功能创新的方式有三种：增加现有产品功能；减少现有产品功能；改变现有产品功能的市场定位（如将视为交通工具的自行车的功能定义为竞赛或娱乐）。

3. 功效分析

功效与功能是相区别的，如骑行、降速、拐弯等是自行车的功能，而运输、娱乐、锻炼、刺激性等则为自行车的功效。在功效分析时，消费者或用户把被研究产品的所有功效罗列出来，希望能从中发现尚未意识到的功效和未预计到的功效缺损。功效分析的方法常具有较强的建设性，特别有利于新产品开发人员更多更深入地了解产品在日常生活中的作用。

4. 差异分析

差异分析研究的是各种产品的属性带给消费者的不同感受，进行这种分析能确定各种产品间的差异。差异分析有以下类型：

(1)描述性差异　对螺丝刀的属性描述可以有“小头、长而细的螺丝刀”，也可以有“大头、粗而短的螺丝刀”，这就是不同螺丝刀属性上的差异。研究者会注意到没有“长而粗、都是小头的螺丝刀”，对此的解释很简单，因为小头的螺丝刀不需要一个粗手柄来施加更大的力，在这里，我们很容易就确定了一个差异。

(2)决定性差异　产品属性可分为产品不同的属性和产品相同的属性，或对用户重要的属性和对用户不重要的属性。决定性差异分析如下表所示。

决定性分析表

产品属性 / 产品类型	不同的	相同的	对用户很重要	对用户不重要
汽车	式样、经济性	车轮数、污染程度	经济性、舒适性	颜色、最大速度
小发动机	可靠性	功率	使用成本	加油次数

上述属性中同为“不同的”和“对用户很重要的”这两栏的属性即构成产品的决定性属性。决定性属性是新产品构思的重要参数。

(3)感受性差异　这种分析方法要求用户来决定产品属性，包括他们认为产品有哪些属性以及每个产品的级别，通常采用集中小组法和个别交谈法的形式进行，第一步要求罗列出各类产品的属性；第二步通过研究者的判断和因素分析中的一些统计技术将属性清单减少到可以处理的程度;第三步为将这些减少了的属性清单发给消费者代表,让他们对目前的产品评分,感受性差异分析方法能带来高度的创造性,并将消费者代表的评分平均化以后所得到的绘图数据有助于在新产品构思形成过程中很有用的感受图的绘制。

(4)偏好性差异　对产品的偏好性一般可从消费者那里获得,请消费者对现有产品进行排序或请他们对产品的不同属性排序,可以了解到消费者对产品或产品属性的偏好程度。例如,我们可能发现消费者很喜欢一种耐久而便宜的蓄电池,但这蓄电池还要没污染、易维修。针对这些偏好,一个新产品概念就形成了。

除以上这些基于属性的新产品构思技法外,还有检查表、属性扩展、系统分析独特性能、分级设计和缺点分析等构思技巧。

(二)需求分析

1.需求的类型

先发明某产品,然后寻找需求曾经获得巨大成功,但绝大多数有成就的企业家都是先明确需求,然后用一种系统性的方法去满足需求。市场需求纷繁复杂,变化多端,企业在新产品创意时,需要针对不同的需求开发新产品。

(1)特定需求　特定要求是指容易描绘,能被大多数人理解并且适用大多数人的需求。如针对大家远距离交流的需求,人类发明了电话,针对大家对钻眼的需要发明了钻头等。针对特定需求的产品特征是质量和设计要被原样出售,因此,这两点十分重要,特定需求很可能预先或在开发过程中调查得出,也可能很容易地从外部找到满足需求的办法。

(2)模糊需求　模糊需求是一种含而不露的需求,是一种我们知道确有其事却因其变化不定而无法定义或定位的需求。模糊需求极难定义,也很难研究。模糊需求常发生在环境出现难以接受的变化时,决策者已经知道应该避免什么却还不知道想要什么的时候。因此发明满足模糊需求的产品在很大程度上依赖灵感和直觉,并且要让顾客在上市阶段积极试用产品。

(3)订制需求　订制需求是一种很直接的需求,其主体为个别的组织或个人。订制需求的满足要求按顾客的愿望增加或删除某些产品性能,从而改进整体产品的概念。针对订制需求而开发的新产品在诞生伊始就要由专业售货员为每个用户或每个用户群提供个别服务。订制需求的特点是,一般只需增减产品的某些性能而不必对核心产品做出很大改动。

(4)变动需求　消费者的需求随时会同为某种或某些主、客观因素的改变而发生变动,这就是变动需求。要满足不断发展变化的需求的确困难重重,针对变动需求开发的产品作为概念必须有价值,有无形资产收益,并要求敬业的专业人员为每个用户或每个用户群提供个别服务。

2.激发以需求为基础的产品创意

一个已经界定了目标需求并希望加速开发新产品的创新小组可以到企业外部寻找解决问题的方法,也可以在创新小组内部获得新的产品创意。小组成员可就问题清单中的一个或两个方案表决并在此基础上采用逆转创新技巧获得新产品创意。

逆转需求构思技巧的特点是从需求的对立面去进行新产品构思。例如,观察到的需求为:日光浴者需要一种有效的便捷式挡风用具。这一需求的第一个反面是日光浴者不需要向身上吹冷风的产品。这一反面设想给我们指明了新产品开发中要避免的事宜。但若从第二个反面向这一假设挑战,则可以做出日光浴者可能喜欢产生微风的机器这一推断。采用逆转的构思技巧,新产品设想很容易获得,同时,我们还可以用类比方法来延伸这一技巧。我们可以提问:这个问题与什么相似?类似问题在其他环境中是如何解决的?即使类比并不直接,它也能给创新构思增加价值,并且,在另一种模式中重新构建问题的框架往往能带来实现突破的灵感。

四、新产品构思的筛选

（一）筛选的目的

新产品构思筛选是运用一系列评价标准，对各种构思进行比较判断，从中找出最有成功希望的构思的一种“过滤”工程。进行构思筛选有以下目的：

（1）权衡各创新项目的费用、潜在效益与风险，尽早发现和放弃不良构思，找出可能成功的构思。

（2）筛选的过程有助于对原有构思做出修改与完善。

（3）筛选可促进新产品构思者的联系与交流。对不同构思进行评分时，评分者往往需要讲述自己判分的理由，这是吸取他人经验并增长才干的大好机会。

（二）筛选的原则

1. 可行性原则

这是新产品构思必须满足的标准，它包括技术上的可行性、经济上的可行性与政策法规上的可行性。以上三条中任何一条得不到满足都必须舍弃该构思。

2. 效益性原则

这需要市场调研部门来协助进行分析。根据市场调研的结果，对市场潜力、回报周期、赢利幅度等做出判断。新产品构思方案能被采用的根本原因在于它能使企业获得效益。

3. 适应性原则

新产品开发工作必须与企业现有的研究开发力量、生产力量、销售力量以及顾客需求相适应，与企业长期目标一致，这种适应性是新产品构思能顺利实施的保障。

为满足三个关键性的原则，企业需要建立一套新产品开发必须满足的最低标准，如新产品能产生独一无二的利润；解决现有产品未能解决的问题；开辟一个巨大且不断增长的市场；具有长期的发展潜力；赢利幅度较大；可因此而摆脱竞争的影响或不存在有优势的竞争对手等。

（三）筛选工作程序

1. 成立筛选小组

构思的筛选若由个人或领导决策，失误的可能性很大。企业通常需要设立或临时成立新产品构思筛选小组。小组成员需要涉及财务、技术、生产、销售和营销等方面的专家和代表，在筛选人员的选配上，不仅要考虑他们各自代表的职能和部门，还须考虑筛选人员的评分能力和性格特征，筛选人员之间要做到性格互补。有些企业在考察评价人员的评分能力时，首先对评分人员进行筛选，即将所有应选人员的评分进行平均，去掉那些评分过低的人员。除非是小型企业，企业的高层领导者及提出构思的人员最好避免参与构思筛选，以免他们的发言左右其他人的思想。评分人员的选择须谨慎，这将直接关系到新产品开发的成败。

2. 经验筛选

亦称粗筛，指筛选人员根据自己的经验来判断新构思与企业经营目标、生产技术、财务能力和销售能力是否相适应的粗略筛选过程。通过对比分析，把明显不适应的构思剔除而将较接近者留下来以作进一步筛选。

3. 评分筛选

亦称精筛，指利用评分模型对粗筛保留下的构思进行评分筛选。评分模型筛选具有各种评分模式，但无论何种类型的评分模型都包括四个基本要素：评分因素、评分等级、权重及评分筛选人员。评分因素是指影响新产品开发成功的各主要因素，如企业的研究能力、财务能力、生产能力、营销能力、原材料的采购能力、市场潜力、竞争状况和企业形象等。评分等级即对各评价因素进行量化,如对企业研究能力的评价可采用等级分数来描述,7 分表示研究能力最强,1 分表示研究能力最弱,界于强弱之间则分别用 6 分至 2 分表示。评分等级是评价人员乐于使用但又不易度量的要素。权重的应用不仅限于评价因素,对每位评分人员也须加权。权重对评分结果影响很大,但权重的确定却很难有科学的依据,需要评价人员对各影响因素的重要性进行客观、深入地研究。筛选人员依据评分模式对各构思加权计分,再依据其分值选出下一步开发的对象。

五、新产品开发战略

新产品开发战略的类型是根据新产品战略的维度组合而成,产品的竞争领域、新产品开发的目标及实现目标的措施构成了新产品开发战略的三个维度。对维度及维度诸要素进行组合便可形成各种新产品开发战略。下面是几种典型的新产品开发战略。

1. 冒险或创业战略

冒险战略是具有高风险性的新产品战略,通常是在企业面临巨大的市场压力时为之,企业常常会孤注一掷地调动其所有资源投入新产品开发,期望风险越大,回报越大。该战略的产品竞争领域是产品最终用途和技术的结合,企业希望在技术上有较大的发展甚至是一种技术突破。新产品开发的目标是迅速提高市场占有率,成为该新产品市场的领先者。创新希望是首创,甚至是首创中的艺术性突破,以率先进入市场为投放契机。创新的技术来源采用自主开发、联合开发或技术引进的方式。实施该新产品战略的企业须具备领先的技术、巨大的资金实力、强有力的营销运作能力。中小企业显然不适合运用此新产品开发战略。

2. 进取战略

进取新产品战略由以下要素组合而成:竞争领域在于产品的最终用途和技术方面,新产品开发的目标是通过新产品市场占有率的提高使企业获得较快的发展;创新程度较高,频率较快;大多数新产品选择率先进入市场;开发方式通常是自主开发;以一定的企业资源进行新产品开发,不会因此而影响企业现有的生产状况。新产品创意可来源于对现有产品用途、功能、工艺、营销策略等的改进,改进型新产品、降低成本型新产品、形成系列型新产品、重新定位型新产品都可成为其选择。也不排除具有较大技术创新的新产品开发。该新产品战略的风险相对要小。

3. 紧跟战略

紧跟战略是指企业紧跟本行业实力强大的竞争者,迅速仿制竞争者已成功上市的新产品来维持企业的生存和发展。许多中小企业在发展之初常采用该新产品开发战略。该战略的特点是:产品的战略竞争领域是由竞争对手所选定的产品或产品的最终用途,本企业无法也无须选定;企业新产品开发的目标是维持或提高市场占有率;仿制新产品的创新程度不高;产品进入市场的时机选择具有灵活性;开发方式多为自主开发或委托开发;紧跟战略的研究开发费用小,但市场营销风险相对要大。实施该新产品战略的关键是紧跟要及时,全面、快速和准确地获得竞争者有关新产品开发的信息是仿制新产品开发战略成功的前提;其次,对竞争者的新产品进行模仿式改进会使其新产品更具竞争力;强有力的市场营销运作是该战略的保障。

4. 保持地位或防御战略

保持或维持企业现有的市场地位,有这种战略目标的企业会选择新产品开发的防御战略。该战略的产品竞争领域是市场上的新产品,新产品开发的目标是维持或适当扩大市场占有率,以维持企业的生存。此种战略多采用模仿型新产品开发模式,以自主开发为主,也可采用技术引进方式。产品进入市场的时机通常要滞后,新产品开发的频率不高。成熟产业或夕阳产业中的中小企业常采用此种战略。

六、新产品开发的组织

创新需要激情,避免纯理性;需要分权,否定集中;需要更多的激励和容忍,抛弃限制和惩罚;需要竞争,避免按章行事。创新的特点决定了新产品开发组织与一般管理组织相比具有其突出的特点,新产品开发组织具有高度的灵活性,新产品开发组织要具备简单的人际关系,高效、快速的信息传递系统,较高的管理权力,充分的决策自主权等。总的原则是使新产品开发能快速、高效地进行。

新产品开发组织的特征使新产品开发组织的形式多种多样。一般常见的新产品开发组织有:新产品委员会、新产品部、产品经理、新产品经理、项目团队和项目小组五种形式。

1. 新产品委员会

新产品开发委员会是一种专门的新产品开发组织形式之一,该委员会通常由企业最高管理层加上各主要职能部门的代表组成,是一种高层次的新产品开发的参谋和管理组织。其优点是可以汇集各部门的想法和意见,强化信息沟通,使决策更加民主化和科学化。缺点是委员会成员之间的权责不清,容易发生互相推诿责任的现象,而且当各职能部门的目标与企业总体目标不一致时,较难统一意见。新产品开发委员会属于矩阵式组织结构,可分为决策型、协调型和特别型三类。决策型新产品委员会的主要职能是制定新产品开发战略,配置新产品开发所需的企业内外部资源,进行新产品开发项目的评价和选择等,通常由企业最高领导者牵头。协调型新产品委员的主要职能是负责新产品开发活动中各职能部门的协调。特别委员会是新产品开发的智囊团,对新产品开发过程中出现的问题和困难提出建议和对策。例如,对于技术障碍问题、构思筛选的评价问题、设计问题、工艺问题和商品化过程中出现的问题等,特别委员会由各种相关专家和职能部门的关键人物组成。

2. 新产品部

大企业常设新产品部,也称产品规划部、技术中心或研究所等。从若干职能部门抽调专人组成一个固定的独立性的开发组织,集中处理新产品开发过程中的种种问题,如提出开发的目标,制定市场调研计划,筛选新产品构思,组织实施控制和协调等等。该部门的主管拥有实权并与高层管理者密切联系。它是新产品委员会最恰当的补充管理组织,其优点是权力集中,建议集中,见解独立,有助于企业进行决策,并保持新产品开发工作的稳定性和管理的规划性。缺点是不易协调各职能部门之间的矛盾。

3. 产品经理

许多企业把新产品开发作为产品经理的一项重要职能。但产品经理的工作重心往往是对他管理的产品或产品线投入更多的时间和精力,对新产品开发无法尽全力。

4. 新产品经理

在这种组织形式下,企业根据所实施的新产品项目的多少在产品经理下面设置若干新产品经理,一个新产品经理对一个或一组新产品项目负责。从新产品策划一直到新产品投入市场,都由新产品经理负责进行。这种组织形式主要适用于规模较大、资源丰富、新产品项目多,主要依靠新产品参与竞争的企业。

5. 项目团队

项目团队正日趋成为一种最强的横向联系机制。团队是一种长期的任务组,经常和项目小组一起使用。当在一段较长的时间内需要部门的协调活动时,设立跨部门团队,是明智的选择。如波音企业在设计和生产其新的777型飞机时大约使用了250个团队。一些团队围绕飞机的部件而设立,比如机翼、驾驶室和发动机等,为特殊的顾客服务也组成相应的团队。

6. 项目小组

有些企业会为不定期的新产品开发设立临时项目小组,这是由来自各种不同职能部门的人员组成的一种组织,是一种矩阵式的组织形式,它通常向企业的最高管理层直接报告工作,并具有为新产品制定政策的权力。它的工作期限不定,到完成任务为止。不同的开发项目,其成员不同,但是成员往往具有较强的革新和开拓精神。项目经理对整个新产品开发负责,但对项目组成员并不拥有加薪、升职、雇佣和解雇的正式权力,正式权力取决于职能部门管理者。项目经理需要出色的人际关系能力,他们得通过专业知识和游说来实现协作。他们横跨于各部门之间,必须有能力把人们组织起来。

七、新产品概念的形成与测试

(一)新产品概念的形成

新产品概念形成的过程亦即把粗略的产品构思转化为详细的产品概念。该过程的首要步骤是搜集辅助信息,以获得有关市场特征和竞争状况等更多信息;进行专利搜索以找出潜在的竞争对手;通过与行业专家及潜在顾客的谈话来评估对新产品构思的态度。其次,可从愿意合作且产品使用经验丰富的主要顾客那里获得有关新产品概念的建议,这些顾客不一定具有代表性,在某些情况下,仅有少数样本的定性分析就可以开发出新产品概念。有些情况下则需要进行大样本调查才能开发出新产品概念。例如,通用汽车公司在开发某新车型时,项目小组在进行最早设计之前采取抽样调查对全国4200名顾客进行了访问,才确定了产品概念。

任何一种产品构思都可转化为几种产品概念。新产品概念的形成来源于针对新产品构思提出问题的回答,一般通过对以下三个问题的回答,可形成不同的新产品概念。即谁使用该产品?该产品提供的主要利益是什么?该产品适用于什么场合?以净化空气的产品为例。首先要考虑的是企业希望为谁提供净化空气的产品,即目标消费者是谁?大凡空气浑浊的地方都可使用这种产品,是针对家庭使用,还是提供给诸如商场、娱乐场所、医院等大型公共场所使用,或者专门用于各种交通工具(火车、汽车、轮船、飞机)内部的空气净化。其次,净化空气的产品能提供的主要利益是什么?是促使室内外空气循环,制造新鲜空气,杀菌,增加氧气,减少二氧化碳,还是吸收灰尘?根据对这些问题回答的组合,可得到以下几个新产品概念。

概念1:一种家庭空气净化器,为家庭室内保持清新的空气而准备。

概念2:一种专门为保持火车、汽车、轮船及飞机内空气新鲜的空气净化器。

概念3:一种供大型公共场所使用的中央空气净化器。

概念4:专供医院使用的空气净化器,主要功能在于杀菌。

以家庭空气净化器这一概念为例对此进一步展开分析。接下来是分析该产品与其他类似产品的相对位置。

新产品概念一旦形成,就必须在一大群消费者中进行新产品概念测试,这群人应该代表未来新产品的目标市场。新产品概念的测试主要是了解消费者对新产品概念的反应,受测试者是消费者,而不是新产品开发团队的人员。进行概念测试的目的在于:能从多个新产品概念中选出最有希望成功的新产品概念，以减少新产品失败的可能性；对新产品的市场前景有一个初步认识，为新产品的市场预测奠定基础；找出对这一新产品概念感兴趣的消费者，针对目标消费者的具体特点进行改进；为下一步的新产品开发工作指明方向。

1. 新产品概念测试的内容

(1)新产品概念的可传播性和可信度　即测试消费者对该新产品概念所提供的利益是否清楚明白，是否相信该新产品概念所能提供的利益。

(2)潜在消费者对新产品概念的需求水平　即测试消费者对该新产品概念的需求程度。消费者需求愿望越强烈，新产品概念成功的可能性越大。

(3)新产品概念与现有产品的差距水平　即通过测试新产品概念与现有产品的差别，来了解新产品概念的市场前景。两者之间的差距越大，说明现有产品未满足消费者需求，潜在消费者对新产品概念的兴趣将越高。

(4)潜在消费者对新产品概念的认知价值　即测试消费者对新产品概念所体现价值的反应。相对于价格而言，该产品概念是否物有所值。消费者对产品的认知价值越高，消费者的兴趣也越高。

(5)潜在消费者购买意愿　购买意愿是指，如果产品已经存在，消费者购买该产品的可能性。这是概念测试的重要部分，但它不应被认为是严格意义的实际销售潜力。因为在不涉及具体购买行为，而只需消费者回答其购买意愿时，他们几乎总是过高地估计其购买欲望。

(6)用户目标、购买场合和购买频率　即测试谁是目标消费者？目标消费者愿意在什么场合购买该产品？该产品使用的频率如何？

2. 新产品概念测试的方法

新产品概念的测试越可靠，对下一步新产品开发的指导意义越大。新产品概念测试结果的可靠性在很大程度上取决于测试方法的科学性。

进行新产品概念测试的首要困难在于，如何将新产品开发人员心中的新产品概念有效地传递给被测试的消费者，因为对新产品概念的描述毕竟不能代替新产品实体，不同的消费者对同一新产品概念的描述可能会想象出不同的新产品实体，这将会影响新产品概念测试的可信度。对于某些新产品概念，用简短的文字或图片便能让消费者对新产品概念有深刻的了解，但有些新产品概念需要更具体和形象的阐述，才能让消费者正确理解企业所希望的新产品概念。市场营销人员正在寻找一些好的方法，使产品概念更接近概念测试。如用三维印刷或立体印刷技术为产品制作三维模型，将新产品概念做成产品模型展示给消费者，让消费者对新产品概念有更直观的了解；利用计算机设计出多种供选择的实体产品模型，让消费者对这些产品模型表达他们的看法；也可借助于计算机对产品进行“虚拟现实”的新产品概念测试。例如，对汽车新产品概念的测试，研究人员在计算机上使用某种软件来设计出像真实的汽车那样被驾驶的模拟汽车，通过操纵特定的控制，受试者可以接近模拟汽车，打开车门，坐上车，发动引擎，听到发动机的声音，体验驾驶的感觉。企业可在模拟陈列室中展示模拟汽车，模拟销售人员以一定的方式和语言接近顾客，以使测试过程更加生动逼真。测试过程完成后研究人员可向受测试者提出系列问题，这种汽车的优缺点，是否打算购买等。新产品概念测试并没有最佳方法，绝大多数都是各种形式的定量分析和集中讨论。

(二)新产品样品(机)的测试

新产品样品(机)试制出来后，必须对新产品样品(机)进行产品功能、实用性等方面的测试，审核其是否达到了设计所规定的技术标准，新产品实体是否能满足消费者对产品核心利益的要求,如一种新型去头屑洗发水是否能真正有效地去头屑。只有对新产品实体进行测试,才能确定新产品样品(机)是否合格,能否进入大批量生产。新产品样品(机)测试主要是对新产品样品(机)进行功能测试和市场评价。

1. 新产品样品(机)测试

产品的功能是指该产品所具有的特定职能,即产品总体所具有的效能、用途、使用价值。例如,火车的功能是"运输旅客和货物",洗衣机的功能是"清洗衣物"。功能测试是在实验室和现场条件下进行的,以确保产品在使用过程中的安全性和有效性。

新产品的功能测试必须根据产品类型来确定测试的内容和方法。机械产品的功能测试主要包括零部件试验、样机试验、操作试验、适应性试验、可靠性试验、振动噪音试验以及系统模拟试验等。医药产品的测试通常是先在实验室的动物身上试验,然后进行人体试验。

2. 新产品市场性评价

新产品最终成功与否,关键在于消费者的货币选票。因此,对新产品样品(机)的市场性评价至关重要。新产品样品(机)的市场性评价不同于前面章节介绍的新产品构思筛选和新产品概念测试,构思筛选和概念测试都是针对想象中的新产品来进行的。构思筛选主要是新产品开发小组人员对构思的评价,概念测试虽然是面对消费者,但消费者是根据开发人员对有关新产品的描述或解释,来评价新产品概念的可消费性,新产品概念要么是一段文字,要么是一张图片,要么是一个模型,参加测试的消费者每人根据新产品概念想象出的新产品不一定是一致的。新产品样品(机)的市场评价则是让消费者对实实在在的产品发表自己的看法。该阶段的测试便显得特别重要,其测试结果对新产品成败的指导意义十分重要。

新产品样品(机)的消费者测试可采用多种方式,既可让消费者到实验室试验新产品样品,也可让消费者试用新产品样品。许多食品类新产品样品的试验是在实验室进行的,如让消费者品尝其味道。而许多日用品类的新产品样品(机)试验采用让消费者试用的方式,如杜邦企业开发新的合成地毯时,为许多家庭提供免费地毯,但使用新地毯的家庭须向企业提供使用新地毯的感受。消费者偏好测试的技术很多,简单顺序排列、配对比较和等级量表是三种典型的方法。假定向消费者展示 A,B,C 三个项目。它们或是三种香水,或是三种广告,或是三条新旅游路线。可采用三种方法,即简单顺序排列法、配对比较法和一元评等法来衡量这些项目各自的消费者偏好。

(1)简单顺序排列法　该测试是请消费者按他们的偏好次序来排列被测试的三个项目。消费者排列的顺序可能为:A > B > C,或 B > A > C,或 C > B > A。这种简单顺序排列的方法虽然可得出消费者对被测试项目喜好的排列顺序,但却不能反应出消费者感觉每一项目的强烈程度。消费者可能对其中每一个都不是很喜欢,只是相对而言,某一项强于另一项。该方法的另一缺陷是,测试人员不能测试出消费者喜欢 A 胜过喜欢 B 的程度究竟有多大。而且,当需要被测试的项目很多时,简单顺序排列法很难发挥作用。

(2)配对比较法　该方法是向消费者展示一组项目,每次两个,询问消费者在每对项目中,喜欢其中的哪一个。例如,将三种香水 A、B、C 组合成 AB,AC,BC 三组,分别向消费者展示,消费者每次针对一种组合 AB 或 AC 或 BC 进行选择,如消费者选择的结果说 A 比 B 好,A 比 C 好,B 比 C 好,我们可以得出结论,A > B > C。配对比较法有两个主要优点:第一,消费者在每次给出的两个项目中,更容易说明他们的偏好。第二,使消费者的注意力高度集中在两个项目上,注意到二者之间的差异和相似之处。

(3)一元评等法　一元评等法是请消费者对每一产品的喜欢程度给出详细的等级选择。

假定采用7段分等法。如果消费者得出下列结果：A=6,B=5,C=3。我们可以从中得出个人的偏好顺序,A>B>C。该方法比简单顺序排列的方法能够带来更多的信息,不仅可了解消费者对每一产品的偏好顺序,而且还可了解消费者对每一产品偏好的质的层次及各种偏好程度的大致差距,可弥补简单顺序排列法的不足。此外,受访人也更容易使用这种方法,当有大量产品需要评估时该方法比较合适。

第三节　新产品的营销策略

一、新产品的销售预测

对企业的新产品进行销售预测是企业以其选定的营销计划和假设的营销环境为基础对于企业未来销售水平的估计。上面我们讨论了新产品市场潜力,该市场潜力是针对一个新产品所创造的行业内所有企业所共同拥有的市场机会。每个企业在这个新产品潜在的市场容量中能占有多大的市场份额,是各企业十分关注的焦点。为此,企业须对新产品的销售潜力进行预测。新产品的销售潜力是指当企业的营销努力达到最大限度时可能实现的销售量。

1. 新产品销售预测特点

(1)缺乏预测的依据。与成熟产品销售预测相比,新产品销售预测的难度更大。由于预测的基本依据是预测对象的历史数据和特征,新产品因为其“新”而没有以往的销售资料。诚然我们可以借鉴或参考相似产品的历史销售资料,但这将使得对新产品销售的预测出现较大的偏差。特别是对全新新产品销售的预测,相似产品的可借鉴性不大。

(2)预测方法和预测指标不同于成熟产品。成熟产品销售预测可采用的方法很多,如时间序列法、回归分析法等。而新产品销售预测不宜采用这类方法,因为这类方法的使用前提是拥有大量的历史资料。对成熟产品在营销计划期内的销售预测一般侧重于计划期内可能达到的销售量。而新产品销售预测的重点在于估算新产品的首次购买量和重复购买量。

2. 新产品销售预测的影响因素

良好的新产品销售预测要考虑四大主要变量：潜在消费者的行为；竞争者的行为；环境的影响；企业的新产品战略。

(1)潜在消费者的行为　在新产品市场潜力的预测中我们已确定了购买新产品的全部潜在消费者,然而谁将购买本企业的新产品,即购买本企业新产品的潜在消费者会有多少？是企业对新产品销售进行预测分析的首要因素。企业须对消费者的购买行为进行分析,以此来判断本企业新产品的可能销售量。潜在消费者对新产品的认识或接受程度不仅受新产品本身所提供利益的影响,企业的品牌优势、营销努力及企业形象等将在很大程度上影响消费者的选择,从而影响企业新产品的销售量大小。

(2)竞争者的行为　竞争者的介入会极大影响企业新产品的销售。如竞争者改变其价格、投入新的促销或推出类似新产品等措施。竞争将使本企业的销售量下降。

(3)环境的影响　宏观环境的变化自然也会影响企业新产品销售的实现。如,宏观经济不景气,消费者可支配收入下降。或因国家出台新的政策、法规而影响新产品销售的例子并不少见。

(4)企业的新产品战略　企业新产品开发战略确定了企业开发新产品的目标和手段。采取不同的新产品开发战略,如创业或冒险战略、紧跟战略、进取战略及防御战略对市场份额的追求各不相同,因而预测新产品销售潜力必须结合企业的新产品战略。

3. 新产品销售预测方法

(1)新产品的首次销售量预测　无论是一次性购买的产品还是偶然购买的产品或经常购买的产品,估计新产品的首次购买量是第一步。

(2)新产品的重购销售量预测　新产品的成功与否不仅取决于新产品的首次销售量,更重要的在于消费者对新产品的重复购买。大量的重复购买者才是新产品赢利的保证。

二、新产品的试销

在实际预测新产品销售时所面临的最大困难是缺乏预测依据,特别是对全新的新产品的销售预测,很难找到相似产品作为参考,此时获得销售预测信息的较好办法是通过新产品的试销来收集相关资料。

新产品市场试销的目的是对新产品正式上市前所做的最后一次测试,且该次测试的评价者是消费者的货币选票。尽管从新产品构思到新产品实体开发的每一个阶段,企业开发部门都对新产品进行了相应的评估、判断和预测,但这种种评价和预测在很大程度上带有新产品开发人员的主观色彩。最终投放到市场上的新产品能否得到目标市场消费者的青睐,企业对此没有把握,通过市场试销将新产品投放到有代表性地区的小范围的目标市场进行测试,企业才能真正了解该新产品的市场前景。

市场试销是对新产品的全面检验,可为新产品是否全面上市提供全面、系统的决策依据,也为新产品的改进和市场营销策略的完善提供启示,有许多新产品是通过试销改进后才取得成功的。对一种能掩饰疤痕的化妆品进行试销,结果发现许多妇女用来掩饰脸上的雀斑,由此扩大了该新产品的市场范围。但试销也会使企业成本增加,例如,夸克麦片企业1981年进行的两次市场测试分别花费了100万美元。由于新产品试销一般要花费一年以上的时间,这会给竞争者提供可乘之机,如美国的科洛格企业在对通用食品企业的一种新产品的试销结果有了充分认识后,率先在全国范围内推出这种新产品,从而赢得了该新产品的大部分市场。而且试销成功并不一定意味着市场销售就一定成功,原因在于消费者偏好的易变性、竞争者的加入及其他环境因素的变化都会影响新产品的销售。

新产品试销的首要问题是决定是否试销。并非所有的新产品都要经过试销,可根据新产品的特点及试销带给新产品的利弊比较来决定。

下列新产品通常要经过试销:

(1)高投入的新产品　高投入新产品的市场风险很大,不经试销直接上市,如果失败了,其损失是巨大的。试销是减少该类新产品失败风险的有效手段,且相对于高昂的开发费用,试销费用所占的比重是极小的。

(2)全新的新产品　由于我们缺乏有关全新产品的消费者、市场方面的信息,也没有价格、销售渠道和促销等方面的经验,因此,对全新的新产品进行试销是必要的。

此外,某些新产品采用跟以往完全不同的包装、分销渠道、销售方法等手段,也须试销,对某些改良新产品进行试销也是值得的。总之,新产品的创新程度越高,就越值得试销。

典型无须试销的新产品有:

(1)时效性极强的新产品　时效性极强的新产品在时间上不允许试销,如新款时装等。

(2)投入不大的新产品　对于投入不大的新产品也可直接上市,即便失败了,损失也不太大,还可避免试销带来的负面效应。

(3)模仿型新产品　其他企业的该类新产品已经上市,本企业紧跟模仿,此时应尽快向市场推出新产品而无须试销。

新产品试销技术与新产品销售技术相比有其特殊性。借助于某些试销技术,希望在控制试销时间、试销成本和尽量避免竞争者获得有关新产品的信息的前提下,测试消费者对新产品的反应。消费品与工业品的市场试销技术有所不同。

1. 消费品市场试销

试销是为了得到新产品的市场信息,为新产品的上市提供决策依据。在消费品的试销中,应主要收集四个变量值:试用、首次重购、采用和购买频率。主要的测试方法如下:

(1)销售波研究　采用销售波技术试销的基本过程是:首先免费将新产品提供给消费者使用,然后再以低价提供新产品或竞争者的产品给消费者,如此重复3~5次,在该过程中还可加入一些有关新产品的广告概念,企业对此过程进行严密监控,观察消费者在有竞争者产品和广告影响的前提下重复使用本企业新产品的情况,并分析不重复使用新产品的消费者是基于什么原因。销售波试销技术主要用于对新产品使用的测试,不能有效地说明不同的促销活动对新产品使用率的影响。

(2)模拟测试　也称实验室试销(Laboratory Test Market,简称LTM)。它是在类似的实验室环境中模拟全面的试销活动。实验室环境通常是选择某一商场或购物中心,随机选取在商场中购物或逛商场的人,30~40名消费者,首先征得他们对新产品的意见,既而向他们展示系列简短的各种产品广告,既有知名的广告,也有一些新广告,本企业新产品的广告也在其中,但不向消费者提示。然后,把他们引入一个简易的商店,在商店中陈列着本企业正在测试的新产品,并给每位被试者少量的钱,让他们去自由购买。企业可观察到消费者购买本企业新产品和竞争者产品的情况。之后把消费者召集起来,询问他们对新产品的反应(填表或访谈)。受试者离开前,送给那些没有购买测试新产品的受试者一个样品。几个星期后,再用登门和电话询问受试者对新产品的使用情况,满意程度和重复购买的可能性,同时企业为他们购买任何产品提供可能。模拟测试可测量新产品的使用率、重复购买率、广告效果及竞争的把握,利用测试的数据可进行新产品的销售预测。美国的YS&W企业采用实验室试销对其200多种新产品进行预测,成功的概率为92%。该企业对每一新产品的测试都要选择300个以上的受试者。其他一些企业也证明实验室测试是一种成功率很高的新产品试销技术。

实验室试销也有其不足,它整个过程是在营销人员的控制下进行的,前提条件是促销、分销及企业同消费者之间的关系等变量一定,需结合销售波测试,才能得到消费者重购等信息。综合模拟系统的发明者罗伯特·拉维奇指出了使用实验室试销中可能出现的7种错误:错误地确定目标对象;利用受试者对新产品的态度来决定新产品的命运;过高估计销售可达到的水平;测量超出其准确范围的销售量;在产品开发周期的早期就使用这些模型;在测试开始时没有确定测试目标;依赖在测试中心受试者的购买情况来进行评价。

(3)控制测试　控制测试是企业借助市场研究企业的帮助,选定一定的零售商店,对新产品进行试销。具体做法是:市场研究企业按企业的试销计划,对新产品在商店的试销进行全面控制,如货架的位置、新产品的陈列、广告及促销等活动都在控制之列,并根据货架的动态变化和消费者购买记录来观察新产品的销售状况。还可随机抽取一些消费者进一步了解他们对新产品的印象。

控制测试的优点是,该技术中运用了真正的消费者购买行为,消费者在这类"市场"中可按正常的价格购买他们所要的真实产品,在这种情形下,收集购买和重复购买及消费者对产品的态度方面的数据的可靠性较高。据此能较客观地估计新产品的销售量,测试各种促销活动及广告对消费者购买行为的影响,而且这一切都不需要企业动用自己的销售队伍,也无需给零售商折扣。缺点是把新产品暴露在竞争者面前。

(4)市场测试　新产品的市场测试是一次小范围的销售。企业的市场测试计划包括以下方面:选择有代表性的市场;确定测试的期限;收集信息;对试销结果决策。

但在实际的新产品开发中,当新产品开发人员将新产品开发到试销阶段后,来决定其上市还是舍弃是一个十分艰难的抉择,须谨慎行事。有时不可过分依赖试销结果,须对试销结果进行全面、深入地分析,以免误舍。对于不理想的试销结果,可采用再次试销或改进新产品的方法。对新产品试销中问题的诊断至关重要。如潘佩尔斯牌尿布在最初的市场试销中完全失败,原因在于价格太高,每块10美分,比一块布质尿布加上洗的费用还要高。后经过加快组装作业线,简化包装,使用廉价原料,把价格降低到6美分。在此价格下再进行的试销,显示了一个巨大的潜在市场,到第四次试销,证明价格是合理的,潘佩尔斯牌尿布由此取得了骄人的业绩。

市场测试的好处是显而易见的:从市场测试中得到的信息对未来的销售量预测其准确度相对要高;可测试不同的营销计划对新产品商业化的可行性;从消费者的角度感受到的新产品缺陷等。市场测试的缺点也是很明显的:时间长、测试费用大,给竞争者可乘之机。有时富于进攻性的竞争者会采取措施扰乱测试市场,使测试结果不可靠。

2. 工业品市场测试

与消费品相比,工业品的新产品测试有其特殊性。消费品的市场试销方法一般不使用于工业品。如有些工业品的制造成本太高,不可能将其投放到市场中去观察它们的销售情况。工业品用户不会去购买没有服务和零件保证的耐用商品。此外,营销调研企业也没有建立如同消费品测试的工业品测试系统,因而,新工业品的市场测试必须采用适合其产品和客户特点的方法来进行。

(1)产品使用测试　工业品用户对产品的选择更注重产品的性能和可靠性。要让客户相信新产品的实际功效,最好的办法是让客户使用产品。例如,中国一家机床企业将出口到加拿大的某种新机床首先请用户试用,之后,企业根据用户的建议和要求,对新机床进行改进,使用户很快接受了该新产品。企业可选择一定的客户,让他们在限定的时间内使用新产品,通过客户对新产品的使用来观察客户对新产品的满意或不满意之处,愿意或不愿意购买的理由。

(2)贸易展销会　在工业品的贸易展销会上介绍新产品,可观察到大量的客户对新产品的兴趣,还可进一步了解客户对新产品特点、价格等的反应。遗憾的是,竞争者也获得了新产品的信息。当企业有充分的把握快速推出新产品时,竞争者的威胁会减弱。

三、产品进入市场时机的策略

(一)早期进入市场策略

1. 早期进入市场策略分析

早期指领先于其他厂商而率先在市场上推出自己的产品。这一时期往往对应着产品生命周期的第一阶段,即投入期,市场存在高风险和不确定的因素。但早期进入市场能形成一种竞争优势,即能建立并提高该行业的进入壁垒,防止潜在的竞争者进入,从而在市场占据主导地位。早期在市场中赢得一定的忠实客户,通过这些客户又可能对其他潜在的客户产生有利的影响，从而有利于建立强大的市场地位。尤其是对于全新产品或技术更新迅速的产品，早期进入市场的产品往往会成为或被默认为该行业的标准。IBM(国际商用机器企业)是世界上最早生产和推出个人计算机的厂商，它的计算机产品被业界认为是“正宗的”，而后来的COMPAQ(康柏)等企业生产的个人计算机都被称为“兼容机”。

不论新产品和它要满足的需要是否基于价格或技术等，早期进入者总是有机会建立进入壁垒的。这些壁垒可以建立在规模经济、经济效应、进入后的营销计划修正、产品、生产与技术的继续改进等方面。

2. 早期进入市场的营销组合

早期进入市场者也会面临一些问题。由于市场是新的，广告和推销的重点必然会放在介绍产品的功能或该产品能满足的需要等方面，这对于后来者来说是一个相当大的便宜，他们进入市场时可省下介绍产品的广告费用，而直接进行市场占领。另外，市场的原始开拓可能会使早期进入者产生资金、人员等方面的缺乏。万燕是国内第一家开发VCD并将其推向市场的厂商，但由于其在技术开发和市场开拓方面耗费了大量的人力物力，使得它没有了供应市场的能力而痛失机遇，并最终以倒闭告终。

那么，早期进入市场应该采取何种定价策略呢？撇脂和渗透是我们熟知的两种策略。一般来说，在产品成本以可变成本为主时，适于采用撇脂战略，如电子消费品和产业用品。这时，分销网点应该受到限制，以保护高价格；在固定成本很高时，适于采用渗透战略，如果追求广阔的细分市场，则进行的广泛的分销是很重要的，所以在交易导向的促销上需要多花些费用。当然，由于营销费用高，利润较低，所以显得比较昂贵。

由于新产品的市场潜力是巨大的，所以对于早期进入者来说，没有太大的必要把主要精力放在阻止对手的进入，而把钱花在自身的产品开发和不断扩大产品的市场占有率上显得更为明智。或许通过发放许可证或其他手段来鼓励某些竞争者的进入可能是合适的，给定新兴阶段的一些特征，厂商往往可通过其他厂商拼命地出售行业产品并援助技术发展而受益。

(二)同期进入市场策略

同期进入是指与其他厂商同时或在十分接近的时间里将新产品推向市场，在这段时间是否能成为第一，对于市场和其他利益相关者没有太大的差别，因为在消费者对一种新的品牌和产品没有形成偏好之前，先进入者没有来得及建立进入壁垒，稍后进入的厂商与之前进入的厂商是处于竞争平衡状态的。这里的厂商往往是重要的竞争对手，而同期所指的时间长度也因不同行业不同产品而不同。

在品牌繁殖明显的市场中，当主要竞争对手的产品信息比较容易得到时，同期进入市场策略是较好的，因为可以迅速针对对手的举动采取防御或进攻的措施，以此削弱对手的开发可能造成的潜在优势，从而赢得更大的市场。在多元产品市场的情况下，同期进入可被用为一种进攻策略。反过来，如果知道对手是稍后进入者，并且善于迅速仿效，则可因势利导地将竞争者的注意力从比较重要的市场吸引到较小的市场去。

这一时期要重视市场的细分和定位，因为一旦细分市场把握不准，就可能失掉时机。

(三)晚期进入市场策略

晚期是指在竞争对手进入市场后，再将自己的新产品推向市场。这意味着推迟新产品的市场投放日期，以达到取得长期竞争优势的目的。当然，也有可能由于产品开发的时间比对手晚而被迫晚于对手推出自己的新产品。在这里，善于学习对手的经验是很重要的。

1. 晚期进入优势

为什么要晚期进入市场呢？从早期进入策略中，我们分析了早期进入的两个缺点，即原始市场开拓的风险和成本大。如果企业的流动资金不是很充裕，则进行原始市场的开拓一旦失败就可能关系到企业的生死，如万燕的失败。晚期进入一方面可以避免风险，另一方面可以学习对手的经验，发现消费者的偏好，从而更好的改进新产品，找准目标市场，同时也节约了潜在成本。

除了善于学习，晚期进入策略的另一个需要注意的环节是要通过对手的市场开拓和对消费者偏好的了解发现自己新产品的特点和可能的消费者，还要善于发现未被开拓的细分市场，总之，之所以采取晚期进入是为了取得长期竞争优势。

采用晚期进入市场策略的例子很多，如 VCD 市场的新科。值得一提的是 IBM 近些年正是采用这种市场策略而扭转了其难堪的经营状况。IBM 一直注视着美国硅谷的“开拓者”们，一旦他们有什么新产品推出，IBM 便紧随推出针对性的改进产品，由于“开拓者”产品往往存在或多或少的缺点，因而 IBM 企业的改进产品取得了巨大的成功。有人戏称 IBM 为“快老二”。

2. 晚期进入的目标

对于晚期进入者，有以下几种方案可供参考。

（1）以扩大市场占有率为目标，轻视资本收益率　这是为了扩大市场占有率，采用扩大产品品种投资、增加产量投资和降低价格的办法。

（2）以扩大市场占有率和收益率为目标　这种策略适用于存在未开发的细分市场的行业。

（3）占领一定的市场，重视资本收益率　这是一种不以市场规模为目标，而是以开发和经营高价值和高档产品为方向，谋求提高企业收益的方案。

（4）确保市场占有率，牺牲收益率　晚期进入者为了成为市场领导者，或在早期进入者实行低价格策略以甩掉竞争者时，适于采用的策略。但如果资金能力不足，不能进行这种竞争时，第三种方案会更为适合。

（四）进入市场的规模

新产品进入市场时有两种规模可供选择，一是针对目标细分市场全面投放新产品，一是针对目标细分市场采用某种顺序进行滚动式投放。目标细分市场可以是一个，也可以是多个。一般地，一个细分市场还被划分为多个亚市场，以便更好的进行资源配置。

典型的细分市场包括有那些以新产品的采用范畴、地理区域、分销渠道、销售队伍、广告媒介以及某些其他有用的变量界定的市场细分。该目标细分市场可以通过这些市场中的任何一个达到，市场进入的方法可以是顺序式的滚动，或是全面铺开式的市场投放。

对于时装等依靠人们口头宣传或示范的影响而取得成功的新产品，采用滚动式的市场进入，将初期重点集中在追赶潮流的这一群人身上，会以较小的成本而取得更大的收益。因为这一部分客户会因为自己的满意而影响到身边的朋友，或通过他的示范作用而带动许多潜在消费者。对于啤酒、烟草等产品，按地理位置划分的细分市场，可能是市场进入的最佳基础，由于这些产品在各地都有竞争者，因此全面铺开式的市场投放可能是不太现实的。实际上，很多啤酒厂商首先是进入地理上接近的细分市场，然后才扩展到地区、全国，并最终扩展到全球的。

至于洗发水、洗面奶等日用品，可以通过不同分销渠道的细分市场滚动式进行。例如某新型洗发水，可以先在高价的百货商店、精品专卖店销售，然后可以滚动杂货店销售，最后滚动到其他杂货铺和折扣商店销售。

当然,对于大部分的新产品,针对目标细分市场进行全面铺开式的投放也是可行的,但如果不是拥有强大实力的企业采用这种方式则可能带来不必要的麻烦。通过滚动式进入,可以在存在高风险和对市场反应不能确定的情况下取得较好的效果。因为,从第一个细分市场学习到的经验,可以为第二个细分市场的进入服务,调整既定的市场投放营销计划。因此,深入学习之后,可以直接进入某些细分市场而不需要市场调研。

(五)进入市场的反映强度

所谓进入市场的反映强度,是指新产品的投放对所有利益相关者的感染强度。使市场产生反映的是新产品与顾客产生交流的要素或符号,如产品特性、价格、促销和展示等等。对于一个企业而言,最关心的可能是新产品的投放产生多大的反映较为合适。

进入市场的反映强度有着两个极限,即最高和最低。通常,企业可能希望自己的新产品在投放之后产生最高的反映强度。的确,由于高强度的反映,会加快新产品在消费者中的扩散,同时也为企业带来宣传费用的减少。一般地,要想获得较高的反映强度,要求企业的“销售宣传计划”做到以下几点:目标针对有关利益相关者的细分市场;具有很大的强度和冲击力;时机掌握正确,长到足以产生效果,又不至于会受挫;向利益相关者传递一种协调一致的,然而又使企业有别于竞争对手的信息。

但是,前面提到的“利益相关者”不只是指消费者,还包括竞争对手及其他。过高的反映强度,一方面会使消费者产生对新产品的过高期望或其他负面影响;另一方面也会过早的引起竞争对手的警觉。

低强度反映的进入,是基于这样的考虑而采取的,即为了同时向多个目标细分市场进行一种或多种新产品的投放,而不暴露自己的总体战略,并尽量不引起竞争对手的注意。对于一些高敏感度的市场,采用低强度反映的进入可能是合适的,例如银行、保险企业的新业务开展。

新产品的进入可以在最高和最低市场反映强度之间选择一个合适的。之所以要考虑市场进入的反映强度,主要的好处或许是要决定这个合适的强度,就必须事先仔细规定清楚新产品的市场投放目标。通常,新产品的目的、目标、上马与否所用的市场投放指标,往往是在毫不顾及利益相关者中所产生的效果是否与市场投放计划相符的情况下就轻易做出的。通过确定反映强度,可以认识到可能推迟新产品接受的主要市场摩擦的来源,并且还可能需要有更具体的评价市场对于新产品反映的模型和方法。在新产品的市场推广中根据产品的不同性质做出慎重的决策。

四、价格策略

(一)确定价格目标

在营销组合中,价格是唯一能产生收入的因素,是实现企业总体战略目标的手段和保证。因而,新产品定价是一个谨慎而科学的管理过程,首先,应确定新产品的定价目标。而新产品战略目标首先必须解决企业需要这一特定新产品达到什么样的价格目标,也就是新产品的产品、技术、目标群等一系列定位。如果企业已经选择了新产品的目标市场、进行了市场定位、确定了营销组合,价格将是相当明确的。假设一种新型高档豪华小轿车,外观高雅、造价昂贵、采用国际领先技术、定位于金领阶层,那么,它必然价格不菲,一般工薪阶层则望尘莫及。

1. 市场营销战略目标

(1)追求的市场地位　一般企业对市场地位的追求分为四种情况:创造新的市场机会,扩大现有市场占有率，保持市场占有率，争取中间商。市场占有率是企业竞争状况和经营能力的综合反映，市场占有率越高、产品销量越大，企业的市场地位越高，产品和品牌在消费者心目中的地位越稳固，也越能提高企业的盈利水平。前三种情况反映的正是企业对市场占有率的孜孜不倦的追求。另一个方面，建立和保持与中间商良好的合作关系对绝大多数企业来说是影响新产品营销目标实现与否的重要因素之一，而企业处理双方关系时必然涉及到经济利益，而其中价格最为敏感。所以，在具体定价时要考虑到中间商的合理利益，双方共同制定价格或给予合理折扣。

(2)利润目标　微观经济学中，企业利润最大化有两种标准：总量标准，即总收益与总成本之差最大，和边际量标准，即边际收益等于边际成本时的利润最大。企业要实现利润最大化与价格紧密相关，只有制定科学合理的价格才能实现企业当期或长期的利润最大。也有一些企业追求投资回报率，都会制定预期利润率作为投资汇报率的保障。但在现实的营销活动中，企业追求的最大利润或预期利润率又受到种种限制，难以如愿以偿。所以，有些企业只将它们作为参照标准，并根据客观环境的变化不断修改，以企业感到满意的盈利标准作为具体的定价目标。还有些企业为达到较高的市场占有率、应战竞争对手等会采取保本定价甚至亏本定价的策略，也是短期内企业可以接受的。

总之，新产品的定价受到企业各种营销战略目标的制约，同时也成为新产品定价的依据。

2. 企业总体战略目标

(1)企业发展目标　企业在不同的市场、社会环境下必须制定不同的战略，有的在新市场中需要迅速扩张，有的实行稳步发展，有的维持现状，有的受控发展，有的受控收缩。不同的战略和环境需要对产品实行不同的定价来适应。如企业需要迅速扩张，那么新产品一般应制定较低的价格来实现快速的市场渗透。又如有企业因为资源有限只能受控发展，不可能有大量的人力物力投入新产品的市场开拓，因而可采用较高的价格实现较高的利润。

(2)社会目标　利润和市场占有率等指标只是企业的经营目标，企业各种活动必须遵守国家的法令法规和一些社会公共目标。以社会利益为基础，实现社会责任，如社会可持续发展、环境保护、企业和员工安全等。

企业还有一些其他目标如季节性调整、多元化经营等也会对新产品定价产生影响。以上这些目标都是制定价格策略和方法的依据。新产品定价目标是多元的、多层次的，相互联系、相互影响、相互制约的目标体系，必须综合加以评定，以满足企业总体目标的全面性要求。

(二)影响定价的因素

影响新产品定价的主要因素除了产品的定价目标以外，还有如下因素：

1. 产品成本

产品成本是构成产品价格的主要部分，也是决定产品价格的最低界限。据资料统计，目前大部分工业品成本出厂价中的比例平均达到了70%。在经济学中成本一般有两种分类：固定成本与可变成本；边际成本、总成本与平均成本。研究固定成本与可变成本主要为了确定成本变动与产量变动之间的关系，对成本进行动态分析。研究边际成本、总成本与平均成本可使企业根据边际成本等于边际收益的原则，以寻求利润最大化时的均衡产量，也使社会资源得到充分利用。

2. 市场需求

企业可能收取的每一种价格都导致一种不同水平的需求，以及由此对不同的营销目标产生的不同效果，因此需求一般有两个变量，即一种商品的价格水平以及此价格水平上人们愿意接受并有能力购买的商品数量。价格和需求量一般成反比关系，就是价格越高，需求数量越少，反之亦然；但有时需求曲线的斜率也成正数，比如一种香水提高了价格反而销量更大，因为消费者认为更昂贵的价格意味着更体现香水品位的，然而价格定得太高，需求量还是会下降。在不同的市场上存在着不同商品的价格变动，市场的反映又有所不同，这就涉及了经济学中又一概念：价格弹性。一般来说，富有价格弹性的商品，提价会使销售收入增加，降价会使销售收入减少；缺乏弹性的商品，则成相反变化，提价会使销售收入减少，而降价会使销售收入增加。一般影响价格弹性的因素有：竞争的激烈程度、替代品的多少、产品必需程度和消费者购买力的高低等。

3. 竞争产品状况

若直接竞争产品的价格和所提供的东西与新产品相似，那么新产品的定价必须低于竞争者，否则无法真正占领市场；如果新产品是优越的，企业才可索要更高的价格，这是企业定价的起点。并且企业在定价时也必须考虑竞争者会做出的反应。产品的定价特别是新产品定价是一个复杂的管理过程，而价格是营销组合中最敏感、最活跃的因素，决不能随心所欲，受到社会资源、技术进步、经济发展、政治法律等因素制约，必须综合考虑各种内部因素和外部因素，才能制定出符合经济规律和企业发展的新产品价格。

（三）具体定价方法

1. 新产品一般定价法

（1）撇脂定价法（Skimming Price）　用从鲜奶中撇取乳酪来比喻高价产品从消费者中赚取高额利润，其一般适用于不易模仿、受专利保护的全新产品、改进型产品或重新定位型产品，消费者需求迫切，需求弹性较小，没有竞争者或竞争者较弱的情形。这种定价法优点主要表现在：主动性大，随着时间逐步推移，价格可分阶段逐步下降，以利于从其他细分市场吸引新的顾客群；适应性强，可与生产能力相适应，而限制需求量迅速扩张而造成供不应求的局面；能从市场中迅速吸取利润，较快收回成本；另外，还有利于在消费者心目中树立企业、品牌和产品形象。但其缺点也很明显，价格高，不利于扩大市场，也容易招致竞争者，导致恶性竞争。杜邦企业是这种定价法的主要实施者，对尼龙等发明物最初制定了一个根据新产品与有效代用品的比较利益而决定的较高价格，但仍使目标顾客认为值得使用而产生较大销量，当销售量逐步下降以后再降低价格来吸引价格敏感的顾客，这样使杜邦企业获得大量的收入。被定为中国创世界名牌企业之一的格兰仕企业同样在90年代初以“高起点，高定位”的战略投入微波炉的生产，1995年的销量达到全国第一，占有率为25.1%，1996年8月和1997年10月两度降价40%后到1999年6月占有78%的市场，确立了格兰仕在微波炉行业的龙头老大地位，推动了我国微波炉的家庭化步伐，在与国际品牌的竞争中赢得优势并提高了该产品的国际知名度。

（2）渗透定价法（Penetration Pricing）　与撇脂定价法相反，目的是为了争取最大的市场占有率和目标消费者。它有许多优点：新产品能迅速为市场接受，快速打开销路，使成本随着生产的发展而降低，并且由于较低的利润率使竞争者望而却步，降低了竞争的激烈程度。当新产品没有显著特色，竞争激烈，需求弹性较大适宜采用这种方法。但是使用这种方法的前提是必须新产品有一个巨大的潜在市场，企业也有较大的生产规模和大型营销经验。如金佰利国际集团旗下的舒而美系列妇女用品针对这一市场品牌众多的特点，在高质量的前提下，制定较低价格，此价格甚至比大众消费品牌安而乐更低，在很短的时间内迅速赢得消费者。但这种定价法会造成由于价格定得过低，而使品牌形象难以树立，甚至低得让消费者怀疑其是否存在质量问题。

我们再来看看金山企业在世纪之交为其新产品金山词霸2 000和金山快译2 000采取的可能对中国软件业发展掀起价格革命的“红色正版风暴”计划,该计划是将软件价格从168元降到28元人民币,完全突破了正版软件价格的心理线,计划100天卖出100万套,而三天之内即售空了21万套,引起业内人士和广大用户强烈反应,整个计划取得了巨大的成功。实际上金山企业采取这一策略是有广阔的市场前景的。国内各PC厂商在1999年都在大做低价消费电脑的文章,使个人电脑的普及程度越来越高和趋向平民化,这为通用软件制造商提供了越来越大的平台,使正版软件价格的下调空间也越来越大。金山正是在这种背景下推出“红色正版风暴”,他们只要销售30万套即可收回成本,结果100万套还只是个阶段性成绩,整个计划硕果累累。上述两种定价法相互对立,是最典型的新产品定价方法。但由于市场层次丰富多变,不可能有完全适用以上两种方法的条件,因而还有一些其他折中方法。

2. 其他定价方法

上述新产品定价法是一般的定价策略,制定具体价格时还需要很多技巧和方法并对其加以综合利用。

(1)心理定价法　有些定价技巧迎合消费者某些特定心理,如整数定价法和尾数定价法,很多商品的尾数都是0.98、0.99,而不是1.00元,就是这种价格位数低一位,使消费者产生一种“便宜”的错觉,从而反映更积极,促进销售,这在服装的定价中尤为明显,经常都定为99元,199元等;而有些产品定价却追求整数,因为目标消费者认为“便宜无好货,好货不便宜”,价高位更能刺激消费者购买。有一些企业对同类产品定价更高些,采取声望定价法,主要有两种目的:第一,能提高产品形象,第二,能满足某些消费者对地位和自我价值的欲望,如微软的Windows 98中文版定价为1998元。还有些同类商品较多的品种,在市场上已经形成了一种习惯价格,而新产品又没有突出特性,提高或降低价格都会是消费者产生抵触情绪而降低新产品的市场开拓速度。

(2)折扣定价法　折扣价格是新产品进行销售促进时的一种最常用手法。折扣有不同形式,如现金折扣是对消费者及时付清账款的一种价格折扣。数量折扣是根据购买数量和金额的不同,单价相应降低,购买量越大单价越低,又分为累计数量折扣和非累计数量折扣,这种折扣形式适用于一般消费者,不能把数量定得太高,以至于消费者望而却步。还有针对中间商的交易折扣,生产企业根据不同中间商在营销中的不同任务和作用而给予不同的折扣和优惠,以建立和维持良好的合作关系。唯洁雅纸品在投入中国市场的过程中一直采用“买二赠一”的促销方式,也就是说平均价格降低了1/3,树立了品牌,又快速渗透市场,取得了非常好的营销效果,在渗透过程结束后才取消了这种折扣。

(3)差别定价法　企业还会根据不同的顾客基础、产品式样和性能指标、地理位置、时间基础采取不同定价。如针对地理位置的定价有原地交货定价法、统一运费定价法、区域定价法、基点定价法和承担运费定价法等。

总之,定价策略是多变的,需要根据不同的市场环境、供需状况、企业战略、产品成本等因素综合考虑,并可依照形势灵活地上下浮动。然而,市场是定价策略最好的指南针。

第六章　产品设计及制造中的技术经济分析

第一节　产品设计的成本估算

无论是新产品设计还是改进设计，都有一个成本估算问题。产品成本估算的方法有类比估算法和统计估算法两种。所谓类比估算法，就是认为产品成本的各项费用之间的相对比例，在一段很长时间内假定不变，并以占产品成本比重最大的材料费为基础，进行成本估算。所谓统计估算法，就是根据可靠的大量丰富的同类产品的成本资料，绘制成产品成本与产量之间的关系曲线，根据曲线可估算出不同产量所对应的产品成本。对产品设计来说，设计人员手中只有产品图纸，以产品图纸为基础，用图纸的零件材料、尺寸来计算材料费是可行的，也是比较准确的。所以两种方法中比较类比估算法对产品设计比较方便。

一、产品费用的组成

产品费用主要由开发设计费用、制造费用和销售费用组成。

1. 产品的制造费用

产品的制造费用 H 是材料费用 M、工资 L 和管理费用 G 之和，即：

$$H = M + L + G \tag{6-1}$$

1）材料费用

材料费用 M 是毛材料费用 W_b、外购件费用 Z、材料管理费用 G_w 和外购件管理费用 G_z 之和，即：

$$M = (W_b + G_w) + (Z + G_z) \tag{6-2}$$

为了求算毛材料费用 W_b，应先算出材料的毛用量（毛坯体积）V_b。它是材料的净用量 V_a 加上加工余量的体积。材料的净用量可从设计图纸或结构草图中的零件体积算出。但通常可根据经验按类似净用量的百分比来算出毛用量，这种方法特别适用于铸造件和相似的焊接件。

每一单位体积的材料费用以 K_v 表示，则每个零件的毛材料费用为：

$$W_b = V_b \cdot K_v \tag{6-3}$$

材料的附加费用与材料、半成品和外购件的准备情况有关，如订货、运输、进厂检验、库存、付息、折旧等，附加费用都包括在材料管理费用 G_w 和外购件管理费用 G_z 之中，在实践中常以材料费用或外购件费用的百分比来表示。如果把零件或外购件用 1，2，3，…来标志，则材料费用 M 可改写为：

$$M = (1 + \bar{g}_w)(V_{b1}K_{v1} + V_{b2}K_{v2} + \cdots) + (1 + \bar{g}_z)(Z_1 + Z_2 + \cdots + Z_k) \tag{6-4}$$

式中：$\bar{g}_w$——材料管理费用系数；

$\bar{g}_z$——外购件管理费用系数。

$\bar{g}_w$ 是以材料管理费用来表示的材料费用的百分数，如 $\bar{g}_w \approx 0.25$，即表示材料管理费用占总材料费用的 25%，每个企业可根据自己的费用分配，提供这个数据，供设计人员使用。

$\bar{g}_z$ 是表示外购件管理费用占总外购件（包括标准件）费用的百分比，如$\bar{g}_z \approx 0.15$，视各企业的情况而定。

根据以上$\bar{g}_w$ 和$\bar{g}_z$ 的参考数据，材料费用 M 可表示为：

$$M = 1.25(V_{b1}K_{v1} + V_{b2}K_{v2} + \cdots) + 1.15(Z_1 Z_2 + \cdots + Z_k)$$

2）工资

工资 L 包括生产工人的工资，辅助工人的工资以及（企业可根据本单位生产工人的工资总额）按规定比例提取的工资附加费，可事先计算出本企业小时工资费用标准 f_a，供设计人员使用。

整台产品支付的工资 L 为：

$$L = L_t + L_m \tag{6-5}$$

式中：L_t——加工一种产品的全部零件需要支付的工资，且：

$$L_t = f_a(t_1 + t_2 + \cdots) \tag{6-6}$$

其中：t_1、t_2，…——加工零件的单件工时；

L_m——装配支付的工资。

有了方案草图以后，可按方案的工时消耗（包括加工和装配工时）乘以小时工资费用标准，就得到工资费用总额 L。

3）车间管理费用

车间管理费用 G 可分为与加工有关的管理费用称为固定管理费用，和与加工无直接关系的管理费用（按比例分摊）称为流动管理费用。

固定管理费用包括机床付息、折旧费、厂房折旧费、车间管理人员工资、有关照明、取暖和清洁的费用，以及其他费用等；流动管理费用包括库存付息、社会费用、能源费用、标准工具费、修理费和辅助工资等。

制造费用 H 又可表示为：

$$\begin{aligned} H &= M + L + G \\ &= M + F \end{aligned} \tag{6-7}$$

式中：F——加工费用。

加工费用 F 是工资 L 与管理费用 G 之和。在单件和成批生产中，管理费用通常是生产工人工资 L 的倍数。在实践中这一部分管理费用常用百分比来表示，然后把它作为管理费用系数$\bar{g}$，并算出相应的管理费用记入账内。例如加工管理费用系数$\bar{g}_t = 3.0$ 或装配管理费用系数$\bar{g}_m = 1.2$，则表明管理费用是生产工人工资的 3 倍或 1.2 倍。

通常在每一个会计年度的年末，用簿记的方式算出管理费用和生产工人工资。并由此算出平均管理费用系数$\bar{g}$、$\bar{g}_t$ 或$\bar{g}_m$。$\bar{g}$值受管理方式所约束，并与业务的繁忙程度有很大的关系。

由上可得制造费用 H 的一般计算公式：

$$H = M + (1 + \bar{g}_t)L_t + (1 + \bar{g}_m)L_m \tag{6-8}$$

2. 工厂成本计算

产品的工厂成本 S_F 除制造费用 H 外，还包括研制费用 G_B 和企业管理费用 G_{vw}，即：

$$S_F = H + G_B + G_{vw} \tag{6-9}$$

研制费用包括新产品的调研、设计和试制等费用。

企业管理费用或称行政管理费用，它指管理和组织企业生产而发生的共同费用。如厂部机构管理人员的工资和附加费，固定资产的折旧费和利息，运输费用，燃料动力费和办公费等。

3. 成本计算

产品成本或称销售成本，它包括工厂成本 S_F 和销售管理费用 G_{vt}，即：

$$S = S_F + G_{vt} \tag{6-10}$$

成本 S 和工厂成本 S_F 的区别在于：工厂成本是产品的生产性耗费，而成本（又称完全成本）还包括非生产性开支。

成本 S 的计算公式可表示为：

$$\begin{aligned} S &= H + (G_B + G_{vw} + G_{vt}) \\ &= \alpha H \end{aligned} \tag{6-11}$$

式中：α——把制造费用换算为成本的系数，简称成本系数。

成本系数 α 取决于产品的复杂程度、难易程度和管理方式等因素，可根据工厂的具体情况而定。

销售人员掌握了本厂产品的成本系数，通过计算制造费用 H，就可以求出产品成本。

4. 标准价格

标准价格 P（亦是计算价格）是企业力求达到的目标。

标准价格 P 可按下式求出：

$$\begin{aligned} P &= S + \Delta_k + S_t \\ &= \beta H \end{aligned} \tag{6-12}$$

式中：Δ_k——利润；

S_t——税金；

β——制造费用换算为价格的系数，简称价格系数。

应该指出，标准价格与实际售价是不同的，用户支付的实际价格是根据市场的需求情况和供货的情况而波动的，这种实际价格称为市场价格 P_M。

有了价格系数 β，生产计划人员可以根据市场价格求算产品的允许制造费用，设计人员就可以此为目标，进行产品设计。

应该注意，这种方法只适用于产品设计时估算成本用，不能作为会计部门成本计算的依据。

二、产品费用的构成比

产品费用是多方面的，对产品设计者来说，最感兴趣的是制造费用 H。有了制造费用 H，通过成本系数 α，可求算出成本 S。通过价格系数 β，可求算出产品的计算价格 P。另一方面，在经济分析时，评价设计方案的优劣，“经济”这个概念也局限在制造费用 H 上。产品费用的构成比，也就是求算材料费用，工资和管理费用占制造费用的百分数。

由上面的分析可知，制造费用 H 为：

$$H = M + L + G$$

把上式两端除以 H，并乘以 100%，则得：

$$\frac{H}{H} \times 100\% = \left(\frac{M}{H} + \frac{L}{H} + \frac{G}{H}\right) \times 100\%$$

或

$$H' = M' + L' + G' = 100\%$$

式中：M'，L'，G'——材料、工资和管理费用系数。

费用系数之比($M':L':G'$)称为费用构成比。

每个产品的费用构成比是不同的。如铁路货车这种产品,其 $M'=69\%$,$L'=8\%$,$G'=23\%$,而精密手表这种产品,其 $M'=30\%$,$L'=28\%$,$G'=42\%$。这种说明铁路货车这种产品,它的材料费用占制造费用的69%,材料消耗比较多,而工资比较低,工人的等级比较低,管理费用也不很高,所以工资在制造费用中占的比例较小。

如果有一种新产品的设计图纸,与企业内的一种产品,其费用构成比相同,若已知企业内某一产品的材料费用系数 $M'=60\%$,可以根据前述方法,计算出新产品的材料费用 M,然后用下式可粗略估算新产品的制造费用 H:

$$H=\frac{M}{M'}\times 100\% \tag{6-13}$$

这样,若掌握了费用构成比,就可以推算出制造费用。

应该指出,如果设计的结构和加工方式没有什么重大的变动,一定的工业产品在不同发展阶段的费用构成比是近似不变的。与此相反,如果通过不断的合理化措施,使加工方法获得改进,管理方式获得改善,则费用构成比会有明显的变化。另外,材料费用 M' 所占的比重,随着加工的合理化而将大大增加,这种现象对总的趋势来说是适用的。因此材料费用对制造费用的影响会越来越大。

三、产品制造费用的估算

1. 新开发产品制造费用的估算

新开发的产品虽可根据手头的草图来计算出材料费用 M,但在设计阶段却没有什么根据来计算加工费用 F,一般有下列两种估算方法:

(1)如果本企业有一类产品的设计图纸,与新设计的产品图纸很相似,为同类产品,而前者的材料费用系数 M' 又是已知的,就可用简单的方法粗略的估算新产品的制造费用,即:

$$H=\frac{M}{M'}\times 100\%$$

(2)如果已知本企业现有类似产品的制造费用 $H_0=M_0+L_0+G_0=M_0+F_0$,则为了算出新设计产品的制造费用 H,首先应根据设计草图求算出材料费用 M_1,而加工费用 F_1 则可根据类似产品的加工费用 F_0 而算出。

例如,由于新产品的结构合理和加工简便,而使工资降低了 $\Delta L(L_1<L_0)$,则新产品的工资费用 L_1 为:

$$\begin{aligned}L_1&=L_0-\Delta L\\&=L_0-\frac{P'_{\mathrm{L}}}{100\%}L_0=\left(1-\frac{P'_{\mathrm{L}}}{100\%}\right)L_0\end{aligned}$$

式中:

$$P'_{\mathrm{L}}=\frac{L_0-L_1}{L_0}\times 100\%$$

P'_{L}——工资降低额所占比重。

而

$$L_0=\frac{H_0-M_0}{1+g_0}=\frac{F_0}{1+g_0}$$

又知：$G_1=\bar{g}_1L_1$ 和 $G_0=\bar{g}_0L_0$

新产品的制造费用 H_1 为：

$$
\begin{aligned}
H_1 &= M_1+L_1+G_1 \\
&= M_1+\left(1-\frac{P'_{\mathrm{L}}}{100\%}\right)L_0+\bar{g}_1L_1 \\
&= M_1+\left(1-\frac{P'_{\mathrm{L}}}{100\%}\right)L_0+\bar{g}_1\left(1-\frac{P'_{\mathrm{L}}}{100\%}\right)L_0 \\
&= M_1+\left(1-\frac{P'_{\mathrm{L}}}{100\%}\right)(1+\bar{g}_1)\frac{F_0}{1+g_0} \\
&= M_1+f_{\mathrm{L}}\cdot f_{\mathrm{G}}\cdot F_0
\end{aligned}
$$

式中：$f_{\mathrm{L}}=1-\frac{P'_{\mathrm{L}}}{100\%}$ ——工资变化系数；

$f_{\mathrm{G}}=\frac{1+\bar{g}_1}{1+g_0}$ ——管理费用变化系数。

2. 改进产品制造费用的估算

在估算改进设计的产品时，可把产品分为以下三类：

(1)同类产品

规定新改进的产品，属于本企业已生产的产品的同类产品。其条件是：

$$M_1':L_1':G_1'=M_0':L_0':G_0'$$

即两种产品的费用构成比相等。也就是说，工资和管理费用也与材料费用一样，按相同的比例变化，即：

$$\frac{M_1}{M_0}=\frac{L_1}{L_0}=\frac{G_1}{G_0}=F_1/F_0$$

由此得：

$$L_1=\frac{M_1}{M_0}L_0$$

及

$$\frac{G_1}{L_1}=\frac{G_0}{L_0}\text{即}\bar{g}_1=\bar{g}_0$$

由公式得：

$$f_{\mathrm{L}}=1-\frac{P'_{\mathrm{L}}}{100\%}=1-\frac{\frac{L_0-L_1}{L_0}\cdot100\%}{100\%}=\frac{M_1}{M_0}$$

$$f_{\mathrm{G}}=1$$

所以同类产品的制造费用 H_1 为：

$$H_1=M_1+\frac{M_1}{M_0}F_0$$

同类产品的两种设计方案的管理费用系数相等，即$\bar{g}_1=\bar{g}_0$，也就是说，两种产品的加工过程，就管理费用和工人等级来说，是在相似的车间和类似的机床上进行的。

(2)类似产品

类似产品的情况是，管理费用系数不变($\bar{g}_1=\bar{g}_0$)，工资有变化($L_1\neq L_0$)，材料费用不按相同的比例关系发生变化$\left(\frac{L_1}{L_0} \neq \frac{M_1}{M_0}\right)$,各项费用所占的百分数不再是常数,则得:

$$F_L = 1 - \frac{P'_L}{100\%}$$

$$f_G = 1$$

所以类似产品的制造费用 H_1 为:

$$H_1 = M_1 + \left(1 - \frac{P'_L}{100\%}\right) F_0$$

当 $L_1 < L_0$ 时,P'_L 标以正号;当 $L_1 > L_0$ 时 P'_L 标以负号。

(3)非同类产品

非同类产品的情况是,两者的管理费用系数不相等($\bar{g}_1 \neq \bar{g}_0$),由于产品进一步采用了各种合理化措施,采用了较贵重的加工设备,管理费用系数就必然要提高,因为工人的工资也相应的起变化,则得:

$$f_L = 1 - \frac{P_L{}'}{100\%}$$

$$f_G = \frac{1 + \bar{g}_1}{1 + \bar{g}_0}$$

所以非同类产品的制造费用 H_1 为:

$$H_1 = M_1 + \left(1 - \frac{P'_L}{100\%}\right)\left(\frac{1 + \bar{g}_1}{1 + \bar{g}_0}\right) F_0$$

四、材料费用的计算

材料费用的计算主要是根据设计图纸来进行,它包括:

$$M = (1 + g_w)(V_{b1}K_{v1} + V_{b2}K_{v2} + \cdots) + (1 + \bar{g}_z)(Z_1 + Z_2 + \cdots + Z_k)$$

这里面的管理费用系数$\bar{g}_w$ 和$\bar{g}_z$ 根据各企业的情况而定。只有每个零件的毛材料费用 $W_b = V_b K_v$ 计算比较费时,外购件的费用 Z 可根据价格表或报价单来确定。它主要是根据草图,算出零件材料的净用量 V_n(cm^3),加一定的加工余量,可求出材料的毛用量 V_b(cm^3)。再乘以单位体积的材料费用 K_v(元/cm^3)即可。

而一般材料的价格是按单位重量计算的,即元/kg。所以单位体积 K_v 为:

$$K_V = K_G \cdot \gamma$$

式中:K_G——单位重量的材料费用,元/kg;

γ——比重,钢的比重 $\gamma_0 = 7.85 g/cm^3$。

如碳素结构钢的价格为 0.70 元/kg,则其单位体积的价格 K_V 为:

$$\begin{aligned} K_V &= K_G \gamma_0 \\ &= 0.70 \times 7.85 \times 10^3 = 5.495 \times 10^3 (\text{元}/cm^3) \end{aligned}$$

第二节　产品设计的技术经济分析

产品设计的技术经济分析就是对产品的设计方案的经济效果进行综合分析、计算、比较和评价，从中选择技术上先进，经济上合理的最佳方案。

为了要选出技术经济最佳设计方案，必须制订出可供选择的可行方案，以便从中选出最佳方案。结构网法为系统的探索解决方案提供了一种有效的方法。

有了可行方案以后，利用价值分析法按照价值的高低，从中选取最优方案。结构网法与价值分析法的良好结合是找出最优方案的方法之一。

一切优化方法的出发点都是从所有方案的总体中来确定最优方案。最优方案一般是根据一定的判据对每种方案进行比较而获得，这些判据的整体构成所谓的目标系统，一个方案愈能满足该目标系统，它就愈好。

以技术和经济的观点进行判断时，最好将技术评价和经济评价分开来进行，最后再将两者综合起来进行技术经济优化分析。

一、确定新设计方案的结构网法

结构网法是探索总功能解决方案的有效方法。总功能通常可分为几个下一级的分功能，分功能还可进一步分解为更低一级的几个分功能。由于实现每一功能的方法可能有多个，用不同的方式组合就会形成不同的方案。结构网法就是通过结构网矩阵系统探索各种技术方案的有效手段。

1. 结构网的格式

结构网的一般格式大多采用不完整的矩阵形式，如表 6-1 所示。

结构网矩阵

表 6-1

分功能		解决方案的原理或功能承担件						
		1	2	·	i	k	·	m
1	F_1	P_{11}	P_{12}	·	P_{1i}	·		
2	F_2	P_{21}	P_{22}	·	·	·	·	P_{2m}
·	·	·	·	·	·	·	·	·
n	F_n	P_{n1}	P_{n2}	·	·	P_{nk}	·	·

在第一纵列中列出了几个分功能，在横行中列出了从属于每个分功能的解决方案或采用的功能承担件。如从每横行中选出一个解决方案的原理或功能承担件，并使之互相连接，可得联线束数 Z（或称整个解决方案区域）为：

$$Z = m_1 m_2 m_3 \cdots m_n \tag{6-14}$$

式中：m_1、m_2、m_3、…、m_n——在第 1，2，…，n 行中的解决方案原理或功能承担件数。因此一个完整矩阵可以有 $Z_{\max} = m^n$ 个解决方案。

2. 结构网的作用

结构网是全面系统探索解决方案的有效方法，特别是在设计阶段，往往提出了许多方案，这些方案往往是零碎的，不系统的，不同程度上都存在一定缺点，或者可能还存在着更好的方案。为了把人头脑中储存的想法，全面系统的归纳起来，或者把收集的有关资料，以及一些设想性的方案资料等都表达在一张结构网表格上，便于人们探索和思考，从中探索出全部可行的方案。这样可避免遗漏，还可能从中启发出新的思路和新的方案，结合价值分析法，从可行方案中挑选出最优方案。

3. 结构网的建立

在建立结构网时应该注意：①将不适用的解决方案原理或功能承担件在开始分析结构网

时就将其排除;②防止互不相容的解决方案原理或功能承担件互相连接,如电流不能用水龙头断开等。这样就可大大压缩解决方案的区域。

建立结构网的一般步骤为:

(1)确定总功能(功能定义)

设计人员一般接受了任务以后,多习惯于画几个方案草图,从中选择一个就开始工作设计。这样做有两个缺点:①免不了有先入为主的思想,不能确定所选方案是否接近最优方案;②绘制结构方案草图很费时间。所以提出了一个理论抽象形式——黑盒,即撇开系统的具体结构,仅从功能上分析外界因素,从而突出事物的本质。如要研制开发车辆的传动系统,不先研究具体结构,而将其总功能表达为:开发一种"传递与控制功率"的装置,这里包括已知和未知的传动原理、变速器和制动器等。

(2)将总功能划分成分功能

为了有效地探索出解决方案,需将总功能细分为复杂性较低的分功能,并为分功能提供实现手段,找出解决办法,即把一级功能划分为几个二级功能,为二级功能提供功能承担件;再以二级功能之一为主,划分为几个三级功能,为三级功能提供解决方案,以此类推,细分到可处理的适当程度为止。

例如上述传动系统的总功能"传递与控制功率",可将其分解为如图6-1所示的功能。

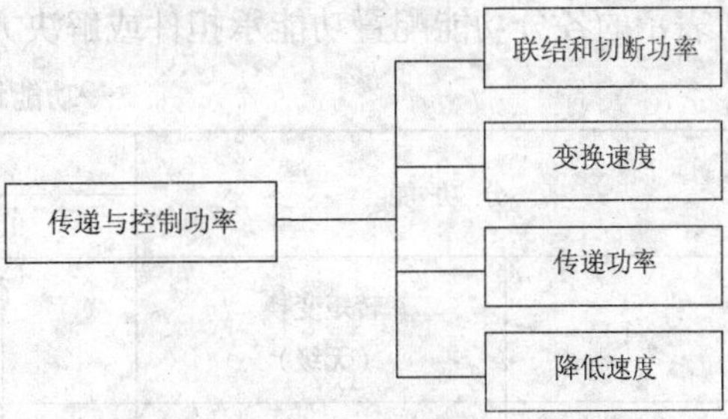

图6-1 将总功能划分成分功能

(3)为各分功能配置功能承担件

如"变换速度"分功能就有机械换挡变速器、动力换挡变速器、液压变速系统等多种功能承担件和方案原理。在为各分功能配置功能承担件或解决方案原理时,除已在设计中应用的方案外,还必须着眼于开发各种资源,如参观展览会,查阅文献、报告、教材、会议文集、专刊和说明书等,编制功能承担件目录,有助于求得较全面的功能承担件。

将选择的功能承担件或解决方案原理配置到分功能上去,并将其填到结构网中。

(4)联结功能结构网(功能链)

从总功能出发划分成分功能,并给分功能配置功能承担件后,就可将它们连接成功能结构网。

在联结功能结构网时,应该把不协调的连接取消。在考虑协调时,必须首先考虑物理上的协调,只有在能源、材料流和信号系统上,完全相协调的部分方案,才能参与功能上的连接。

联结功能结构网是以"逻辑相邻"为基础。所谓"逻辑相邻"不是指结构网中同行的相邻,而是指在能源、材料流和信号系统上的"逻辑相邻",只有逻辑相邻的元件,才能连接成一个功能关系。

为了检查这种"逻辑相邻",对于每个元件都必须给一定数量的值。其中,首先应包括输入端和输出端的能量种类,并且规定其质和量。在检查协调时,除了能量种类这个重要值以外,还可以用一些物理值来描述元件。最后检查相连接的两个功能承担件输出与输入关系的协调性。例如,发动机就不能与液压马达直接连接,因为两者的输出与输入参数的性质不同。

4. 结构网法举例

提出任务:设计铣床的一个无级变速进给传动机构,给定下列边界条件:

进给传动机构的功率：$N_0=4\mathrm{kW}$

快速传动机构的功率：$N_V=7.5\mathrm{kW}$

工作进给：$S=0\sim1\ 100\mathrm{mm/min}$（无级）

快速：$S_V=5\ 000\mathrm{mm/min}$

求解步骤：

（1）确定总功能　给建立功能结构网的总功能下定义，其定义为“产生往复运动”。

（2）把总功能划分成分功能　分功能的确定和排列次序：

“转矩变换”（无级）

“转矩变换”（快速）

“运动变换”由回转运动变为往复运动

“限制转矩”

（3）为各个分功能配置功能承担件　先绘制功能结构网的格式，把分功能填上，再写上由0表示的各分功能配置功能承担件或解决方案原理，如表6-2所示。

功能结构网的构成　表6-2

分功能		功能承担件或解决方案原理			
		1	2	3	4
1	转矩变换（无级）	○	○	○	○
2	转矩变换（快速）	○	○	○	
3	运动变换	○	○	○	○
4	限制转矩	○	○	○	

方案3　方案2　方案1

（4）联结功能结构网

最后考虑“逻辑相邻”等因素，将各分功能的逻辑相邻元件联成功能结构网，如表6-2所示的方案1～3等，由此可以得出一些可行的方案，从这些可行方案中，再用价值分析法寻求高价值的方案。

二、价值分析法

价值分析法的目的是为求得解决某一目标系统的各种方案的比例数值（即使用价值），从而可以对这些方案进行量的比较，评选出一个价值最大的方案，并可把各方案排列成一个等级次序。

价值分析最常用的方法之一是价值矩阵法。

价值矩阵法的步骤如下：①确定目标系统；②确定计权系统；③建立目标的数值矩阵；④建立目标价值矩阵。

1. 确定目标系统

价值分析的第一步是确立一个等价的目标系统，它必须具备判断方案的一切重要性能。

然后将一切目标判据依次排列起来。判据可以从要求明细表中获得，有些判据可以在探索方案的过程中得出。

在确立目标系统时，必须严格区分固定要求（如四个座位的小轿车）、最低要求（如最高速度为140km/h）和期望（如便于维护和座位舒适等）。

固定要求不用评价，若不满足固定要求，设计就不适用。

目标系统的复杂程度决定于评价时考虑的判据数量。为了表示清楚起见，可将最终目标，划分为许多复杂的中间目标，并将中间目标再按等级划分，直至划分到具体的分项目标进行评价为止。中间目标和分项目标，总括起来称为“部分目标”。

除了目标系统的完整性外，还必须注意有待评价的“部分目标”的独立性。这就是说，每一部分目标，只评价一次，不得间接地或直接地夹杂在其他部分目标之中一起再评价。

建立目标系统以后，再检查一下，把不重要的目标去掉。

例：小轿车发动机的目标系统，如表6-3所示。

小轿车发动机的目标系统　　表6-3

Z_1	探索最佳的小轿车发动机	Z_{13}	低的燃油材料消耗量
Z_{11}	良好的装配性	Z_{131}	燃料消耗量低
Z_{111}	重量轻	Z_{1311}	汽油消耗量低
Z_{112}	装配尺寸小	Z_{1312}	辛烷消耗量低
Z_{1121}	长度小	Z_{132}	润滑油消耗量低
Z_{1122}	宽度小	Z_{14}	行驶时平稳性好
Z_{1123}	高度小	Z_{141}	机械运行平稳性好
Z_{12}	合适的行驶性能	Z_{142}	行驶时噪声小
Z_{121}	最大功率高	Z_{15}	耐磨性高
Z_{122}	弹性大	Z_{16}	便于修理
Z_{123}	加速性能好		

注：Z_1 为最终目标；Z_{15}、Z_{1312} 分别为分项目标。Z_{11} 为 Z_{14}、Z_{112} 和 Z_{131} 等—中间目标。

2. 确定计数系统

在建立完整的目标系统之后，就应确定部分目标系统的相对意义，然后按目标系统的重要性，给定计权系数，确定计权系统。

建议将所有待评价的分项目标的计权系数之和选为1，即：

$$g_1 + g_2 + \cdots + g_n = 1 \tag{6-15}$$

或

$$\sum_{j=1}^{n} g_j = 1$$

式中：g_j——计权系数（或称重要度），0～1之间的实数；

n——目标系统的目标数量，建议 $n < 15$。

各计权系数 g_j 之间是互相制约的,一个系数的增加,必然导致另一个系数的减少。

计权最好逐步进行,从 Z_1 这个复杂目标出发,朝着复杂性较小的部分目标方向进行。首先以上一级的部分目标为基础,确定相对计权系数。所有从属于同一个上一级部分目标的相对计权系数之和必须等于 1。

如以 g_{ij} 表示目标 Z_{ij} 的相对计权系数,由上述小轿车发动机目标系统的例子表明,例如 $g_{11}+g_{12}+g_{13}+g_{14}+g_{15}+g_{16}=1$,同样,$g_{131}+g_{132}=1$ 或 $g_{1121}+g_{1122}+g_{1123}=1$ 等等。

绝对计权系数 G 则是互相从属的相对计权系数的乘积,例如 $G_{111}=g_{11}\cdot g_{111}$ 以及 $G_{1312}=g_{13}\cdot g_{131}\cdot g_{1312}$ 其通式为:

$$G_{ijkl}=g_i\cdot g_{ij}\cdot g_{ijk}\cdot g_{ijkl} \tag{6-16}$$

在本例取 $g_i=1$。

按这种方法对上例逐步进行计权的结果列于表 6-4 中。

计权的逐步进行法 表 6-4

目标	相对计权系数 g			绝对计权系数 G		目标系统
	第一步计权 g_{ij}	第二步计权 g_{ijk}	第三步计权 g_{ijkl}	中间目标	分项目标	
Z_1						探索最佳的小轿车发动机
Z_{11}	0.05			0.05		良好的装配性能
Z_{111}		0.4			0.020 0	重量轻
Z_{112}		0.6		0.03		装配尺寸小
Z_{1121}			0.7		0.021 0	长度小
Z_{1122}			0.15		0.004 5	宽度小
Z_{1123}			0.15		0.004 5	高度小
Z_{12}	0.25			0.25		合适的行驶性能
Z_{121}		0.4			0.100 0	最大功率高
Z_{122}		0.4			0.100 0	弹性大
Z_{123}		0.2			0.050 0	加速性能好
Z_{13}	0.15			0.15		低的燃油材料消耗量
Z_{131}		0.7		0.105		燃烧消耗量低
Z_{1311}			0.8		0.084 0	汽油消耗量低
Z_{1312}			0.2		0.021 0	辛烷消耗量低
Z_{132}		0.3			0.045 0	润滑油消耗量低
Z_{14}	0.15			0.15		行驶平稳性高
Z_{141}		0.7			0.105 0	机械运行平稳性好
Z_{142}		0.3			0.045 0	行驶时噪声低
Z_{15}	0.2				0.200 0	耐磨性好
Z_{16}	0.2				0.200 0	便于修理

对分项目标进行评价时，只需给出这些目标的绝对计权系数。根据这些分项目标的绝对计权系数，可以估算出它对总评价结果的影响程度。

3. 建立目标数值矩阵

价值分析法的第三个步骤是建立数值矩阵，数值矩阵的建立比较困难，因为很多目标判据的属性难以用数值量来表示，如便于修理、耐磨性等。即使是可用数值量表示的属性，其计量单位也不一致，如重量(kg)，长度(cm)，功率(kW)，耗油量(g/kWh)等。众所周知，不同计量单位是不能相比的。因此，在建立目标数值矩阵时，必须找到一个统一计量尺度，就是给分评价。

评价表是给分评价的一种特殊形式，其中规定了目标数值(判据特性值)和所求目标价值(评价)的关系，其最大评价值是1，一般在0～1之间选择。以某机器运行稳定性的评价表为例，来说明目标数值(最大振幅)与目标价值(评价)的关系，作为判断机器运行稳定性评价的标准，以此标准为各种不同方案给定评价值，评价其优劣。表6-5所示是一台机器运行稳定性的评价表，如理想方案是1，其最大振幅≥0.5μm。好的方案，其最大振幅≥5μm，评价值为0.6，这些需根据各方案判据的内容来选定。

机器运行稳定性评价表

表6-5

最大振幅 S (μm)	定性判断	评价	最大振幅 S (μm)	定性判断	评价
>100	绝对不可用方案	0	>5	好的方案	0.6
>50	实际上不可用方案	0.1	>2	很好的方案	0.7
>30	差的方案	0.2	>1.5	超过目标的方案	0.8
>20	不得已时可用方案	0.3	>1	远远超过目标的方案	0.9
>10	中等方案	0.4	>0.5	理想方案	1.0
>8	令人满意的方案	0.5			

建立目标数值矩阵的步骤：

(1)列举各方案的目标判据。

(2)确定各目标判据的目标数值(判据特性值)及相应的评价(目标价值)。

(3)列出目标数值矩阵(表6-6)。

4. 建立目标价值矩阵

每一目标评价的目标价值(即评价)乘以相应的计权系数，即使用价值 V。

如以 W_{ij} 代表目标价值；G_j 代表计权系数；对于各方案来说，可列出一系列公式：

$$
\begin{gathered}
W_{11}G_1 + W_{12}G_2 + W_{1n}G_n = V_1 \\
W_{21}G_1 + W_{22}G_2 + W_{2n}G_n = V_2 \\
\vdots \qquad \vdots \qquad \vdots \qquad \vdots \\
\vdots \qquad \vdots \qquad \vdots \qquad \vdots
\end{gathered}
\tag{6-17}
$$

$$W_{m1}G_1 + W_{m2}G_2 + W_{mn}G_n = V_m$$

这实际上就是一个矩阵，可简写为：

$$\sum_{j=1}^{n} W_{ij}G_j = V_i(i = 1,2,\cdots m) \tag{6-18}$$

式中：V_j——各方案评定的使用价值。

使用时可列成表格的形式。如用表6-4中所有各分项目标的绝对计权系数 G_j 乘以表6-6中的各分项目标判据的目标价值（用 W_{ij} 来代表），即得各分项目标的使用价值 V_i 如表6-7所示。表6-7是小轿车发动机的目标价值和使用价值矩阵。

探索最佳小轿车发动机的目标数值矩阵

表6-6

目标判据 \ 方案	方案 Ⅰ		方案 Ⅱ	
	目标数值	目标价值	目标数值	目标价值
重量（kg）	110	0.75		
长度（cm）	80	0.7		
宽度（cm）	60	0.8		
高度（cm）	75	0.6		
最大功率（kW）	40	0.77		
发动机弹性	0.1	0.9		
加速性能	良	0.8		
汽油消耗量（g/kW·h）	270	0.75		
辛烷消耗量（g/kW·h）	85	0.85		
润滑油消耗量（g/kW·h）	0.6	0.65		
机械运行平稳性（mm）	0.5	0.72		
噪声（dB）	70	0.62		
耐磨性	优	0.9		
便于修理	中	0.5		

注：用优、良、中、差表示性能。

按照同样的方法，方案Ⅱ的使用价值 V_i 亦可求出，余类推，这样从中选择一个 $\sum V_i$ 最高的方案，即最佳方案，它具有最高的使用价值。

价值分析法的原理是很简单的，但要获得一个可靠的结果，需要认真考虑建立目标系统，进行计权和评价。在评价时应注意下列问题：

（1）建立目标系统及进行计权和评价时，应由重要部门（设计，加工和销售）的专业人员共同进行讨论。

（2）评价的客观性是很重要的，应在各种有关人员互不影响的情况下进行，尽量不与目标系统的建立者发生关系。

(3)目标数值矩阵受企业的数据分散度影响很大,应注意。

小轿车发动机的目标价值和使用价值矩阵　　表 6-7

目标判据	绝对计权系数 G_i	方案 I		方案 II	
		目标价值 W_{ij}	使用价值 V_i	目标价值 W_{ij}	使用价值 V_i
最小重量	0.02	0.75	0.015 00		
最小长度	0.021	0.7	0.014 70		
最小宽度	0.004 5	0.8	0.003 60		
最小高度	0.004 5	0.6	0.002 70		
最大功率高	0.1	0.77	0.077 00		
弹性大	0.1	0.9	0.090 00		
加速性能好	0.05	0.8	0.040 00		
汽油消耗量低	0.084	0.75	0.063 00		
辛烷消耗量低	0.021	0.85	0.017 85		
润滑油消耗量低	0.045	0.65	0.029 25		
机械运行平稳性好	0.105	0.72	0.075 60		
行使时噪声低	0.045	0.62	0.027 90		
耐磨性好	0.2	0.9	0.180 00		
便于修理	0.2	0.5	0.100 00		

三、技术经济评价法

满足某一功能的方案有多种,通过方案的技术价值、经济价值以及技术经济的综合评价可找出最优化方案。所谓优化,就是经过有限次数的探索,找出按当前技术水平所能达到的最佳设计方案,它具有最适用的功能和最低的成本。

1. 技术价值

评价是按照一定的观点来判断一个方案。用一个无因次的比例数值来表示评价结果比较直观。一般以理想方案为基准,按照价值分析的原理,理想方案的价值为 1,从而引出技术价值的概念。

设技术价值为 X,则定义技术价值 X 为:

$$X = \frac{\dfrac{P_1 + P_2 + \cdots + P_n}{n}}{P_{\max}} = \frac{\overline{P}}{P_{\max}} \tag{6-19}$$

式中:P_1、P_2、…、P_n——n 个目标的得分数;

$P_{\max}$——理想产品各项目标的最高分数;

n——目标数,建议 $n < 15$;

$\overline{P}$——几个目标分数的算术平均值。

假如评价的第一目标是3分，第二个目标是4分，第三个目标是2分，第四个目标是1分，第五个目标是3分，则得到这一方案的技术价值X为：

$$\overline{P}=\frac{3+4+2+1+3}{5}=2.6$$

$$X=\frac{\overline{P}}{P_{\max}}=\frac{2.6}{4}=0.65$$

一般来说，技术价值超过0.8就算是最好的方案，0.7左右是好的，0.6以下则是不合要求的。

在实际情况下，被评价的各项目标的重要程度是不同的，所以按评价目标的重要性给以计权是适宜的。在计权打分评价法中，其技术价值X_g为：

$$X_g=\frac{g_1p_1+g_2p_2+\cdots+g_np_n}{(g_1+g_2+\cdots+g_n)p_{\max}} \tag{6-20}$$

式中：g_1、g_2、…、g_n——与各项目标；

p_1、p_2、…、p_n——相应的计权系数。

例：要评价的第一个目标是3分，计权系数为0.4；第二个目标是4分，计权系数为0.3；第三个目标是2分，计权系数为0.05，则计权技术价值X_g为：

$$X_g=\frac{3\times0.4+4\times0.3+2\times0.2+1\times0.05+3\times0.05}{(0.4+0.3+0.2+0.05+0.05)\times4}=\frac{3}{4}=0.75$$

注意：经验和计算对比分析表明，如果具有较高计权系数的性能不能良好地实现（即实现得较差）时，产品按计权平均值X_g与按算术平均值X所作评价结果，往往是明显不一致的。

2. 经济价值

在进行经济评价时，“经济”观念只局限在产品的制造费用上，因为制造费用对经济评价来说是最为重要的一个项目。实际情况表明，经济评价与技术评价类似，可以采用一个相似的比例数值来表达。

设经济价值为Y，则有：

$$Y=\frac{H_a}{H} \tag{6-21}$$

式中：H_a——理想制造费用；

H——实际制造费用。

因此，所谓经济价值Y就是理想制造费用与实际制造费用之比，一般Y在0~1范围内。

为了保证产品既经济而又具有足够的使用寿命，建议使理想制造费用为允许制造费用[H]的0.7倍，即：

$$Y=\frac{0.7[H]}{H} \tag{6-22}$$

如果经济价值达到$Y=0.7$，就意味着$H=[H]$，这是较好的结果。但人们仍力求达到更高的经济价值。小于$Y=0.7$的经济价值，在通常情况下，可用较高的技术价值X来补偿。不可能把技术评价和经济评价截然分开来进行，因为技术上的某些改变，如“加工部位数”有了变化，就会影响到加工费用，使经济评价起变化。

在评价设计方案时，往往还不太知道制造费用，这时只能用估算的方法来确定。因在方案设计阶段只能有方案结构草图，由结构草图可以计算出材料费用M，再根据前面所述的成本估算方法，按照产品的类型（同类产品、类似产品和非同类产品）估算出制造费用H。

根据对市场所作的调查研究，可求得等价（相近）产品的合格市场价格 P_M，则理想方案的成本 S 为：

$$S = P_M - \Delta_k - S_t$$

若已知成本系数为 α，则可求得允许的制造费用 $[H]$：

$$[H] = \frac{S}{\alpha} \tag{6-23}$$

由此可得理想制造费用 H_a 为：

$$H_a = 0.7[H]$$

注意：在进行方案经济评价时，理想制造费用只是一个比较基准，它无论高一些或低一些都无关紧要，只是对于一切比较的方案来说，应取相同的值。

3. 技术经济综合评价

对于每一个被评价的方案，如果按照技术价值 X 和经济价值 Y 分别来判断，这是不充分的。若要取得最佳方案，按照价值分析的原理，一般要以这两种价值为准来优化，既要技术上先进，又要经济上合理。

综合评价的方法是将技术价值 X 和经济价值 Y 合成一个"准数"，以表征有关方案的优劣。计算机可以根据这个数来排列方案。这个"准数"称为"过硬程度"，并由 S 表示。由 X 和 Y 确定 S 有很多方法，这里简要介绍两种：

（1）加法结合法（直线确定法）

X 和 Y 最简单的结合方法是求它们的算术平均值，即：

$$S = \frac{X + Y}{2} \tag{6-24}$$

在 S 曲线图中，S 恒定的线形成一平行直线族，并且都垂直于最佳设计线（$Y = X$），如图 6-2 所示。

这种算术平均值方法的缺点是，对较差的方案评价较好，如两方案 $X = 0.7, Y = 0.1$ 与 $X = 0.4, Y = 0.4$ 会有同样的过硬程度 S，这显然是不合理的。

（2）乘法结合法（曲线确定法）

在乘法结合法中，X 和 Y 以相乘的关系结合，即：

$$S = \sqrt{XY} \tag{6-25}$$

对一系列恒定的 S 值，X 和 Y 的关系形成双曲线族（图 6-3）。

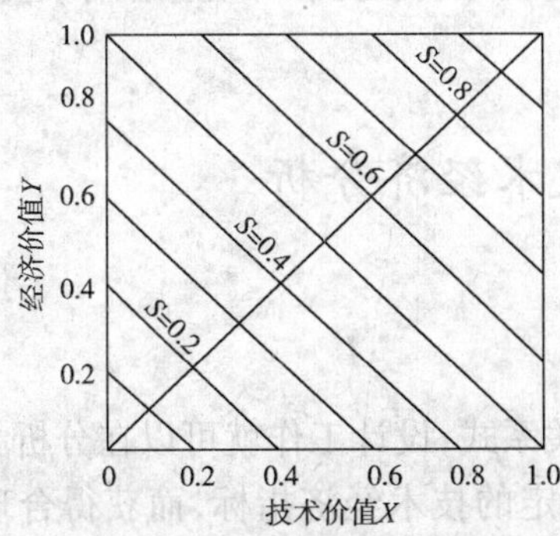

图 6-2　过硬程度 S 的直线确定法

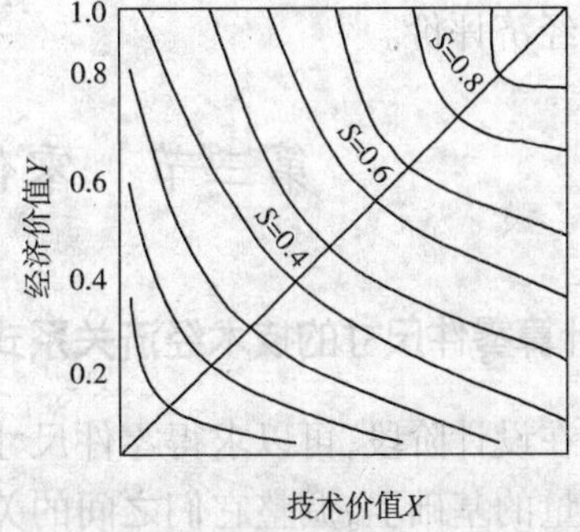

图 6-3　过硬程度 S 的曲线确定法

乘法结合的优点是，降低了较差方案的过硬程度 S，方案的不可选出性愈强，这种 S 降低的效果愈好。

(3)图解法

图 6-4 为技术经济对比关系图,又称"过硬曲线"。

技术价值 $X=1.0$ 和经济价值 $Y=1.0$ 的交点 S_i 代表理想的设计方案。从坐标原点 0 至交点 S_i 的连线,表示最佳设计线。

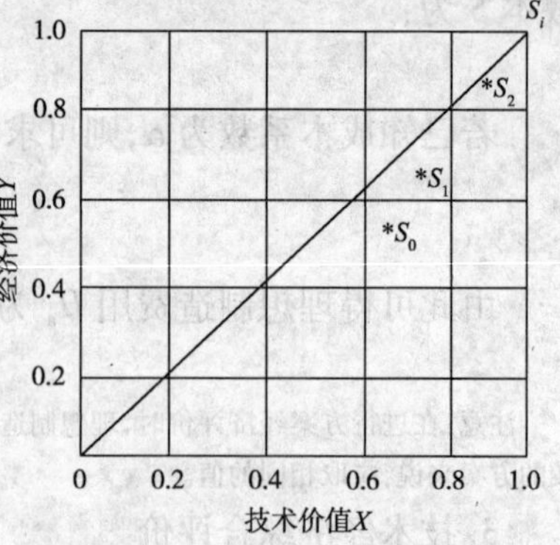

图 6-4　技术经济对比关系

利用这种图表,可以判断一个方案的技术和经济价值。设有一方案,原始设计时,其技术价值 $X_0=0.63$,其经济价值 $Y_0=0.53$,可以找到一个交点 S_0,经第一次改进设计后,其技术价值 $X_1=0.75$,经济价值 $Y_1=0.63$,可找到 S_1 点;经第二次改进后 $X_2=0.83$, $Y_2=0.88$,可找到 S_2 点。经验证明,只有技术上优良,同时制造费用又较低的结构,才是最有发展前途的。这就是说,愈有发展前途的设计结构,其交点愈接近 S_i。

为了改善方案的技术经济价值和找出改进措施对于机械设计可以从下列 10 个方面进行分析:

①该零件有否可能取消或合并。

②零件标准化程度如何,能否用标准件代替。

③设计能否再简化。

④螺纹是否全部已标准化了。

⑤能否用更廉价的材料、新材料或易加工材料代替。

⑥能否作用标准切削刀具和量具。

⑦尺寸精度和形位公差是否合理。

⑧零件形状能否改变,以便使工艺简单。

⑨有无不必要的加工工序。

⑩能否采用成组加工。

产品设计这个领域里的技术经济评价是一个很重要的问题。每一项技术发展的目的,就是要创造出富有生命力的产品,即创造出技术水平高和设计成熟的产品,应使产品在技术和经济两个方面都比较合理,才具有长期的竞争能力。因此只有细致地研究各方面的观点和情报,包括趋势研究、市场分析、研究成果、用户咨询、预先开发、专利状况和环境保护等,才能作出正确的技术经济评价。

第三节　零件设计的技术经济分析

一、计算零件尺寸的技术经济关系式

如果在设计阶段,可以求得零件尺寸的技术经济关系式,设计工作就可以在分析关系式中的各个变量的基础上,调整它们之间的关系,以达到规定的技术经济指标,而获得合理的零件结构尺寸。

1. 零件的费用

首先来分析组成零件费用即制造费用 H 的两个主要部分:材料费用 M 和加工费用 F。

材料费用 M 主要取决于毛坯体积 V_v，单位体积材料费用 K_v 以及材料管理费用系数 g_w。而加工费用 F 主要取决于零件的技术要求，工艺方法和生产批量。根据材料费用 M 和加工费用 F 的构成比，有两种情况：

(1)零件的制造费用中，主要是材料费用，即 $H \approx M$，如大批量生产冷热加工的零件，铸造生产的零件，材料费用是主要的。此时要降低零件费用，主要是降低零件的材料费用。

(2)加工费用占零件费用中较大的比例，如零件加工装配费用占较大比重。为了大体上分析结构所能采取的措施对制造费用的影响，就必须在确定零件材料费用 M 以后，近似的求出加工费用 F，即：

$$H = M + F = M + f_e t_e (1 + g_t) \tag{6-26}$$

式中：t_e——单件时间，min；

f_e——工资标准，元/min；

g_t——加工管理费用系数。

2. 零件尺寸的技术经济分析

这里所提出的设计方法，主要适用于在方案设计阶段，进行零件尺寸的技术经济分析。根据总体（或部件）方案中分配的各项指标，初步估算零件尺寸和经济性，以分析达到给定技术经济指标的可能性。

一般可分为三个步骤来进行：

(1)建立物理关系表达式

根据零件的工作条件，求得零件尺寸和物理条件（应力、应变、导电和传热等）的关系表达式。在分析零件工作条件及物理性能的基础上，作出抽象的原理图（受力原理图和示意图等），列出有关的计算式，在计算式中，除了几何尺寸以外，还应包括与材料性能有关的特性数据。如果物理条件是受力作用，这时都以零件单位面积允许承受的应力来表示材料的性能，相应得出的物理公式就称之为应力公式，如图 6-5 所示的矩形梁中间受一集中载荷 P 的作用，梁的跨度为 1，此时的物理条件是梁的强度问题，相应的物理公式为：

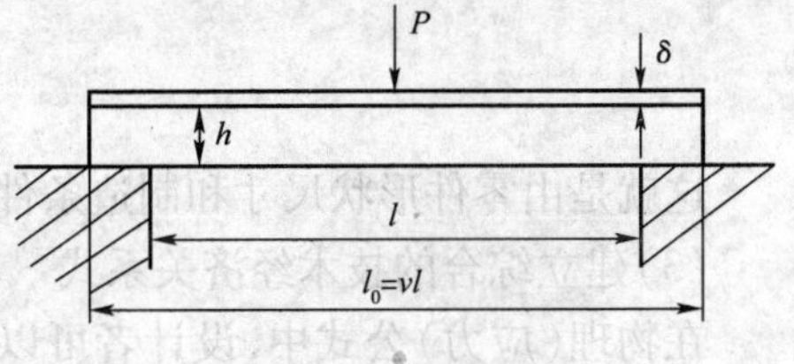

图 6-5 梁的承载简图

$$M_w = Z_1 Z_W [\sigma] \tag{6-27}$$

式中：Z_1——支承系数，铰支梁 $Z_1 = 4$，悬臂梁 $Z_1 = 1$，两端紧固梁 $Z_1 = 8$；

Z_W——梁的抗弯断面模数（cm^3）；

$[\sigma]$——梁的材料许用应力（Pa）。

由力学关系可得：

$$M_W = Pl$$

引用梁的面积 $A = hb$（b 为梁的宽度）与弯曲断面模数的比例系数 β_1，即令：

$$\beta_1 = \frac{AY}{Z_w}$$

式中：Y——梁断面产生最大应力的外廓尺寸。

将 $Y = h$ 代入公式(6-27)，则有：

$$M_w = Z_1 \frac{AY}{\beta_1} \cdot [\sigma]$$

即 $$P_1 = Z_1 \frac{AY}{\beta_1} \cdot [\sigma]$$

或 $$P_1 = Z_1 \frac{Ah}{\beta_1} \cdot [\sigma]$$

这就是矩形梁受弯时保证强度条件下的物理(应力)关系式。

(2)建立零件费用关系式

若物理(应力)关系式已经建立,设计方案构思进一步具体化,可以根据结构草图来确定材料费用和加工费用 F,以建立制造费用 H 的公式。例如,上面的梁的弯曲强度问题,其材料费用 M 和加工费用 F,可作如下估算:

$$M = V_b K_v = Al_0 K_v = AvlK_v$$

式中:A——梁的截面积;

l_0——梁的总长;

l——梁的支承长度;

v——比例数值,$v = \frac{l_0}{l}$。

$$F = b \cdot \delta \cdot l_0 K_F = b\delta vlK_F$$

式中:b——梁宽;

δ——加工余量;

K_F——单位切削体积的加工费用。

由于制造费用 $H = M + F$,所以梁的费用公式为:

$$H = Av_l K_v + b\delta vlK_F = AvlK_v\left(1 + \frac{\delta K_F}{hK_v}\right) \tag{6-28}$$

这就是由零件形状尺寸和制造条件综合得出的制造费用计算关系式。

(3)建立综合的技术经济关系式

在物理(应力)公式中,设计者可以进行调整尺寸参数和比例系数 β_1,表达为载荷应力的关系式,并代入公式(6-28),综合而成为公式(6-29),从而把制造费用 H 表达为载荷、应力、比例系数 β_1 的函数,即:

$$H = Pl^2 \frac{v}{Z_1} \frac{\beta_1}{h} \frac{K_v}{[\sigma]}\left(1 + \frac{\delta K_F}{hK_v}\right) \tag{6-29}$$

式中:Pl^2——载荷因数,取决于梁的载荷和跨距;

$\frac{v}{Z_1}$——支承系数;

$\frac{K_v}{[\sigma]}$——材料系数,包括材料的物理性能(应力)和经济性能 K_v 间的关系式;

$\frac{\beta_1}{h}$——梁的断面形状因数,在这里可以看出,选用较大的 h 值(在支承条件允许时)对降低制造费用是有利的。

式(6-29)就是矩形梁在载荷 P 作用下,零件结构尺寸的技术经济表达式,式中各项皆有明显的物理意义,设计者在分析这些参数之间可调整的程度之后,采用合适的优化方法,可以求得制造费用 H 最少时的设计方案。

由于每个计算公式在它的有效范围内描述技术经济的变化关系，所以它对确定产品系列具有特别重要的意义。

二、齿轮传动装置尺寸的设计

一对齿轮传动，要求在满足技术要求的前提下，制造费用 H 尽可能低些。在方案设计阶段，齿轮尺寸主要是根据轮齿弯曲疲劳和接触疲劳两种应力条件进行尺寸设计。

一般对于轮齿表面经过热处理的齿轮，先按小齿轮的弯曲疲劳条件计算模数 m 和选定齿数 Z 与齿宽系数 Ψ_m，反之则按接触疲劳应力条件计算。

1.齿轮强度的计算

1）按弯曲疲劳计算

$$m \geqslant \sqrt[3]{\frac{KN}{[\sigma_w]\Psi_m Z_1 n_1}} \tag{6-30}$$

式中：N——传动功率(kW)；

n_1——小齿轮的转速(r/min)；

Z_1——小齿轮的齿数：

$[\sigma_w]$——材料的弯曲许用应力(Pa)；

Ψ_m——齿宽系数，即 $b = m\Psi_m$，一般 $\Psi_m = 6 \sim 10$。

$K \approx 195\ 000$；

2）按接触疲劳计算

$$m \geqslant \sqrt[3]{\left(\frac{Y_G}{[\sigma_j]}\right)^2 \frac{1}{\Psi_m Z_1^2}\left(\frac{i \pm 1}{i}\right)\frac{NK}{n_1}} \tag{6-31}$$

式中：Y_G——材料副系数；

$[\sigma_j]$——许用接触疲劳应力(Pa)；

i——齿数比，$i = \dfrac{Z_2}{Z_1} \geqslant 1$；

$K \approx 4$。

2.费用的计算

1）材料费用 M

$$M = (1 + \bar{g}_w)(1 + f_v) d_1^2 \frac{\pi}{4} b K_v \tag{6-32}$$

式中：M——材料费用，元；

$\bar{g}_w$——材料管理费用系数；

f_v——齿顶圆直径放大系数；

d_1——小齿轮节圆直径，mm；

b——齿宽，mm。

2）加工费用 F

$$F = (1 + \bar{g}_t) f_{av} \frac{\left(1 + \frac{2l_a}{b}\right) \cdot b}{S_a n} \frac{d_1}{m} f_a \tag{6-33}$$

式中：f_{av}——单位时间相对加工时间的系数，且 f_{av} = (单件时间)/(加工时间)；

l_a——滚刀的行程和超程，mm；

b——齿宽,mm;

S_a——工件每转的进给量,mm/r;

n——滚刀转速,r/min;

f_a——工时工资,元/min。

为了把强度公式与费用公式综合成为技术经济计算公式,将强度公式作必要的变换:

$$d_1^2 b = \frac{1}{[\sigma_w]}\left(\frac{NK}{n_1}\right)Z_1 \tag{6-34}$$

$$d_1 b = \left(\frac{KN}{[\sigma_w]}\cdot\frac{Z_1}{n_1}\right)^{2/3}\left(\frac{b}{d_1}\right)^{2/3} \tag{6-35}$$

将式(6-34)代入式(6-32),式(6-35)代入式(6-33),则可得出按弯曲强度计算制造费用的综合公式:

$$\begin{aligned} H &= M + F \\ &= (1+\bar{g}_w)(1+f_v)\frac{\pi}{4}\frac{K_v}{[\cdot\sigma_w]}Z_1\frac{NK}{n_1} \\ &\quad + (1+\bar{g}_t)f_{aw}f_a\frac{1+\dfrac{21_a}{b}}{S_a n}\cdot\frac{1}{m}\left(\frac{KN}{\sigma_w}\right)^{2/3}\left(\frac{Z_1}{n_1}\right)^{2/3}\times\left(\frac{b}{d_1}\right)^{1/3} \end{aligned} \tag{6-36}$$

由式(6-36)可知,在以弯曲疲劳作为判据计算齿轮尺寸时,齿数增加则费用增加,因而,在条件允许时,应注意减少齿数以降低费用。

第四节 产品制造中的技术经济分析

一、工艺方案的技术经济分析

在拟定工艺方案时,要进行经济效果分析,选择最优方案。工艺方案的经济效果分析是在保证产品质量前提下进行的。在拟定工艺方案时,将要涉及到设备的选择,工艺装备的选择以及切削用量和加工方法等方面的问题。

一个零部件的加工和装配工艺,在保证技术要求的前提下,可以由许多工艺方案来完成。不同的工艺方案,就有着不同的经济效果。为了在不同的工艺方案中选择出既能符合技术条件要求,又具有较高的经济效果的最佳方案,必须对工艺方案进行全面的技术经济分析。

影响工艺过程技术经济效果的主要因素有:

(1)加工对象的结构工艺性　加工对象的几何形状、尺寸、精度、表面质量和材质等因素确定的是否合理,直接影响工艺过程的经济效果。

(2)生产类型　在大批量生产条件下,可以采用先进的毛坯制造方法,采用高效、专用半自动化和自动化的机器设备,以及快速的自动化装夹工具,而对于单件和小批量生产,只能采用通用的工艺装备。

(3)新技术、新工艺、新设备和新材料的使用程度　在条件允许的情况下,尽可能采用先进的技术和装备,这样可以改善产品的质量,减少劳动耗费和提高生产率。

(4)企业生产组织和劳动组织方法　如果没有科学的合理的生产组织和劳动组织,即使有再好的设备和材料,也不能经济有效地制造产品。

在进行工艺方案的技术经济分析时,应注意两点:

(1)同一零件采用不同的加工方法,有不同的技术经济效果。不同的零件采用相同的加工方法,也会有不同的技术经济效果。

(2)加工对象的生产类型、年产量和批量对工艺方案的技术经济效果影响很大。许多先进的毛坯制造方法,自动化程度高的设备,以及快速自动装夹的高效工装等,往往只适合于大批量的生产条件。若在单件小批生产条件下使用,由于设备的负荷不足,调速次数多,调整时间长以及自动化设备和高效工装的价格较贵,使分摊到每一个零件的费用增多,从而大大降低其技术经济效果。因此,工艺方案应与一定的产量和批量范围相适应。

二、总体工艺方案的技术经济评价指标

在各工艺方案的总体技术经济分析中,主要是从劳动耗费,所采用的设备特征,维护和使用这些设备的条件,设备的利用程度,工艺装备的需要量,工序的集中和分散程度,材料的利用率和动力消耗等方面进行比较和评定。

1. 劳动消耗

劳动消耗可用劳动小时数和台时数来计算,或用单位时间的产量来计算,它标志着工艺方案的效率高低。

2. 钳工修配劳动量系数

钳工修配劳动量系数在一定程度上反映工艺方案的机械化程度的高低,其计算公式如下:

$$\text{钳工修配劳动量系数} = \frac{\text{钳工修配工作量}}{\text{机床加工劳动量}}$$

如某一工艺方案中,钳工修配工作量与机床加工劳动量的比值愈小,表示机械化程度愈高。

3. 设备构成比

工艺方案中所需设备的构成比标志着所用设备的特点。设备构成比就是所需设备之间的比例关系。高效和专用设备所占的比重愈大,加工劳动量就会愈小。

4. 工艺装备系数

实现工艺过程所需要的工具、量具、夹具、模具和检具等总称为工艺装备。工艺装备系数表明工艺装备水平,其计算公式如下:

$$\text{工艺装备系数} = \frac{\text{专用工艺装备种数}}{\text{专用零件种数}}$$

工艺装备系数过大,将使工艺准备工作量增大,周期加长,费用增高。如果太小,不能满足生产需要,不能保证质量,影响生产率的提高,因此要合理选择。一般说,产量越大,产品越精密,越复杂,工艺装备系数也越大。

5. 设备的厂房占地面积

工艺方案中所需设备的厂房占地面积,也是新建和改建车间时需要考虑的一个技术经济指标。

6. 工艺的分散与集中程度

反映在一个零件的工序数目的多少,取决于生产批量的大小。在单件小批量生产中,加工零件批量小,设备负荷率高,故工艺的集中程度应大些。

7. 金属消耗量

工艺过程中金属消耗量的大小与毛坯种类关系很大。

在对工艺方案总体分析的基础上，对工艺方案的工艺成本进行计算和评价，从中选择技术上先进、经济上合理的工艺方案。

在进行工艺成本分析这个阶段中，主要采用下列指标来进行方案对比。

1）工艺成本降低额

工艺成本年度降低额可按下式计算：

工艺成本年度降低额 = 对比方案的年度工艺成本 − 新方案的年度工艺成本

工艺成本降低额的多少说明了采用新工艺方案的经济效果。

2）投资节约额

当采用新工艺方案时，将会产生新的投资，这时需计算投资节约额，它等于使用同类工艺方案成本的节约而能回收的期限，计算公式如下：

$$投资回收期 = \frac{新工艺方案追加投资}{年工艺成本降低额}（年）$$

三、工艺成本项目及计算

工艺成本项目主要包括：毛坯与原材料费用、生产工人工资、机床设备的使用费用、设备折旧费、工具的折旧和修理费用、机床调整费、车间经费和企业管理费等方面。

1. 毛坯与原材料费用

如果在所比较的工艺过程方案中，零件的毛坯一样时，则毛坯的成本可以不计入工艺成本中，否则一定要考虑毛坯的成本。在许多情况下，毛坯的成本是合理选择工艺过程方案的决定性因素。

当用型钢做毛坯时，材料费可按型钢材料单价及毛坯重量来计算，除此以外再加5% ~ 10%的、下料费等。当用铸件、冲压件和锻件制造零件时，通常根据工厂有关车间的成本资料，按照复杂程度、重量及材质来确定。

2. 生产工人工资

生产工人工资决定于零件的工时定额、工人的技术等级和工资标准。

生产工人的工资可按下式计算：

$$L_g = g_0 t_1$$

式中：L_g——摊在每个零件上的生产工人工资；

g_0——有关技术等级的工资标准，元/min；

t_1——该工序的单件工时定额，min。

在多机床看管的情况下，按一个工人照管每一台机床所消耗的时间比例，把工资费用分摊到每一台机床上是最正确的方法。但有时则把工资按看管台数分摊。

3. 机床设备的使用费用

机床设备的使用费用由电力费用、机床修理费用和润滑冷却液费用三部分组成。

上述费用仅仅发生于机床工的时间之内。只有使用机床时，才会发生这些费用，所以这些费用都是机床工作时间的函数。

1）电力费用

完成一道工序所需的电力消耗费用，可用下式近似计算：

$$C_d = K_d N t_{pc} \frac{C_{do}}{60} \tag{6-37}$$

式中：C_d——每道工序的电力费用；

K_d——机床电动机的负荷系数，通常取0.5；

N——机床电动机的额定功率，kW；

t_{pc}——每道工序的机动时间，min；

C_{do}——每千瓦小时的电力成本。

对每种工序来说，K_d 的数值都不同，它取决于许多因素。在实践中，K_d 的数值约在0.3～0.7范围内。每类机床的平均值约为0.5。

2）机床修理费用

有修理工作定额的条件下，工序分摊的修理费用可根据修理周期、修理复杂系数、修理劳动量定额、修理费用定额和工序的机动时间计算。修理费用计算公式如下：

$$C_x = \frac{C_{xo} T_x}{60T} R T_{pc} \tag{6-38}$$

式中：C_x——每道工序分摊的修理费用；

C_{xo}——每个修理复杂系数的小时修理费；

T_x——修理周期内每个修理复杂系数的小修、中修和大修劳动工时总和，h；

R——机床的修理复杂系数；

T_{pc}——工序的机动时间；

T——修理周期，h。

其中修理周期 T 是指相邻两次大修理之间的时间间隔，它随设备生产类型、生产条件的不同而不同。

3）润滑和冷却液费用

可根据定额来计算。因在设备使用费中占的比例很小，故可略去不计。

4. 设备折旧费

计算设备的折旧有不同的方法，采用哪一种方法，要看是专用设备还是通用设备。

对于专用机床，单位零件所分摊的折旧费按下式计算：

$$C_x = \frac{A_e}{Q} \tag{6-39}$$

式中：C_x——单位零件的折旧费用；

A_e——机床设备的年度折旧额；

Q——该道工序的年产量。

其中设备年度折旧额 A_e，在生产比较稳定的情况下（如10年以上）可按下列计算：

$$A_e = (1.05 \sim 1.15) \times 0.1 S_e$$

式中：S_e——设备价格或制造费用。

如果专用设备应用在生产不稳定的情况下，即该工序的生产期限只有几年时，考虑到专用设备上主要机件今后的可用性，专用设备年度折旧额应按下列公式计算：

$$A_e = 1.15\alpha(0.6 \sim 0.75) S_e + 1.15(0.4 \sim 0.25)\frac{S_e}{T_e}$$

式中：S_e——设备价格或制造费用；

α——规定的设备折旧率；

T_e——该工序的生产期，年。

对于完成几道工序的通用机床来说，各工序成本中的设备折旧费，应按每道工序的单位时间分摊，计算公式如下：

$$C_{x}=\frac{\alpha S_{e}}{60K\Phi}t \tag{6-40}$$

式中：C_x——某种零件分摊的设备折旧费；

S_e——机床价格(包括地基和安装)；

K——机床利用系数；

Φ——机床全年工作时间总额，h；

t——某种零件的单件时间定额，min。

计算折旧费用应按机床价格表上的价格，再加上运输费用、安装费用和打地基的费用。这些费用为机床价格的5% ~15%，通常取0.15。

5. 工夹具的折旧和修理费用

工夹具(包括刀具、夹具、模具和量具)的折旧和修理费，由于工夹具种类繁多，用途不一，很难用一种通用的方法来精确地计算它们的费用。下面分别介绍刀具、夹具和冲模在工艺成本中的计算方法：

(1)使用刀具的费用

一道工序上使用刀具的成本 C_D 可按下式计算：

$$C_{D}=\frac{S_{K}+n_{n}C_{na}}{T_{\Phi}(n_{n}+1)}t_{p} \tag{6-41}$$

式中：S_K——刀具的原始价值；

n_n——刀具允许的重磨次数；

C_{na}——刀具重磨一次的费用；

T_Φ——两次磨刀之间的耐用度，min；

t_p——工序的机动时间，min。

(2)使用夹具的费用

绝大多数夹具的磨损与工序时间长短无关，而与产量有关。按例行规定，工艺装备的费用应当在两年内分摊到该装备所生产的产品上去。因此，其每年的折旧费为夹具价值的50%，如果夹具年度修理费用额，按其价值的10%计算，则每个零件分摊的专用夹具费可按下式计算：

$$C_{R}=\frac{0.6S_{n}}{Q} \tag{6-42}$$

式中：C_R——每个零件分摊的夹具费用；

S_n——夹具的价值。

对于通用夹具，如卡盘、虎钳等，在使用期限内完成多道工序，折合到一道工序上的使用时间很短，因此比较工艺方案时，通用夹具的使用费可忽略不计。

(3)使用冲模的费用

在生产量很大的情况下，当冲模在比较短的期限内(2 ~3 年)完全磨损时，折合到一道工序(或一个零件)上的冲模使用费用，可按下式计算：

$$C_{m}=\frac{S_{m}+S_{mp}}{(n_{m}+1)P_{m}} \tag{6-43}$$

式中：C_{m}——每道工序上的使用冲模费用；

S_{m}——冲模的成本；

S_{mp}——冲模到完全磨损为止的工作期限中的修理和重磨成本；

n_{m}——冲模两次重磨次数；

P_{m}——冲模两次重磨期间的耐用度（以个数计）。

在单件小批生产时，每道工序使用冲模的费用应按下式计算：

$$C_{\mathrm{m}}=\frac{S_{\mathrm{m}}+S_{\mathrm{mp}}}{t_{\mathrm{m}}Q} \tag{6-44}$$

式中：t_{m}——冲模的制造和修理费用应该分摊的年数，通常取 2 年；

Q——该工序的年产量。

6. 机床调整费

如果工序或工艺过程方案采用加工中心，数控机床，自动机床，应计算机床调整费用。

每个零件分摊的调整费，按下式计算。

$$C_{\mathrm{t}}=\frac{C_{\mathrm{t0}}T_{i}n}{Q} \tag{6-45}$$

式中：C_{t}——每个零件分摊的调整费用；

C_{t0}——机床调整工的工资标准，元/min；

T_{i}——机床每次调整时间，min；

n——年中重新调整的次数。

一般情况下，机床的年度调整费用属于不变费用的范畴。但对于某些刀具的调整费用，如刀具位置精度要求很准确时，这时工序成本中刀具的调整费用，又属于可变费用范畴。折合到每个零件上的调整费用，用下式计算：

$$C_{\mathrm{t}}=\frac{C_{io}T_{\mathrm{t}}}{T_{\Phi}}\cdot t_{\mathrm{pc}} \tag{6-46}$$

式中：T_{t}——刀具每次调整时间，min；

T_{Φ}——刀具耐用度，min；

t_{pc}——工序的机动时间，min。

7. 车间经费和企业管理费

车间经费和企业管理费用属于工序或工艺过程的服务性费用，包括技术人员、管理人员和辅助人员的工资，厂房建筑物的折旧和维修费用，劳动保护费，运输费及其他费用等。只有当采用的工序或工艺过程方案引起这些费用数量发生变化的情况下，这些费用才计入工艺成本。

工艺过程方案与工序的车间经费和企业管理费如何计算，这是一个复杂而困难的问题。比较合理的分配方法，是根据该方案的设备数量占整个车间设备数量的比例进行分摊。因为车间技术和管理人员的数量、生产工人和辅助工人的数量、厂房的面积等，都与设备的数量有关，所以工序的车间经费可按下式计算：

$$C_{\mathrm{e}}=\frac{F_{\mathrm{e}}}{Q_{j}} \tag{6-47}$$

式中：C_{e}——工序的车间经费；

F_{e}——车间经费；

Q_{j}——车间的机床设备数量。

工序的企业管理费可参照上述分摊方法用下式进行近似计算：

$$C_q = \frac{F_q}{\sum Q_j} \tag{6-48}$$

式中：C_q——工序分摊的企业管理费；

F_q——全厂的企业管理费；

$\sum Q_j$——全厂机床设备总数量。

四、工艺方案的技术经济分析方法

工艺方案的技术经济分析，必须在确保制造质量的前提下，全面考虑提高劳动生产率，改善劳动条件和促进生产技术发展。通常对生产纲领较大的主要零件的工艺方案，应通过工艺成本的计算来评定其经济性。而对于一般零件，则可利用各种技术经济指标，对不同方案进行经济论证，选取在该生产条件下最经济合理的方案。

1. 工艺成本比较法

工艺成本比较法就是通过对比两个工艺方案的工艺成本来评定方案的经济性。

设两个工艺方案成本为：

$$C_{m1} = Q \cdot D_1 + B_1$$

$$C_{m2} = Q \cdot D_2 + B_2$$

式中：C_{m1}、C_{m2}——为工艺方案Ⅰ和工艺方案Ⅱ的工艺成本，元/年；

D_1、D_2——为工艺方案Ⅰ和方案Ⅱ工艺成本中单位产品的可变费用，元/年；

B_1、B_2——为工艺方案Ⅰ和方案Ⅱ工艺成本中的不变费用，元/年；

Q——年产量，件/年。

令

$$C_{m1} = C_{m2}$$

则得：

$$Q_0 = \frac{B_2 - B_1}{D_1 - D_2}$$

式中：Q_0——临界产量。

当对比不同工艺方案时，若对比方案的工艺成本相等，此时的生产量 Q_0 称为对比工艺方案的临界产量。

设 $B_1 < B_2$，$D_1 > D_2$，则在此条件下，当实际生产量 Q 小于临界产量 Q_0 时，采用工艺方案Ⅰ较采用工艺方案Ⅱ有利。反之，当实际生产量 Q 大于临界产量 Q_0 时，则采用工艺方案Ⅱ较采用工艺方案Ⅰ有利，故生产量小于 Q_0 时为工艺方案Ⅰ的适用范围，而生产量大于 Q_0 则为工艺方案Ⅱ的适用范围。

2. 线性规划法

在机械工业中，铸造的炉料配比和加工的下料问题，对工艺方案的影响较大，也错综复杂，怎样才能取得较优的工艺方案，从而获得较好的经济效果，对于生产企业来说这是具有实际意义的重要问题。线性规划法是解决这类生产问题的基本数学工具。

1）配料问题

某冶炼厂要生产某种合金，要求此合金中金属 A 不少于23%；金属 B 不多于15%；金属 C 不多于4%；金属 D 要介于35%～65%之间。不允许有其他成分。该厂拟从 6 种不同的矿石中进行冶炼，每种矿石的成分和价格见表6-8。矿石中杂质在加工过程中废弃。要求生产每吨合金成本最低的矿石使用量。

各种矿石的成分与价格表 表6-8

矿石品种	金属A %	金属B %	金属C %	金属D %	杂质 %	费用（元/吨）
1	25	10	10	25	30	23
2	40	0	0	30	30	20
3	20	10	0	30	40	18
4	0	15	5	20	60	10
5	20	20	0	40	20	27
6	8	5	10	17	20	12

求解这类问题时，可设 x_j 为每吨合金所需 j 种矿石（$j=1,2,\cdots,6$）的数量，f为每吨合金所需费用。

依题意，合金生产应该满足以下边界条件：

（1）合金中对金属成分的要求

$$0.25x_1+0.40x_2+0.20x_3+0.20x_5+0.08x_6\geqslant 0.23$$
$$0.10x_1+0.10x_2+0.15x_4+0.20x_5+0.05x_6\leqslant 0.15$$
$$0.10x_1+0.05x_1+0.1x_6\leqslant 0.04$$
$$0.25x_1+0.30x_2+0.30x_3+0.20x_4+0.40x_5+0.17x_6\geqslant 0.35$$
$$0.25x_1+0.30x_2+0.30x_3+0.20x_4+0.40x_5+0.17x_6\leqslant 0.65$$

（2）物料平衡的要求

$$0.70x_1+0.70x_2+0.60x_3+0.40x_4+0.80x_5+0.80x_6=1.00$$

（3）非负要求

$$x_1、x_2、x_3、x_4、x_5、x_6\geqslant 0$$

该问题的目标函数为：$\min f=23x_1+20x_2+18x_3+10x_4+27x_5+12x_6$

2）下料问题

今有7.4m长料，要把它截成（A）2.9m，（B）2.1m，（C）1.5m三种规格的料长，三种料长各需100，100，200根，问最少需用几根长料。

首先考虑有几种截法。例如可用下列截法：

$$7.4=1\times 2.9+0\times 2.1+3\times 1.5$$

即截成一段A料和三段C料，余料为零。现将各种截法列于表6-9中。

各种截法汇总表 表6-9

长料的截取方法	A(2.9m)	B(2.1m)	C(1.5m)	余料长(m)
1	1	0	3	0
2	2	0	1	0.1
3	0	2	2	0.2
4	1	2	0	0.3
5	0	1	3	0.8
6	1	1	1	0.9

设 x_j 表示用第 j 种截法所需长料根数,f 为各种截法的余料之和。

则此问题的线性规划模型可表述为:

$$\min f = 0.1x_2 + 0.2x_3 + 0.3x_4 + 0.8x_5 + 0.9x_6$$

$$\begin{cases} x_1 + 2x_2 + x_4 + x_6 = 100 \\ 2x_2 + 2x_4 + x_5 + x_6 = 100 \\ 3x_1 + x_2 + 2x_3 + 3x_5 + x_6 = 200 \\ x_j \geqslant 0, j = 1, 2, \cdots, 6 \end{cases}$$

第七章　工程机械的使用性能与评价指标

第一节　工程机械的使用性能

工程机械的使用性能是描述工程机械在使用过程中工作质量与工作能力的全部特性及其指标的总和。使用性能是产品技术水平的最终表现,需要在工作运行过程中不断检验和完善。使用性能的优劣是产品能否取得效益的关键。

机械使用性能的发挥取决于两个基本方面:一是产品的技术水平和结构特点;二是使用过程中产品能力的发挥程度与合理利用。

机械的使用是工程技术与组织管理技术综合运用的系统,系统运行的目标是保证机械(机群)获得最大的使用效率、生产率与安全性,花费最少的维护费用,以最少的消耗进行作业准备和发挥机械最大的作业能力。因此,工程机械使用本身是一门复杂的工程技术应用学科,需要运用基础科学和现代应用技术领域的多种知识和方法。

工程机械的使用问题有两个相互关联的基本方面:第一个方面是如何在工程施工中有效使用机械,可称其为机械的生产使用问题;第二个方面是如何有效维护机械的技术状况,可称其为机械的技术使用问题或技术管理问题。

提高机械设备的使用效率是施工企业技术装备管理的基本任务。实现这一任务的途径有两个,即充分利用机械的功率和作业时间。第一个途径的方向是研究和优化单台机械的使用性能,其中包括牵引性能、通过性、工作装置特性和燃料经济性。第二个途径的方向是研究影响生产率的因素和提高生产率的方法,确定机械作业和运输效率的评价指标体系。

生产率和效率理论是确定机械最佳使用工况和合理使用范围的基础。机群优化理论是工程中机械最优配置的理论依据。现代大型机械化作业机群的数量已经发展到了几十台甚至上百台的规模。因此,机群优化理论是现代工程机械使用理论研究的重要方面。

流水作业是现代机械化作业的重要内容。实现流水作业系统最优化管理的理论基础是网络计划技术、线性规划和排队论等数学方法。在流水作业中应用这些数学方法可以最大限度地节省资源,减少机械相互作用时间上的损失和确保施工的工期。

机械使用的实质是对于实现机械使用性能的管理或控制。从系统的观点出发,可以把机械的使用划分为三个既相对独立,又相互关联的组成部分,即过程管理、资源管理和企业组织管理。

工程机械的施工过程(包括作业和运输)管理是最基本的。过程管理的优化准则有两个:一是在给定的资源消耗约束条件下获得最大的生产率;二是在确定的生产率条件下消耗最少的资源。

伴随机械作业过程而发生的是机械的磨损过程。在一定消耗下使机械的磨损速度最小是过程控制的重要方面。然而,无论怎样控制,磨损总是存在的,因而必然会产生元件更换和工作参数的调整及恢复等可修复过程。可修复过程是可靠性理论中研究的问题之一。以上三个过程是紧密相关的。作业过程决定着机械系统的负荷工况和速度工况,从而影响磨损速度;磨损又会引发修复过程,造成一定的消耗和停工。这些都是作业工况优化时应考虑的因素。

磨损和修复涉及摩擦学和可靠性理论。应用系统分析方法可以确定产品设计和制造阶段提高可靠性的设计方法和可靠性水平,以及在使用阶段实现可靠性的控制管理方法。磨损过程决定着机械的寿命,需要通过资源消耗定额来控制,以降低磨损速度。技术保养的基本目的是减少磨损速度,同时,通过技术保养还可调整恢复工作参数,提高机械工作的可靠性。然而,技术保养总会产生与劳动消耗、停工、资源消耗有关的问题,因此,技术保养的周期和工作量应当是最优的。

可以认为,机械的使用是为保障技术、人力和物力的有效利用,实现机械使用性能所进行的管理过程。

工程机械的使用性能表现了产品的质量水平,产品的质量水平在设计阶段确定,在制造阶段实现,在使用阶段发挥和检验。这是产品使用性能的基本特征。

第二节　工程机械质量评价指标

质量是产品满足一定功能要求程度的特性的总和。机械的特性是产品在寿命周期内所表现出的客观品质或特征。各种特性反映了产品特性参数间的相互关系和产品的质量指标水平。

质量评价问题的复杂性在于其综合性的特征。产品质量的评价涉及技术、经济和社会等多个方面。产品质量指标的种类与产品的功能有关。产品的质量水平是一个相对概念,通过与标准样机的相应指标比较来评价。

工程机械产品质量指标主要包括七个方面:性能指标(牵引特性指标、工作装置参数、燃料经济性指标、通过性指标和机动性指标等);技术指标(金属材料容量、制造工时和工艺水平等);人机工程学指标(生理学和心理学指标、人体测量学指标和劳动保护指标等);可靠性指标(可靠度、寿命、维修性和封存性);技术美学指标(新颖性、表现性、和谐性和环境与风格的协调性等);知识产权指标;标准化指标。

不同功能、不同结构和不同应用领域的工程机械具有不同的质量指标。例如,挖掘机的质量指标与混凝土搅拌设备的质量指标就不同。在每一具体工程领域应当用系统分析方法确定相应的质量指标体系。

以铲土运输机械为例,其质量指标体系可通过三个相互关联的部分进行描述:

(1)地面——行走机构——发动机——工作装置——工作介质系统,该系统描述机械实现作业过程的动力和结构特性;

(2)人——机械——工作介质系统,评价操作人员工作的方便性和安全性;

(3)机械——使用条件——使用寿命系统,反映机械在寿命周期中的工作使用情况。在寿命周期中机械不断实现、维持和恢复其性能。

下面以铲土运输机械为例说明工程机械产品的质量指标。

1. 性能指标

性能指标主要包括牵引特性、工作装置参数、通过性和燃料经济性等方面。

牵引特性描述了发动机、传动系和行走机构共同工作时性能指标间的关系,这些关系表示了自行式工程机械实现工作过程中功率的发挥程度。机械的工作速度以及工作装置的运行速度都是重要的性能指标。由于工作阻力的波动，行走系统会发生滑转或变形，所以实际速度一般不等于理论速度。理论速度与实际速度的差别用滑转率表示。铲土运输机械的牵引特性可由三个单项指标表示，即牵引力、工作速度和滑转率。牵引特性的综合指标为牵引功率。借助牵引特性还可确定机械的经济工作范围、牵引效率和牵引力储备等指标。只有在经济工作范围下工作时，机械才能发挥最大的牵引功率和最佳的燃料经济性。牵引力储备表示了在不换挡时机械克服短时间超载的能力，这是影响机械生产率的重要指标。

通过性指标反映机械在工作和转场运输过程中以最小的速度损失运移的能力。通过性指标分为几何指标、承载性指标和牵引性指标三种类型。几何指标主要包括最小离地间隙、最小转弯半径、驶入角、离去角等。承载性由平均接地比压表示。牵引通过性是指工作速度的平稳性和速度损失的大小。

工程机械的作业能力一般用主参数来表示。主参数是表征机械主要作业能力的指标。机械的主参数可能由一个或几个参数组成。如挖掘的主参数为斗容量，推土机的主参数为牵引功率和铲刀的工作参数。铲土运输机械合理使用的基本条件是保证牵引力大于工作阻力。

工程机械的燃料经济性表示机械以最小的单位时间油耗或单位产量油耗完成作业的能力。燃料经济性指标用小时耗油量和单位有效功率耗油量或单位产量耗油量表示。

性能指标的合理选择是提高工程机械作业效率的基础。

2. 人机工程学指标

人机工程特性反映了机械操作的方便性、轻便性和舒适性，以及对于人体测量学指标的适应性。人机工程学指标系统包括心理、生理学指标、人体测量学指标和劳动保护指标。

生理学指标反映了机械与操作人员的体力、动作速度、能量、视力和听力等的适应性。

人的机体能量消耗于维持自身生理活动和生产劳动两个方面。生理活动需要消耗能量用于血液循环、呼吸，使身体保持一定的姿态、感觉外部世界等，为此，每昼夜人体需要消耗约 8 400kJ的能量。在劳动过程中还要消耗附加的能量。如果每小时消耗的能量不超过 256kJ，则为轻度劳动，中等强度劳动的范围为 512kJ/h，中重强度劳动为 768kJ/h，1 024kJ/h 以上则为重体力劳动，1 280kJ/h 以上为超强体力劳动。超负荷工作会降低操作人员的劳动生产率，增加误操作次数和患病次数。据试验，如果把劳动强度从 420kJ/h 增加到 2 100kJ/h，人的劳动生产率大约会降低 3/4，劳动中的误操作会增加 7 倍。生理学特性指标由操作强度系数表示，它是实际工作量与工作量定额之比。

安全性要求操作杆上的操纵力不应超过 20 ~ 60N，踏板操作力不应大于 80 ~ 120N。

心理学指标描述操作人员的工作位置布置状况是否适应人的各种习惯以及感受和处理各种信息的方便性，如操作人员的视觉范围等。操作区的空间结构由三部分组成，即操作人员安置区、感觉区和操作动作区。

人体测量学指标反映了工作位置与人体尺寸、体形和人体重量的适应性。试验表明，操作人员工作能力水平与操作机构布置的依赖关系不低于 15%。动作范围的确定在于使操作机构的布置与人体测量学参数和生物力学参数相适应。其基本问题是尽量减少操作动作的次数。为此，必须把操作装置布置于舒适的范围，使操作者在工作时保持合理的姿势并尽量不改变操作姿势和消耗最少的能量。

3. 劳动保护指标

劳动保护指标表示噪声、振动、照明、温度、湿度、空气清洁度和有害物含量等方面的特性。工程机械本身包含了空气动力学噪声源和结构噪声源。空气动力学噪声由发动机的配气系统和冷却系统产生,结构噪声是由于结构件、传动系、防护罩等的振动造成的。噪声的限定范围为85dB。机械振动和由此引起的人体的振动会使人的工作能力下降并影响人的健康。2Hz以下的振动会使人晕船,人体固有频率的振动最危险(4~8Hz)。11~45Hz的振动会使人的机体内部产生一系列的失调。机械的振动经驾驶室地板、操作杆、踏板、座椅作用于操作人员。振动强度用振动加速度表示。标准规定了1~90Hz范围内与舒适性、劳动生产率和安全健康条件相对应的振动加速度的数值。对于4~8Hz的垂直振动加速度的规定为:健康安全条件下为63cm/s²;舒适条件下为10cm/s²。驾驶室内的温度不应超过室外温度2~3℃,当湿度为40%~60%时,室温应为14~28℃,当温度为60%~80%时,室温不应超过26℃。

驾驶室通风装置的供气量应该可以调节,保证室温为22℃时操作者胸前的风速不超过0.5m/s,驾驶室内表面温度(除玻璃表面外)不应超过35℃。

空气中有害物的含量有规定标准,其中各种含量的界限值为,灰尘10mg/m³,碳氧化物≤20mg/m³,燃气≤100mg/m³。

4.技术美学指标

技术美学指标表达了机械结构技术与艺术的结合满足人的生理、心理和审美需要方面的使用性能。到目前为止,对这一使用性能的研究还甚少。但可以预见,这一使用特性将影响机械操作人员的劳动效率和产品的竞争性。技术美学的基本要素为:对称、调和、对比、比例、形态和色彩。合理的色彩是:可以减少视觉疲劳,缩短眼的色觉适应时间,避免阳光下涂料的反光。

劳动安全性是指机械在运输、作业、维护过程中预防事故的使用特性。如果不满足这些指标的规定值就会发生事故。劳动安全指标可分为两组,一组是主动安全指标,另一组是被动安全指标。防倾翻等稳定性指标为主动安全指标。主动安全指标还包括声、光信号警报装置,这些在作业时是非常必要的。被动安全指标包括:驾驶室和防护架刚度、安全带设置以及操作装置的安全标志等。

环保性由机械作业和维护中对环境污染程度的限制要求描述。这一特性由两组指标组成:第一组指标表示由废气、废油及工作液体对土壤、空气和水源造成的污染以及工作废弃物的污染;第二组指标为机械设备噪声对外部环境污染的限制指标。

第三节　工程机械技术经济评价指标

一、技术经济评价指标体系的分级

工程机械的技术经济效果决定于其使用性能在具体使用条件下的发挥程度,并由技术经济效益评价指标体系评价。为了能够从不同方面、不同范围和用不同的方式评价工程机械的技术经济性能,应当对评价指标体系进行适当的分级。对评价指标体系的基本要求是:

(1)分项指标应与总指标之间具有合理的逻辑关系。

(2)分项指标应能反映产品在能源、材料、劳动和资金等资源节省方面的程度。

(3)分项指标应能反映产品的技术水平和竞争能力。

(4)分项指标应能从产品设计制造和生产使用两个方面评价产品。

技术经济效益指标体系按照其结构分为五级,各级指标相互关联,是具有一定逻辑关系的整体。

1. 第一级指标

第一级指标称作单位产量折算费用,位于评价指标体系的最高一级,是产品技术经济效益的总体评价指标。总体指标可用于评价样机的效率、机群运用方法以及机械化方案比较与选择等。单位折算费用 C_y 的计算式如下:

$$C_y = C_e + E_H \cdot K_y \tag{7-1}$$

式中:C_e——机械的单位产量费用,元/m^3,元/t 等;

K_y——单位产量投资系数,元/m^3,元/t 等;

E_H——投资效果系数(投资回收期的倒数),E_H 可取 0.15。

机械技术经济效益优化的准则是 C_y(或 C_e)→min。

2. 第二级指标

第二级评价指标为单位指标,包括 C_e、K_y、g_T(单位产量油耗或能耗)和 H_T(单位产量劳动量)等。单位指标的相应计算式如下:

$$C_e = C_h / Q_s \tag{7-2}$$

式中:C_h——机械的小时费用,元/h;

Q_s——机械的小时生产率,m^3/h,t/h 等。

$$K_y = C_o / (Q_s \cdot t_n) \tag{7-3}$$

式中:C_o——机械购置费,元;

t_n——机械年工作时间,h。

$$g_T = \sum G_T / Q_s \tag{7-4}$$

式中:$\sum G_T$——机械每小时总油耗或能量消耗,kg/h,kW · h/h。

$$H_T = (P_g + P_{fg}) / Q_s \tag{7-5}$$

式中:P_g——操作人员数量;

P_{fg}——辅助工人数量。

单位指标可用于评价生产劳动的组织方法和水平,以及机械化施工方案的比较和选择。

3. 第三级指标

第三级指标为综合指标,主要有小时费用 C_h,使用生产率 Q 和购置费 C_o 等。这些指标反映了机械的生产效率和生产耗费,可用于同类型机械的比较、机械产量定额、机组的协调、工作时间的计划和机械使用组成费用的对比等方面。

小时费用 C_h 可按下式计算:

$$C_h = \frac{C_o \cdot A}{t_n} + \frac{C_m + C_z}{t_b} + C_p + C_b + C_N + C_r + C_g \tag{7-6}$$

式中:A——机械的年折旧、大修费率,%;

C_m——运输装卸费,元;

t_b——作业段机械工作时间,h;

C_z——机械在作业段的转场费,元;

C_p——日常维护费,元/h;

C_b——备件、轮胎更换费,元/h;

C_N——能源消耗费,元/h;

C_r——润滑材料、工作液体消耗费,元/h;

C_g——工人工资，元/h。

4.第四级指标

第四级指标为单项指标，单项指标与具体机械的关系较大。以挖掘机为例，单项指标包括作业循环时间 T_x、铲斗充满系数 K_H，土壤松散系数 K_s，小时耗油量 G_T，各种小时费用，如 C_P、C_N、C_b 等。这些指标表示了机械某方面的费用消耗，以及工作装置的某种工作条件。

第四级单项指标主要用于评价施工图、工艺方案的局部效率，合理工作量，评价操作人员的技术水平和资源的节约情况。

5.第五级指标

第五级指标是指标体系中最后一级单项指标。这些指标有很多，例如牵引参数（牵引力、工作速度、滑转率和附着系数等），土的物理机械特性参数和作业参数（作业面有关参数）等。第五级评价指标可以用于机械个别参数及工况的合理选择，检验工作参数与作业条件的适应性等方面。

第四和第五级指标可以用来解决许多实际问题。例如，为了掌握某一参数对工作效果的影响，可以假定其他参数不变，从而使问题大大简化。

由以上关系可以看出，当由指标的最高级向最低级转化时，指标越来越具体化，可以计算机械的特性和使用特性；如果由最低级指标向最高级指标转化，指标越来越综合化，可用来计算机械的经济效果。各级指标的关系如图 7-1 所示。图中虚线表示指标间的间接关系，最低一级指标 P_K、v、δ 分别表示牵引力、速度、滑转率以及土壤物理机械特性和施工工艺等方面的参数。图 7-1 反映了各级指标的综合程度和相互之间的逻辑关系，说明评价指标体系是一个有机的统一体系。

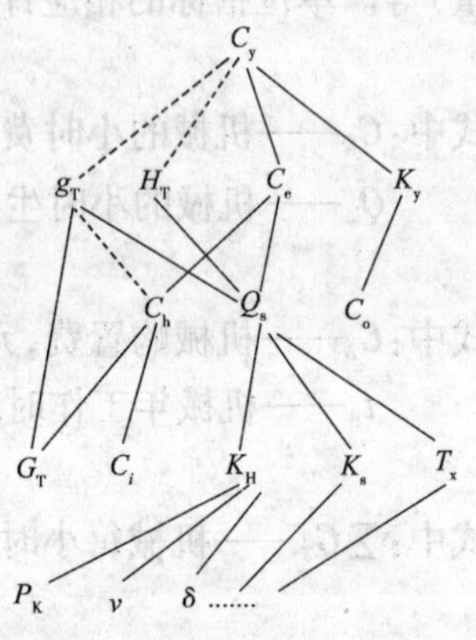

图 7-1 各级评价指标的关系

二、技术经济评价指标的统计模型

为了评价新产品的技术经济性能，需要通过统计的方法，对现有产品的技术经济参数进行回归分析，从而获得评价新产品性能的依据或制定产品的开发目标。为此需要建立产品评价指标体系的统计分析模型。这一统计分析模型应能反映产品自身的技术经济水平，并具有合理的逻辑结构。为此，对技术经济评价指标统计模型可做如下表述：

$$C_y = b_0 + b_1 N_e + b_2 M_e + b_3 n_{pe} \tag{7-7}$$

式中：N_e——产品的能容量；

M_e——产品的金属容量；

n_{pe}——产品的单位生产人员数量；

b_0、b_1、b_2、b_3——有关待定系数。

该模型反映了总体指标 C_y 与产品单位能量消耗、金属材料消耗以及劳动力消耗之间的关系，较全面地反映了产品自身的技术经济水平。下面详细说明分项指标的计算方法和含义。

1）单位能容量 N_e

$$N_e = \frac{N}{Q} \tag{7-8}$$

式中：N——机械的总功率；

Q——机械的生产率。

单位能容量表示产品发挥单位生产率所需消耗的能量，指标数值越小，说明产品的技术经济水平越高，即从单位能量消耗方面反映了产品的质量水平。

2）单位金属容量 M_e

$$M_e = \frac{M}{Q} \tag{7-9}$$

式中：M——机械的总金属质量。

单位金属容量表示产品发挥单位生产率所需消耗的金属材料的多少，指标数值越小，说明产品的技术经济水平越高，即从单位金属材料消耗方面反映了产品的质量水平。

3）单位生产率人数 n_{pe}

$$n_{pe} = \frac{n_p}{Q} \tag{7-10}$$

式中：n_p——机械的操作和辅助工作人员总数。

单位生产人数指标表示产品发挥单位生产率所需要的劳动力。指标数值越小，说明产品发挥单位生产率所需的人员数量较少，即产品的技术经济水平较高。这一指标从单位劳动力消耗方面反映了产品的质量水平。

指标 N_e，M_e 和 n_{pe} 分别表示产品在能源、材料和人力方面的节约水平。

第四节　工程机械的生产率分析

一、机械生产率的形式

机械的生产率是指机械在单位时间（小时、台班、月和年）内所生产的，以实物量（m^2，m^3，t 等）测量的产品数量。

生产率可以通过计算确定（计算生产率）或通过统计数据确定（实际生产率）。根据计算考虑的范围不同，生产率分为三种形式，即理论（或结构）生产率、技术生产率和使用生产率。

理论生产率是指机械充分利用发动机功率的条件下，每小时连续作业时所能产生的最大生产率，即计算时不考虑任何可能的停机和能量损失，以及作业条件的影响，并且认为操作者具有熟练的技术。理论生产率是机械结构本身所具有的工作能力，可用于设计阶段不同方案的比较。

技术生产率是在考虑作业条件和作业对象特点时机械连续工作的最大生产率。计算技术生产率时所考虑的作业条件包括：机械有效功率和工作速度的损失，材料的密实和松散状况，工作装置的利用程度等。不同的机械有不同的作业条件。以挖掘机为例，需要考虑土的类型和状况（确定铲斗的充满程度），作业面的大小（影响循环工作时间）等。

技术生产率计算的特点是没有考虑作业时机械可能发生的各种作业中断时间所产生的损失。技术生产率可用于评价机械在具体作业条件下的生产能力和工作效率，研究合理的机械化作业工艺方案，确定机群的合理配置问题，发掘机械的使用潜力等。用技术生产率还可比较同类型机械的使用性能，评价操作人员的技术水平。

循环作业式机械的技术生产率的一般形式为：

$$Q_t = \frac{3\ 600q}{T_x} \cdot k_g \tag{7-11}$$

式中：q——循环工作量，m^3，t 等；

T_x——工作循环时间，s；

k_g——作业条件系数。

例如，挖掘机和装载机技术生产率的公式为：

$$Q_t = \frac{3\ 600q}{T_x} \cdot \frac{k_H}{k_s} \tag{7-12}$$

式中：q——铲斗容量，m^3；

k_H——铲斗充满系数；

k_s——土的松散系数。

使用生产率是指考虑了各种可能的作业中断时间损失后的生产率。这些可能的中断时间包括施工组织方面的、技术方面的、气象方面的，以及不可预见的工作中断时间等。

确定台班使用生产率时可应用技术生产率转换系数 k_t，且

$$k_t = \frac{t_c}{t_T} = \frac{t_T - \sum t_z}{t_T} \tag{7-13}$$

式中：t_c——台班内机械的纯工作时间；

t_T——台班制度工作时间；

$\sum t_z$——台班内各种可能的作业中断时间之和。

由此可以得出使用生产率 Q_S 的一般表达式：

$$Q_S = Q_t \cdot k_t \tag{7-14}$$

相应的台班使用生产率为：

$$Q_{ST} = Q_t \cdot k_t \cdot t_T \tag{7-15}$$

使用生产率最接近实际生产率数值，是制定产量定额的基础，由此可评价实际生产率的完成情况和机械能力的发挥程度。

二、影响机械生产率发挥的因素

在使用条件下，除机械本身的质量因素外影响生产率的因素还包括作业、气象、组织和工艺等方面的变化因素。

作业与气象因素包括：工程构造物的类型、作业对象种类、当地地貌、环境温度、空气净化程度（含尘量）和土的含水量等。

组织工艺因素包括：燃油材料及水的供给、作业轮班数量、作业面和运输保障条件、先进施工工艺的推广应用和技术经济方法的应用等。

随着社会经济的发展，社会因素对生产率的影响也很大，如物质和精神方面的激励、合理的劳动强度和制度以及劳动的物质文化条件等。

在使用阶段，提高机械生产率的途径有两个基本方向。第一个方向是充分发掘机械的技术潜力，第二个方向是完善机械和机群的技术状况。

发挥机械潜力的内容包括：提高机械的时间利用效率，即尽量减少作业中断时间损失（特别是在机群作业中）；改善施工组织，推广先进作业方法；提高功率和工作装置的利用程度；劳动者的激励机制（提高劳动技能及文化水平，加强劳动纪律，协调各方的劳动协作）；完善经济制度和管理方法（经济核算制，按劳动成果付酬，租赁制等）。

提高机械时间利用效率的途径包括：完善机械使用的组织（遵守作业和转场工艺图，及时准备好作业面，做好物资保障）；强化作业过程（减少循环工作时间，控制自动化）。

用适合的施工工艺保证机械的功率负荷（正确选择机械与合理的使用范围相适应）。

通过提高施工组织水平，做好施工准备可以在不增加额外投资的情况下使生产率提高15%～20%。施工组织水平用台班内作业中断时间评价。以下形式的组织和技术中断在台班作业中断中占有最重要的位置（按减少的顺序）：缺少作业面；机械故障；运输不及时；缺少材料；违反劳动纪律。

第二个方向的内容包括：使机械设备现代化（提高台班作业机械设备的配套性，选用适合的工作装置及辅助设备）；及时更新超期服务机械设备；推广新机械及机械化工具的应用（强化人力和资源的节省）。

使用磨损机械设备会增加维护时间，大大增加维护费用，从而导致停工时间增加，台班生产率降低。磨损机械的投资效益也很低。

在评价提高生产率的方法时，应重视以计算机技术为基础的先进计划调节技术的应用。

通过生产率计算公式的分析可以寻求提高单个机械在具体使用条件下提高其生产率的途径。例如，由挖掘机生产率计算公式可知，可以通过增大铲斗充满系数 k_H，提高转换系数（台班时间利用率）和降低工作循环时间来提高生产率。

提高铲斗充满系数的方法是：选择合适的铲斗容量（如对比重较小的土选用较大容量的铲斗）；应用合理的挖掘方法；使挖掘机的规格型号与作业面参数相适应等。

缩短工作循环时间的方法有：合并挖掘工序（液压挖掘机的工序合并系数为0.65～0.8）；减小挖掘动臂的回转角（从90°减至70°，可使循环时间缩短8%～10%），对坚硬土的挖掘进行预先疏松处理，从而减轻挖掘负荷。

为提高挖掘机台班时间利用率，除上述一般因素外，还取决于工作场所的组织和工作节奏、作业面类型、挖掘机工艺图、挖掘机沿作业面的移动路线、运输车辆的连续工作，以及工作装置与施工工艺的适应程度。例如，对于工作量小，作业种类多的工作，选用多功能作业机械。

三、工程机械作业的时间资源

工程中机械的状态由三种时间段描述：

（1）完成基本作业和辅助作业时间（生产作业、沿作业面移动，由一工地向另一工地转移和搬迁）。

（2）作业准备时间。

（3）由于某种原因而产生的停机时间。

了解工作的状态是制定机械工作计划的基础。表7-1是某挖掘机台班工作时间的实际分配情况。可以看到，台班时间包括因组织和气象原造成的停工时间（计划外停工），此时机械和人员均不工作。从台班时间中扣除这些停工时间，即可得到机械在台班内的有效工作时间 t_g：

某挖掘机台班工作时间分配情况 表 7-1

台班时间组成	符　号	占用时间(min)
台班制度时间	t_T	480
组织原因停工时间		44
其中:无作业面	t_{zz}	34
技术准备不及时		10
气象原因造成的停工时间	t_{QX}	5
台班有效工作时间	t_g	432
结构技术原因(计划外故障排除)	t_{jg}''	15
结构技术休息时间		66
其中:准备、燃油供给、换班	t_{jg}'	12
和台班日常保养		54
操作人员劳动组织休息时间		63
其中:接受任务、熟悉施工图		8
形成作业程序、台班记录	t_{xx}	6
休息、个人事务		49
工艺休息时间(与机械无关)	t_{gg}	15
其中:清除铲斗残留土		
机械工作时间	t_j	273
机械有关的工艺休息时间		37
其中:作业面移动	t_{fz}	16
作业面转换		21
机械纯工作时间	t_c	236

$$t_g = t_T - (t_{zz} + t_{QX}) \tag{7-16}$$

式中:t_{zz}——由于组织原因而造成的停工时间;

t_{QX}——由于气象原因而造成的停工时间。

台班时间的利用程度可用时间利用系数 k_g 表示,且:

$$k_g = \frac{t_g}{t_T} \tag{7-17}$$

从有效工作时间中扣除由于机械技术和操作人员劳动调整,休息产生的非工作时间 t_{jg} 和 t_{xx}、工艺性停工时间 t_{gg}(与机械无关),则机械的工作时间 t_j 为:

$$t_j = t_g - (t_{jg} + t_{xx} + t_{gg}) \tag{7-18}$$

机械在时间 t_j 中完成基本的和辅助的作业,此时的台班时间利用系数为:

$$k_{tj} = t_j / t_T \tag{7-19}$$

如果从上述时间扣除机械的辅助作业时间（如沿作业面转移时间）t_{fz}，则可得到机械的纯工作时间：

$$t_c = t_j - t_{fz} \tag{7-20}$$

从而可确定技术生产率和使用生产率之间的转换系数，即：

$$k_t = t_c / t_T \tag{7-21}$$

由表中可以得到相应挖掘机的系数 k_s、k_{tj}、k_t 分别为 0.9、0.57 和 0.49。

第八章　工程机械使用中的技术经济分析

第一节　工程机械的合理使用范围

工程机械的合理使用范围，是指在经济、合理地运用机械的条件下其作业条件参数的变化区域。在此区域内工作，与其他机械相比较，该机械具有最大的经济效益。合理使用范围是选择机械的基本理论依据。

机械的作业条件参数应当易于确定和量化。以挖掘机为例，其作业条件参数可用实物作业量和转场距离表示。对于铲土运输机械则可选用运输距离、滚动阻力系数和实物作业量作为其作业条件参数。

工程机械合理使用范围的确定以单位折算费用的比较计算为依据。由于单位产量费用是单位折算费用的主要组成部分，所以为简化计算，常用单位产量费用指标作为确定机械合理使用范围的计算依据。在作业条件参数变化区域的边界上，相比较的机械具有相等的单位折算费用，即在这种条件下选择相比较的机械的任何一个所获得的生产效益是相同的。这就是确定工程机械合理使用范围的方法基础和理论依据。

现以不同规格的装载机为例说明确定机械合理使用范围的方法。为简化计算，以单位产量费用最小作为优化准则。设作业条件参数为实物作业量 V 和转场距离 L_n，则装载机的小时作业成本可按下式计算：

$$C_{\mathrm{h}} = C_{\mathrm{h0}} + \frac{C_{\mathrm{bq}}}{t_{\mathrm{zy}}} \tag{8-1}$$

式中：C_{h0}——除转场费以外的小时作业费用；

C_{bq}——转场搬迁费；

t_{zy}——在一个工地上的作业时间。

其中：

$$t_{\mathrm{zy}} = V/Q_{\mathrm{s}} \tag{8-2}$$

$$C_{\mathrm{bq}} = C_{\mathrm{zx}} + C_{\mathrm{ys}} \tag{8-3}$$

式中：Q_{s}——装载机小时生产率；

C_{zx}——搬迁时的装卸费用；

C_{ys}——转场时每公里运输费。

轮式装载机可自行转场，无需搬迁装卸费。把式(8-2)、(8-3)代入式(8-1)，可得装载机的小时作业成本计算式为：

$$C_{\mathrm{h}} = C_{\mathrm{h0}} + \frac{C_{\mathrm{ys}} L_{\mathrm{n}} Q_{\mathrm{s}}}{V} \tag{8-4}$$

于是装载机的单位产量费用为：

$$C_{\mathrm{e}} = \frac{C_{\mathrm{h}}}{Q_{\mathrm{s}}} = \frac{C_{\mathrm{h0}}}{Q_{\mathrm{s}}} + \frac{C_{\mathrm{ys}} L_{\mathrm{n}}}{V} \tag{8-5}$$

设 i 表示第 i 种规格的装载机，$i=1,2,\cdots$。为确定机械的合理使用范围，使相比较的装载

机的单位产量费用相等,即:

$$C_{e}^{i}=C_{e}^{i+1} \tag{8-6}$$

及

$$\frac{C_{h0}^{i}}{Q_{s}^{i}}+\frac{C_{ys}^{i}L_{n}}{V}=\frac{C_{h0}^{i+1}}{Q_{s}^{i+1}}+\frac{C_{ys}^{i+1}L_{n}}{V} \tag{8-7}$$

由上式可求得合理使用范围边界,即 V—L_n 关系曲线:

$$V=\frac{C_{ys}^{i+1}-C_{ys}^{i}}{\frac{C_{h0}^{i}}{Q_{s}^{i}}-\frac{C_{h0}^{i+1}}{Q_{s}^{i+1}}}L_{n} \tag{8-8}$$

参考有关的数据,五种规格装载机的合理使用范围如图 8-1 所示。图中 A 区为 0.5t 装载机的合理使用范围;B 区为 2t 装载机的合理使用范围;C 区为 3t 装载机的合理使用范围;D 区为 4t 装载机的合理使用范围;E 区为 10t 装载机的合理使用范围。相邻两区域间的直线即为相对应的两种规格装载机合理使用范围的边界。由图中可知,如果工程量 $V=150\text{m}^3$,$L_n=$ 20km,则合理的机械应为 3t 装载机,即在此条件下选用 3t 装载机可获得最佳的经济效益;若 L_n 不变,则工程量越大,选用大规格的装载机越有利,这是因为大型装载机具有较低的单位产量费用;当工程量 V 不变时,转场距离越远,选用较小型机械越有利,这是因为小型机械需要较少的搬迁费。

由于机械的种类规格繁多,作业条件复杂,因此,机械合理使用范围的边界可能是曲线型,相互之间还可能会形成一定的交叉。例如,铲土运输机械合理使用范围的边界就较复杂。其原因主要是机种差别较大。如推土机、各种铲运机和挖掘机与自卸车机组的合理使用范围的边界就是直线与曲线的结合。

图 8-2 是按同样原理确定的某类履带式推土机的合理使用范围。图中 A 区是牵引力等级为 20kN 的推土机合理使用范围;B 区的牵引力等级为 30kN;C 区的牵引力等级为 150kN;D 区的牵引力等级为 250kN。由图可看出,推土机的合理使用范围的边界一般为曲线。

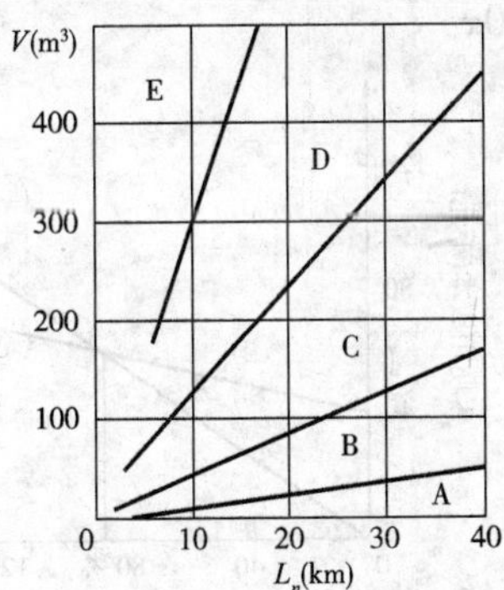

图 8-1 装载机合理使用范围

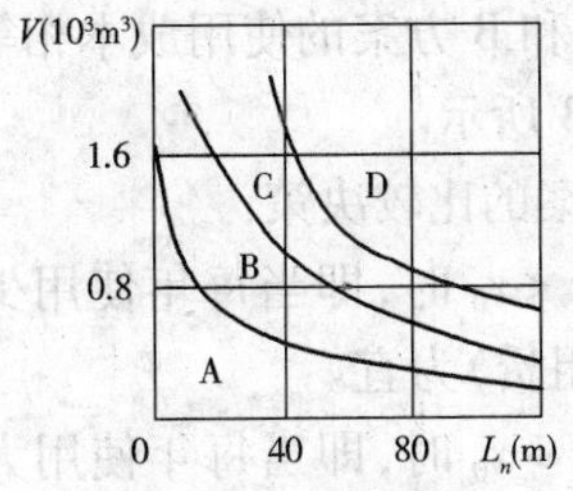

图 8-2 推土机合理使用范围

第二节 机械投资方案的技术经济分析

随着公路施工机械化水平的逐步提高,施工中采用机械的种类和数量将越来越多,机械使用费占工程总投资的比重也将越来越大。如何提高机械使用的经济效益,将成为降低整个工程造价的重要途径之一,提高施工机械使用的经济效益,其关键环节之一就是要对机械的投资过程进行有效的事前控制。投资决策的事前控制效果如何,在一定程度上决定着投资后机械设备整个寿命周期内使用的经济效益。因此，一个机械化施工队，如何正确地进行投资决策分析，除需要认真考虑技术上的先进性以及设备之间的配套之外，还应从使用成本的角度着重评价投资方案在经济上的合理性。

一、自购与租赁方案经济分析与决策

施工中需用的机械设备，既可以自行购置，也可以租赁。一般来说，对设备利用率较高且长期使用的机械，采取自购方案具有成本低和使用方便等优点，特别对初始投资较大的设备，其经济效益更加明显，而对于某些利用率偏低且初始投资比较大的设备，采用租赁方案，在经济上往往优于自购，因为自购所造成的有形和无形磨损值可能大大超过眼前需给付的机械租赁费。由此可见，采用何种方案在经济上合理与设备的利用率有着密切联系。

如某公司施工中长期需用某种汽车吊车一台，有两种选择方案。

A 方案：向外单位租赁，租金按天计算，每天需付租金 420 元，每使用一个台班运行费 160 元，租赁平均每天使用 0.8 个台班；

B 方案：自行购置吊车，购价 280 000 元，可使用 15 年，使用年限终了可回收残值为 15 000 元，预计每台班运行费 240 元（包括除折旧以外所有费用）。若从经济性上考虑到底是自购，还是租赁方案为宜？（设利息为 12%）

设年使用台班为 x，A(x) 表示租赁方案的年使用成本，自购方案年使用成本为 B(x)。则两种方案的年使用成本为：

$A(x)=(420\div 0.8+160)x=685x$

$B(x)=(280\,000-15\,000)\times(A/P,12\%,15)+15\,000\times 12\%+240x$

$=265\,000\times 0.146\,82+1\,800+240x$

$=40\,707+240x$

令 A(x) = B(x)，得：

$$685\,x=40\,707+240x$$

即得
$$x_0=91(\text{台班})$$

x_0 为 A 方案和 B 方案的使用成本相等时的年使用台班数。如图 8-3 所示。

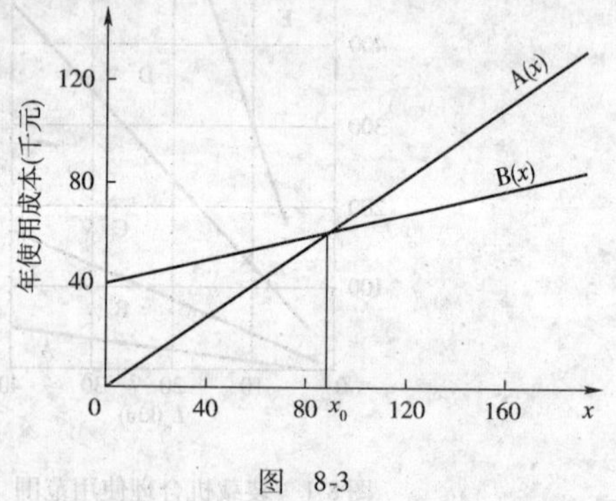

图 8-3

两种方案的比较决策：

(1) 当 $x<x_0$ 时，即当每年使用少于 91 台班时，选择 A 方案（租赁）为宜。

(2) 当 $x>x_0$ 时，即当每年使用大于 91 台班时，选择 B 方案（自购）为宜。

二、不同工作能力设备的经济分析与决策

有 A、B 两种装载机，数据如表 8-1 所示。由表中可知，两种机械具有不同的台班产量和不同的购买价格，问在何种情况下选用何种装载机为宜？

设年工程量为 Q，A 机年使用成本为 A(Q)，B 机年使用成本为 B(Q)，则依题意得

$A(Q)=(100\,000-7\,000)(A/P12\%,15)+7\,000\times 12\%+120\times(Q\div 840)$

$=93\,000\times 0.146\,82+840+0.143\,6Q$

$=14\,494+0.143Q$

装载机相关数据表 表 8-1

型号	购入价（元）	运行费用（元/台班）	使用寿命（年）	台班产量（t）	残值（元）
A	100 000	120	15	840	7 000
B	140 000	140	15	1 260	10 000

$$B(Q)=(140\ 000-10\ 000)(A/P,12\%,15)+10\ 000\times 12\%+140\times(Q\div 1\ 260)$$
$$=130\ 000\times 0.146\ 82+1\ 200+0.111Q$$

令 $A(Q)=B(Q)$，得 A 机和 B 机年使用成本取得平衡时的 Q。为

$$14\ 494+0.143Q=20\ 286+0.111Q$$

故
$$Q_0=181\ 000(\mathrm{t})$$

由此可作出如下决策：

(1) 当 $Q<Q_0$ 时，即当年工程量小于 181 000t 时，选择 A 型号装载机为宜。

(2) 当 $Q>Q_0$ 时，即当年工程量大于 181 000t 时，选择 B 型号装载机为宜。

三、专用设备的经济分析与决策

在工程施工中，有时为了实现短时期作业或为了完成特定任务，需要一些专用或额外的机械设备。如果购买新的设备，使用周期显得太短，在某项工程结束后往往要闲置多年，严重影响在整个寿命周期内的利用率。若采用租赁方式取得设备，使用周期又显得太长，经济上也不合理。在这种情况下，如果采取购买性能良好的旧设备（或新设备），而在任务结束时将其出售，经济上往往比较合算。

如某公司承建几座桥梁工程，工期共计为 4 年，预计该工程完工 6 年后，还需要再完成与现工期相同的建桥工程。建桥中，需某种型号钻机一台，有三种方案可供选择：

方案 A：购新钻机一台，购价 200 000 元，使用 4 年后，停放 6 年再继续使用，14 年后售价 10 000 元，年运行费 30 000 元。

方案 B：购买性能良好的旧机一台，购价 80 000 元，使用 4 年后售价 10 000 元，年运行费 35 000 元，完工后即卖掉，第二次需要时再按照同样方法购买（设两次的各种经费开支相同）。

方案 C：向外单位租赁，每年租赁费 50 000 元，年运行费 25 000 元。

问应选择何种方案为宜？

用现值法分析三种方案的优劣。三种可供选择方案使用成本的总现值计算如下：

$$\text{总现值}(A)=200\ 000-10\ 000(P/F,12\%,14)+30\ 000(P/A,12\%,4)\times[1+(P/F,12\%,10)]$$
$$=200\ 000-10\ 000\times 0.204\ 62+30\ 000\times 3.037\ 3\times(1+0.321\ 97)$$
$$=318\ 410(\text{元})$$

$$\text{总现值}(B)=[80\ 000-10\ 000(P/F,12\%,4)+35\ 000(P/A,12\%,4)]\times[1+(P/F,12\%,10)]$$
$$=(80\ 000-10\ 000\times 0.635\ 52+35\ 000\times 3.037\ 3)\times(1+0.321\ 97)$$
$$=237\ 888(\text{元})$$

$$\text{总现值}(C)=[(50\ 000+25\ 000)(P/A,12\%,4)]\times[1+(P/F,12\%,10)]$$
$$=75\ 000\times 3.037\ 3\times(1+0.321\ 97)$$
$$=301\ 140(\text{元})$$

由计算结果可见，B 方案比 A 方案的总现值节约 80 522，比 C 方案总现值节约 63 253 元，故购置良好的旧钻机比新购与租赁钻机合算，该公司应选择 B 方案为宜。

决策涉及企业外部环境、内部条件以及决策者的决策能力等多种因素。因此，要真正搞好机械投资方案的经济分析与决策，还需注意以下几个问题：

(1)我国一般施工企业自备的机械设备利用率的下限大约在50%～60%，在技术使用周期内，平均利用率低于这个指标的，一般来说是很不经济的。利用率低的机械，要靠租赁来解决。在国外，如美国建筑业租用机械从六十年代30%上升到七十年代66%。

(2)施工企业要完全从过去以完成指令性施工任务为主的施工生产型转向以经济效益为主的自负盈亏的生产经营型，促使其加强企业自身的经营管理。

(3)要解决施工单位多余设备的调剂和交易问题，以便使长期闲置的设备得到充分利用。

(4)各级决策人员要树立科学决策观念，要具有丰富的理论基础，较高的企业管理水平和一定的实践经验。

第三节　土方运输的技术经济分析

随着现代工程的日益发展和施工规模的不断扩大，合理地选用土方运输装备对于施工企业来说是一项十分重要的问题。对承包施工的单位而言，如何能在满足生产需要的前提下，选用适当的设备，并能在快速完成任务的同时，将施工成本降到最低，其任务是十分艰巨的。

土方运输工作的获利程度，依赖于对现有设备的合理应用；其利润大小，通常取决于对承包工程所做估算的准确程度。而这种估算，是根据土方运输工作的效率和它的相关成本的简单计算得出的。

下面主要介绍，在计算不同机械的生产率及其相应的作业成本时，所应用的土方运输工作的基本原则。只有掌握了这些基本原则，才能正确分析土方运输工程中的各种主要影响因素，以保证合理地选择和运用各种装备，从而最大限度地提高工程效率。

一、土方运输机械的工作条件和生产率

为了提高运土效率，就必须具备许多不同规格和种类的机械。例如敞斗式推压装载铲运机、升运式和双发动机式铲运机等。在某种条件下，从顶部装载的机具效率会更高。这表明，根据不同的运土条件，配备不同型号的机械装备具有十分重要的意义。诚然，面对昂贵的重型设备，要从中选取合理的机种和机型，不是一件轻而易举的事，同样，对现有的机具，正确合理地运用它的工作性能也是比较困难的。

由此可见，对所承包工程的工作条件、材料性质作全面调查是十分必要的。土方运输机械的主要工作条件包括以下方面：材料总体积和类型；可装载性及重量；运输距离；运输道路的特性；所需辅助装置等。在确定完成工程所需时间的同时也要认真考虑影响土方施工的一些外界因素，如海拔高度、气候、温度及湿度等。只有这样，才能对每台机具的生产效率作出正确的估算。

正确计算运土装备的生产率，需要了解生产率计算的两种不同表达形式中的相关参数，如容量和时间，运载量和作业周期。

生产率计算的基本表达式为：

$$生产率 = 材料运载量 \times 每小时周期数$$

为求得材料运载量，需要考虑材料的重量和机具容量的关系。为确定一小时能完成的周期数，需要考虑周期需时和效率小时。

二、材料体积和重量的换算方法

材料可用原堆积立方米数(简称 BCM),松散立方米数(简称 LCM)来计量。BCM 和 LCM 之间的差别很重要,因为多种材料从原来状态移动后,材料的体积变化很大,例如自然状态(原堆积)的一立方米湿黏土,当装载到铲运机或装载机铲斗时,其体积将膨胀 $1\sim1\frac{1}{3}m^3$。

表 8-2 中列出了各种不同材料原堆积单位立方米重量、膨胀系数和原堆积修正系数。这些系数常用来换算材料原堆积状态和松散状态间的关系。

材料原堆积状态和松散状态间的修正系数 表 8-2

材　料	原堆积单位重量(kg/BCM)	膨 胀 系 数	原堆积修正系数	静 止 斜 度
灰渣(硬煤)	415 ~ 595	1.08	0.93	2.0:1
灰渣(烟煤)	640 ~ 720	1.08	0.93	3.0:1
铝土矿	1 600 ~ 2 565	1.33	0.75	1.0:1
黏土—干	1 365	1.18	0.85	2.0:1
黏土—轻	1 660	1.25	0.80	2.0:1
黏土—湿	1 780	1.33	0.75	1.0:1
煤—无烟煤	1 455	1.35	0.74	1.2:1
煤——烟煤	1 186	1.35	0.74	1.2:1
煤—蒸汽煤(压实)	1 120	1.39	0.72	1.2:1
铜矿	2 255	1.35	0.74	1.0:1
土—干	1 600	1.25	0.80	2.0:1
土—湿润	1 780	1.25	0.80	1.0:1
土—湿	2 000	1.18	0.85	2.0:1
土—含砂砾石	1 840	1.11	0.90	2.0:1
石膏	2 550	1.75	0.57	—
砾石—干	1 930	1.12	0.89	2.0:1
砾石—湿	2 135	1.14	0.88	2.0:1
花岗石	2 730	1.49 ~ 1.79	0.56 ~ 0.50	1.0:1
铁矿—赤铁矿	3 855 ~ 5 160	2.22	0.45	1.0:1
石灰石——爆破	2 490	1.67 ~ 1.75	0.60 ~ 0.57	2.0:1
壤土	1 600	1.22	0.83	2.0:1
泥—干	1 280 ~ 1 762	1.22	0.83	1.0:1
泥—略为压实	1 762 ~ 2 082	1.22	0.83	1.0:1
碎岩石、碎石块	1 920 ~ 2 325	1.35	0.74	2.0:1
砂—干	1 810	1.12	0.89	3.0:1
砂—湿	2 075	1.15	0.87	2.0:1
页岩—软岩石	1 780	1.68	0.60	1.0:1
板岩	2 725 ~ 2 885	1.68	0.60	1.0:1
暗色岩	3 010	1.64	0.61	1.0:1

1. 重量换算

原堆积重量(公斤/BCM)×原堆积修正系数=松散重量(公斤/LCM)

松散重量(公斤/LCM)×膨胀系数=原堆积重量(公斤/BCM)

2. 体积换算

原堆积立方米数×膨胀系数=松散立方米数

松散立方米数×原堆积修正系数=原堆积立方米数

大规模运土工程,多数根据原堆积立方米度量。但是所有运土机具,都是以松散立方米数为准。因此,必须经过换算,才能表示出最终生产量的原堆积立方米数。

土方运输装备的最大容量是以松散立方米数、吨数或两者兼用来表示的,并可从产品说明书中查得。在很多情况下,机具的使用并不能达到它的最大额定容量。这是因为实际有效载重受材料装载性质的影响所致。为了适应工作中所能遇到的各种不同性质的材料,并有助于发挥每周期实际装载量,可参考表8-3中所列的系数计算装载机的实际铲斗容量。

装载机铲斗容量系数 表8-3

材　料	系　数	材　料	系　数
细(均匀)	0.95	爆破中等的	0.80
中等(粗)	0.90	爆破不良的	0.65
爆破良好的	0.85		

三、周期需时及其计算方法

所谓周期需时是指材料经过装载、运输、卸载及回程四个过程,从一处运到另一处所需要的时间。作业周期以分钟为单位。每一过程所需时间与机械的速度、材料的状况和运输的距离有关。

1. 装载时间

装载时间与机械的类型和运土方法有关。如装有双发动机装置的铲运机能进行协调的推拉装载作业,升运式铲运机能自动装卸材料。所以,不同类型的机械所需的装载时间是不同的。

单发动机敞斗式铲运机是一种推压装载式铲运机,其装载时间受牵引底盘的重量和动力的影响。决定所需推力的经验数据是:每1公斤的有效载重量需要1公斤的推力。表8-4列出了不同工况下,不同型式铲运机的装载时间,这里假设铲运机具有足够的推力。

铲运机装载时间(min) 表8-4

工作状况	敞斗式		升运式	
	单发动机	双发动机	单发动机	双发动机
有利	0.40	0.35	0.70	0.45
平均	0.60	0.50	1.00	0.60
不利	0.80	0.70	1.30	0.75

履带底盘所提供的牵引力,可由履带式机械的整机重量与附着系数(表8-7)的乘积算出。

同铲运机一样,运输车辆、装载机系统也应进行合理的匹配,以获取最高效率。如果这种匹配不当,则有可能使运输周期需时增大,或者与此相反使装载机系统闲置,降低它的效率。一个一般性的经验准则是:装载必须能在三到五次循环里把运输车装满。表8-5和表8-6列举了装载机在不同的工作条件、不同斗容量时,大约的周期需时和生产率。

要决定运输车的总装载时间,必须将装载机周期需时乘上装满运输车所需的循环次数。

装载机周期需时(min) 表 8-5

工作状况	轮胎式		履带式
	$0\sim4m^3$	$>4m^3$	所有容量
有利	0.30	0.42	0.42
平均	0.33	0.50	0.50
不利	0.42	0.66	0.58

回转 90°时装载机的生产率(m^3/min) 表 8-6

土壤类型 \ 铲斗容量(m^3)	柴油机式					电机式					
	1.5	2.3	3	3.8	4.6	5.4	6.1	6.9	7.6	8.4	9.2
湿润土壤、轻质砂性黏土	4.5	5.9	7.4	8.7	10.2	11.2	12.8	14.4	15.4	17	18.5
砂及砾石	4.3	5.7	7.1	8.3	9.4	10.8	12.5	14.1	15	16.4	17.8
一般地面	3.8	5.2	6.5	7.7	8.7	10.6	12	13.5	14.4	15.7	17
硬黏土	3.4	4.6	5.7	6.7	7.7	10.2	11.6	13	14	15.1	16.4
岩石,爆破良好	2.9	4.1	5.2	6.4	7.3	9.8	11.1	12.5	13.4	14.5	15.6
一般挖掘,含岩石树木时	2.5	3.7	4.8	5.9	6.9	9.0	10.5	11.8	12.6	13.6	14.6
湿粘的黏土	2.4	3.4	4.4	5.4	6.2	8.1	9.3	10.5	11.4	12.2	12.8
岩石,爆破不良	2.0	3.0	3.9	4.8	5.6	7.3	8.4	9.6	10.4	11.2	11.7

附 着 系 数 表 8-7

地面种类	轮胎式		履带式	
	干	湿表面	干	湿表面
光滑沥青	0.8~1.0	0.6~0.9	—	—
粗糙混凝土	0.9~1.9	0.8~1.0	0.3~0.6	0.3~0.6
硬滑黏土	0.6~1.0	0.1~0.3	0.4~0.7	0.2~0.4
硬黏土质壤土	0.5~0.8	0.15~0.4	0.6~0.9	0.4~0.9
坚实砂质壤土	0.4~0.8	0.25~0.8	0.6~1.0	0.6~1.0
海绵状黏土质壤土	0.4~0.6	0.15~0.3	0.7~1.0	0.6~0.9
车辙黏土质壤土	0.3~0.5	0.15~0.3	0.7~1.0	0.6~0.9
车辙砂质壤土	0.3~0.4	0.2~0.5	0.7~1.0	0.7~1.0
坚硬砾石路	0.5~0.8	0.3~0.9	0.7~0.9	0.7~0.9
未压实砾石	0.3~0.5	0.4~0.6	0.5~0.9	0.6~1.0
松散砾石	0.2~0.4	0.3~0.5	0.4~0.7	0.5~0.8
松散砂	0.1~0.2	0.1~0.4	0.3~0.5	0.4~0.7
紧压的雪	0.1~0.4	0.0~0.3	0.2~0.6	0.2~0.6
粗糙冰面	0.1~0.3	0.0~0.2	0.1~0.4	0.0~0.3
平滑冰面	0.0~0.1	0.0~0.1	0.0~0.1	0.0~0.1

履带推土机的装载时间,也是用同样的方法进行计算的。然而,对各种土石材料,要求推土机能在八米内装满铲刀,耗时 0.15~0.20min。值得注意的是,在估计履带推土机的生产率

时，必须对土壤情况、工作条件进行分析。

2. 运输时间

所谓运输时间是指运输和回程的时间。如果已知运输速度和运输距离，那么容易算出运输和回程时间（运输速度须按平均速度计算）。影响速度的主要因素是重量、牵引力和总阻力。

机具的空车重量和负载重量直接关系到速度的快慢。车辆总重指的是空车重量与有效负载的重量和。

牵引力有车轮牵引力和拉杆牵引力之分。牵引力因地面条件的变化而变化。

总阻力或总助力是指轮胎式或履带式装备所受到的阻力和助力的和。这些力包括滚运阻力、坡度阻力或坡度助力。

滚动阻力是机具在不同地形条件下运动时所受的阻力，是由于轮胎挠曲变形和支撑地面的变形造成的。表 8-8 列举了在各种不同的轮胎压陷深度下，以机具总重百分比表示的滚动阻力。

轮胎式机械的滚动阻力 表 8-8

轮胎压陷（mm）	滚动阻力（%）	轮胎压陷（mm）	滚动阻力（%）
0	2	75	6
25	4	100	8
50	5		

坡度阻力是在上坡时必须克服的阻力。无论是轮胎式或履带式机械，坡度阻力是和车辆重量相关的。不过主要考虑的还是轮胎式装备。因为坡度阻力正好与坡度助力相反，在下坡时，它对机具起助力作用。

地面的海拔高度影响发动机的功率。但是，备有增压装置的发动机，即使在海拔 3 050m 高度的地方工作，功率也不会降低。增压装置的结构不同，功率随高度变化的特性不同。

3. 卸载时间

运输装备的卸载时间可参考表 8-9 确定。在实际应用时，需注意影响这些数值的因素，例如在湿填土地区，铲运机运行速度较低等。此外，还要将等待、定点和调动等所需的时间考虑进去。

转向及卸载时间（min） 表 8-9

工作状况	运输车		铲运机	
	底卸式	后卸式	敞斗式	升运式
有利	0.3	0.7	0.3	0.4
平均	0.6	1.0	0.4	0.5
不利	1.5	1.5	0.6	0.7

对履带推土机而言，卸载的大部分时间都包括在前进过程中。因为推土机一般在卸载时不用减速。履带式推土机应该能在 0.1 分钟内卸掉全部负载。

4. 回程时间

回程时间的计算和运输时间的计算程序相同。每一段回程应和运输段一样加以分析。

履带推土机平均回程速度约为 8km/h，不过如果回程速度被限制在某一速度范围时，则用该范围的最高速度作为回程速度。

1)速度计算

应考虑影响速度的其他因素,如加速、减速、转弯、安全等方面的情况。因此,在每段运输道路上所得的最高速度,应该是平均速度。用表8-10中所列出的速度系数乘上可达的最高速度,即得这一段上的平均速度,即

速度系数 表8-10

运输道路长度(m)	在运输段中由停止状态起动或从前进而停下	在进入运输段时已在行进
60~150	0.33~0.51	0.56~0.80
151~300	0.3~0.67	0.65~0.83
301~450	0.53~0.75	0.78~0.90
451~600	0.59~0.80	0.84~0.93
601~750	0.62~0.84	0.88~0.93
751~900	0.65~0.85	0.90~0.97
901~1 050	0.68~0.87	0.92~1.00
1 050以上	0.70~0.95	0.95~1.00

$$最高速度 \times 速度系数 = 平均速度$$

当运输道路有急转弯时,应取表中最低的数值。

2)行驶时间的计算

在已知平均速度的条件下,根据道路的具体状况,计算行驶时间,即:

$$行驶时间(\mathrm{min}) = \frac{距离(\mathrm{m})}{速度(\mathrm{km/h}) \times 16.67}$$

式中的16.67是单位换算常数(1km/h=16.67m/min)。

以上所叙述的装载时间、运输时间、卸载时间和回程时间的总和就是周期需时。这个数值在计算运土生产中是个关键未知数,所以必须全面了解,认真计算,以便提高生产效率。

3)效率时间

正常工作日中总会有一些不可避免的耽搁,如装备的调整、维修,司机休息,机具搬迁,道路维修等等。为了将这些时间损失考虑在内,采用了效率时间这个概念来表示实际工作时间。表8-11列出了不同装备每60分钟里实际工作的时间。

效率时间(min/h) 表8-11

工作状况	履带式	装载机	升运式铲运机	运输车及敞斗式铲运机	液压挖掘机
有利	55	50	57	50	55
平均	50	45	50	45	50
不利	45	40	45	40	45

因此,每小时周期数可用下式算出:

$$每小时周期数 = \frac{效率时间(E)}{周期需时(t_{\mathrm{T}})}$$

4)生产率计算

运输材料乘每小时周期数,是计算机械生产率的两个基本要素。生产率P的计算式为

$$P = I \cdot H \cdot \frac{E}{t_T} \tag{8-9}$$

式中：I——原堆积修正系数；

H——堆尖容量，m^3；

E——效率时间，min/h；

t_T——周期需时，min。

根据某一特定运土工作所收集的数据算出以上生产率公式中的不同参数以后，就能对生产率做出一个可靠的估计。有了可靠的估计，就可计算生产成本。

第四节　拌和站合理布局的经济分析

在道路工程中常会遇到沥青混合料拌和站的合理布局问题，即恰当地选择拌和站的拆迁安装次数和位置，保证技术要求和经济目标之间的平衡，并应符合环境与社会的要求。下面应用数学方法，建立各种情况下的混合料拌和站的合理布局模型。

1. 拌和站的经济半径

设拌和站位于 A 点（图 8-4），从 A 摊铺 x(km)的沥青路面，dx 为路面铺设的微元，则摊铺过程的运输费用可按下式计算：

$$\int_0^x 1\,000kgbhxdx = \frac{1}{2}1\,000kgbhx^2 \tag{8-10}$$

式中：k——沥青混合料运输费，元/tkm；

g——混合料压实容重，t/m^3；

b、h——分别为路面的宽度和厚度，m。

如果从 A 点同时向左、右两边各摊铺长度为 x 的路段后搬迁（图 8-5），则摊铺完该路段所需的总费用 Y 为：

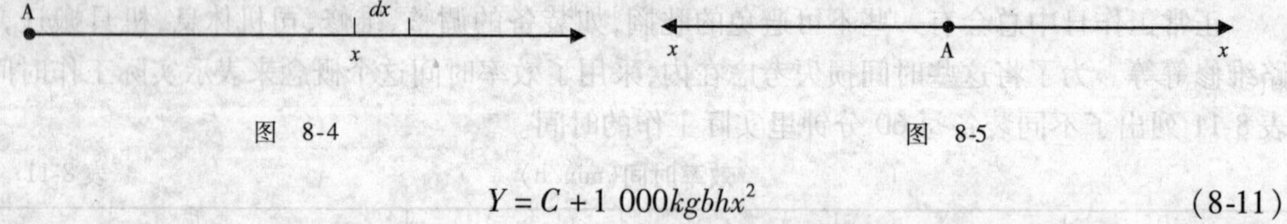

图 8-4　　　　图 8-5

$$Y = C + 1\,000kgbhx^2 \tag{8-11}$$

式中：C——拌和站的搬迁总费用。

设平均每公里总费用为 Y_1，则：

$$Y_1 = \frac{C}{2x} + \frac{1}{2}1\,000kgbhx \tag{8-12}$$

上式对 x 求导数，并令结果等于零，得平均每公里总费用 Y_1 最小的摊铺长度：

$$x = \sqrt{\frac{C}{1\,000kgbh}}$$

把平均每公里费用最小的拌和站供应半径称作沥青拌和站的经济半径，记作 R，则：

$$R=\sqrt{\frac{C}{1\,000kgbh}} \tag{8-13}$$

经济半径是衡量沥青拌和站布局是否合理的重要指标。利用经济半径布置沥青拌和站，平均每公里的总费用值计算如下：

将(8-13)式代入(8-12)式，得：

$$Y_{1\min}=\frac{C}{2}\sqrt{\frac{1\,000kgbh}{C}}+\frac{1}{2}\times 1\,000kgbh\sqrt{\frac{C}{1\,000kgbh}}=\frac{C}{R} \tag{8-14}$$

分析表明，分层摊铺和拌和站的拌和能力不影响经济半径的数值。沥青面层层次结构不同时经济半径的计算如下：

$$R=\sqrt{\frac{C}{1\,000k(g_1b_1h_1+g_2b_2h_2+\cdots g_nb_nh_n)}} \tag{8-15}$$

式中下角标代表不同路面的层次结构。

2. 几个拌和站同时施工时的经济布局

当两上或两个以上的拌和站同时施工时，如果将它们布置在一起，则其经济半径的大小并不是它们各自半径的简单叠加，而应当把它们作为一个整体看待，即把它们看成一个拌和站而后再求其经济半径。

设有两拌和站，每站的搬迁费用为 C，则总搬迁费用为 $2C$，此时经济半径由式(8-13)得：

$$R'=\sqrt{\frac{2C}{1\,000kghb}}=\sqrt{2}R \tag{8-16}$$

显然，$R'\neq R+R, R'<2R$。

如果以 $\sqrt{2}R$ 作为摊铺半径，则平均每公里费用由式(8-14)得：

$$Y'_{1\min}=\frac{2C}{2\sqrt{2}R}+\frac{1\,000}{2}kgbh\sqrt{2}R=\sqrt{2}Y_{1\min} \tag{8-17}$$

由此可见，当两个拌和站同时施工时，如果将它们布置在一起，则平均每公里费用是它们按经济半径分开布置时的 $\sqrt{2}R$ 倍。显然，将两拌和站布置在一起是不经济的，应分开布置为好，其供应半径仍为各自的经济半径。

在图 8-6 中，BC 是一段需要摊铺的路段，中心为 O 点，长为 $2r$。拌和站布置在位置 A。由于 A 点没有在 BC 之内，称拌和站的布置为偏心布置。此时，摊铺运费为：

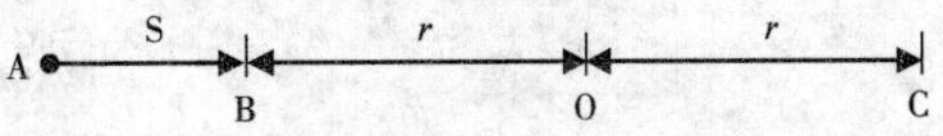

图 8-6

$$\int_0^{2r}1\,000kgbh(S+x)\,dx=2\,000kgbh(Sr+r^2)$$

拌和站布置在 BC 段中心位置 O 时，由式(8-10)知运费为：

$$2\times\frac{1}{2}\times 1\,000kgbhr^2=1\,000kgbhr^2$$

可见，偏心布置运费比中心位置 O 布置多 ΔL，

$$\Delta L=2\,000kgbh(Sr+r^2)-1\,000kgbhr^2=1\,000kgbh(2Sr+r^2)$$

偏心布置虽然增大了摊铺运费，但却可以节省拆迁费用。所以，最大偏心应保证 $\Delta L\leqslant C$。即：

$$1\ 000kgbh(2Sr+r^2)\leqslant C$$

$$S\leqslant\frac{R^2-r^2}{2r} \tag{8-18}$$

通过最大偏心距的计算,可以确定拌和站是否拆迁。

3. 考虑料场位置时拌和站的经济布局

前面提出的经济半径的概念,没有考虑料场位置的影响。实际上,原材料料场到拌和站的运费是可观的。所以,当料场分散在路线附近时,就得考虑料场位置的影响。

设料场位于施工路段两端以外(图 8-7),A_1 为主料场,AB 为要铺的一段路。过 A_1 点垂直于 AB 的轴为纵轴建立坐标。以 AB 为横轴。过 A 点坐标为 $(a,0)$,求拌和站布置位置 $(x_1,0)$ 及经济供应范围 D $(x_2,0)$。

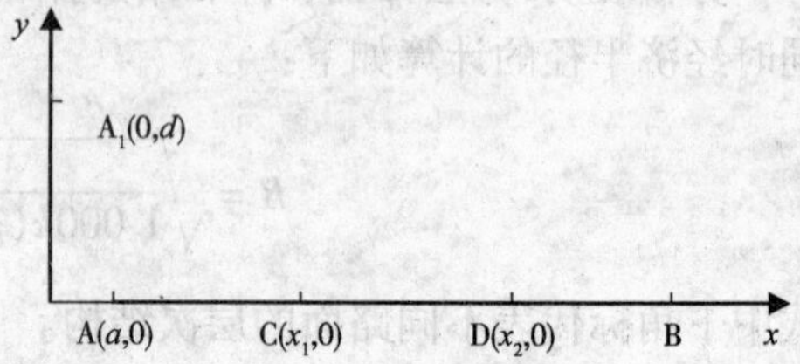

图 8-7

AD 段需原材料 $1\ 000gbh(x_2-a)$。设 k_1 为 A_1 料场的原材料单价,则平均每公里总费用 U(原材料运费 + 拆迁费 + 混合料运费)为:

$$U=\frac{1}{x_2-a}\Big[1\ 000k_1gbh(x_2-a)+1\ 000k'gbh(x_2-a)(d+x_1)+C+\frac{1\ 000}{2}kgbh(x_1-a)^2+\frac{1\ 000}{2}kgbh(x_2-x_1)^2\Big]$$

式中:k'——原材料的运输费,元/tkm;

k——混合料的运输费,元/tkm。

经对上式求解后,得以下结果:

当 $k=k'$ 时:

$$\begin{cases}x_1=a\\x_2=\sqrt{2}R+a\end{cases} \tag{8-19}$$

当 $k\neq k'$ 时:

$$x_1=a+\frac{\sqrt{2}k}{\sqrt{\left(\dfrac{2k}{k-k'}\right)^2-2}}$$

$$x_2=a+\frac{2k}{k-k'}\frac{\sqrt{2}k}{\sqrt{\left(\dfrac{2k}{k-k'}\right)^2-2}} \tag{8-20}$$

当拌和站按(8-19)或(8-20)确定它的布置和供应范围时,其布局在经济上最优。

混合料拌和站是一个社会——经济——技术系统,其布局的影响因素不外乎这三个方面。既有定量因素,也有定性因素。定量因素包括经济和技术两个方面。这里仅从定量因素进行了分析,对管理、材料损失、地形地理、交通和征地等经济、技术、社会环境等定性因素未进行分析。这并不是说定性因素不重要,而是这些因素在具体选址布局中无法纳入模型,应当在定量分析基础上,根据定性因素加以考虑调整。

第五节　油耗定额的技术经济分析

油耗定额的制定与管理是机械管理工作中的一项重要任务，定额制定的准确与否，直接影响到施工机械的成本核算和经济效益。通常制定油耗定额要经过科学的测定，有一定的科学依据，不能凭主观想象，这样才能保证定额的准确性和实用性。具体方法主要有经验估计法、统计分析法，类比推算法和计算测定法等。

台班油耗量 Q 的计算公式如下：

$$Q = 8P_{H} \cdot g_{e} \cdot K_{1} \cdot K_{2} \cdot K_{3} \cdot K_{4}/1\,000r \quad (L) \tag{8-21}$$

式中：P_H——发动机额定功率(kW)；

g_e——发动机比油耗(g/kW・h)；

r——燃油比重(g/cm^3)；

K_1——时间利用系数；

K_2——能力利用系数；

K_3——车速油耗系数；

K_4——燃油消耗系数。

时间利用系数 K_1 与能力利用系数 K_2 一般参照部颁《公路工程机械台班费用定额》编制说明中有关数据选取。车速油耗系数 K_3 一般取 0.97～1.00，油料消耗系数 K_4 取 1.03，为了简化计算，可取 $K_3 \cdot K_4 = 1$，则(8-21)式可简化为：

$$Q = 8P_{H} \cdot g_{e} \cdot K_{1} \cdot K_{2}/1\,000r \quad (L) \tag{8-22}$$

汽油机的比油耗可取 $g_e = 340.14$(kg/kW・h)，柴油机的比油耗可参考表 8-12。

柴油机的比油耗　　表 8-12

柴油机系列	85	95	105	110	115	120	125	135	146	160	250
g_e(kg/kW・h)	285.71	258.50	272.11	272.11	265.31	258.30	258.50	244.00	285.71	244.00	238.10

按照上述公式计算测定的筑路机械油耗定额与实际有所差异。其原因是，除了时间利用系数 K_1、能力利用系数 K_2 的影响外，施工地区地理、环境、道路条件等方面对燃油消耗均有不同程度的影响。

1. 海拔高度对耗油量的影响

在高原地区施工的机械，随着海拔高度的升高，空气稀薄，大气压降低，进入发动机燃烧室的空气减少，发动机的功率会明显降低。试验证明，在高原地区海拔高度每升高 1 000m，发动机功率就会下降 9%～12%。由于发动机功率的降低，必然引起发动机油耗的增加。表 8-13 为 T140 推土机在不同海拔高度地区使用时的台班耗油量统计值。

T140 推土机在不同地区工作时的台班耗油量(L)　　表 8-13

测试地点 \ 测试序号	1	2	3	4	5	平均
准格尔煤田Ⅱ号公路(海拔高度 1 200m)	87	93	84	93	92	89.8
110 国道集—兴段(海拔高度 1 900m)	100	96	97	92	96	96.2

由表中数据分析可知,在其他条件相同的情况下,海拔高度升高700m,T140推土机的耗油量平均增加了7%。因此在计算工程机械油耗定额时,应考虑海拔高度对机械耗油量的影响,并用海拔高度修正系数 K_h 加以修正。一般 K_h 值可参考表8-14选取。

海拔高度修正系数 表8-14

海拔高度区间(m)	<500	>500~1 500	>1 500~2 500
K_h	1.00	1.03~1.05	1.051~1.08

2. 气温对机械耗油量的影响

外界气温对机械的耗油量也有一定的影响。有关研究表明,当发动机水温在120~140℃时发动机的经济性及气缸腐蚀等处于最佳工作状态。温度过高或过低都会影响发动机的经济性及气缸的磨损,一般发动机正常工作时的水温保持在80~90℃范围内。当外界温度较低时,特别在冬季北方寒冷地区,发动机的热损失较大,功率降低,机械的耗油量增加。当外界温度过高时,特别是在炎热的夏季,经常会出现发动机过热、开锅现象,发动机功率下降,油耗增大,对于汽油发动机来说,外界温度过高也会使燃油挥发性损失增大。因此在计算机械耗油量定额时,应考虑外界气温的影响,可用气温修正系数 K_t 加以修正。根据经验及有关资料,一般 K_t 值可参考表8-15选取。

气 温 修 正 系 数 表8-15

气温区间(℃)	>28	28~5	<5~-5	<-5
K_t	1.02	1.00	1.05	1.10

3. 道路状况对机械耗油量的影响

对于运输机械,道路状况的变化对机械的耗油量影响很大。厂家给定的运输机械车辆百公里油耗指标是车辆在一定的道路条件下测试的数据,一般是在较平坦的一类道路上测试的结果,随着道路等级的降低,道路条件变差,坡度增大,弯道增多,车速降低,耗油增加。试验表明,三类公路较一类公路(表8-16)的车辆百公里耗油量增加25%,五类公路的百公里耗油量会增加45%。路面粗糙度与车辆的燃油经济性也有密切的关系。

因此,对于运输车辆,根据路况制定合理的道路修正系数 K_b 是非常必要的。K_b 值可参考表8-16选取。土方机械、路面机械等受道路状况影响较小,计算时可取 $K_b=1$。

道 路 修 正 系 数 表8-16

道路类别	公路等级	城市道路等级	道路修正系数 K_b
一类	平原微丘一、二、三级公路		1.00
二类	平原微丘四级公路	平原微丘地形的一、二、三、四级道路	1.10~1.20
三类	山岭、重丘一、二、三级公路	重丘地形的一、二、三、四级道路	1.25~1.45
四类	平原、微丘等外公路	等外公路	1.35~1.55
五类	山岭、重丘四级公路		1.45~1.60
六类	山岭、重丘等外公路		1.70~1.90

K_b 值选取时,如路况完好,无路面破损、粗糙或路面积沙、泥泞、翻浆、水毁及行走便道等特殊情况,应取上限。对于不能用百公里油耗进行考核的运输机械,在制定台班油耗定额时,根据经验,按公式计算测定的台班油耗定额偏高,造成油料的浪费。因此在制定台班油耗定额时应考虑将道路类别提高1~2个档次。即在四类路况运行的机械可按二、三类路况给定耗油量。

4. 机械技术状况对耗油量的影响

在机械设备的管理使用过程中，将机械的技术按照有关规定划分为四个等级，即一级完好机械、二级基本完好机械、三级需修机械和四级停驶机械。

一级完好机械：新机械运行到第一次定额大修间隔里程的三分之二以前，机械主要组成的基础件和主要零部件坚固可靠，技术性能良好，燃料消耗不超过定额指标，废气排放、噪声符合国家标准，各项装备齐全完好。

二级基本完好机械：机械主要技术性能和状况或运行里程（台班）低于完好机械的要求，但功率下降应不低于15%，能随时使用。

三级需修机械：送大修前后一次二级维护后的机械和正在大修或待更新尚在运行的机械。

四级停驶机械：预计在短期内不能修复或无修复价值的机械。

机械的技术状况不同，其油料消耗也不同。技术状况差的机械，其发动机的动力性、经济性下降，油料消耗明显增加。试验证明，同一机型的三级机械与一级机械相比，燃、润油料消耗量增加10%～15%。因此在制定工程机械油耗定额时，应考虑机械技术状况的影响，并用机械技术状况修正系数 K_j 加以修正。根据经验，K_j 值可参考表8-17选取。

机械技术状况修正系数　　表8-17

机械技术状况	一　级	二　级	三　级
K_j	1.00	1.05	1.10～1.15

5. 其他情况对机械耗油量的影响

机械在下列情况下运行时，都会引起耗油量的增加：

(1) 新机或大修走合期（包括发动机大修）。

(2) 新机手、驾驶员实习期。

(3) 车辆运输危险品和超长、超宽、超高物品，或在积雪路面上、大风扬沙天气条件下行驶等。

对于上述情况，机械的耗油量可用修正系数 K_e 加以修正，一般 K_e 值可按表8-18选取。

机械耗油量修正系数　　表8-18

运行条件	新机及机械大修走合期（含发动机大修）	新机手实习期	运输危险品、超长、超宽、超高物品及风雪扬沙期
K_e	1.05	1.05	1.10

由前面分析可看出，影响机械油量的因素很多，因此在测定计算机械的燃油消耗定额时，应根据不同的情况、不同的环境条件，对计算公式(8-21)、(8-22)加以适当的修正。

考虑到上述各方面的影响因素，台班耗油量计算公式可用下式表示：

$$Q = 8P_H \cdot g_e \cdot K_1 \cdot K_2 \cdot K_3 \cdot K_4 \cdot K_h \cdot K_t \cdot K_b \cdot K_j \cdot K_e / 1\,000r \tag{8-23}$$

或

$$Q = 8P_H \cdot g_e \cdot K_1 \cdot K_2 \cdot K_h \cdot K_t \cdot K_b \cdot K_j \cdot K_e / 1\,000r \tag{8-24}$$

机械油料消耗定额是实行经济核算、分析经济效益和考核经营管理水平的依据之一，制定和考核油耗定额是降低油料消耗的有效途径。在定额的制定、考核、管理、执行过程中，除了应考虑上述客观因素外，还应与机械的生产定额相结合。由于机械管理水平的影响，实际台班产量有时达不到额定产量，出现台班油耗定额高于实际耗油量的情况，造成油料浪费。因此，所给定的耗油量计算公式可作为制定机械油耗定额时测定机械耗油量的参考公式，并根据地区特点、施工条件和管理水平等各方面的具体情况加以修改、补充和完善，从而制定出适合于本地区、本单位实际情况，较为科学准确的机械油耗定额。

第六节　施工机群的合理配置与优化模型

一、机群配置的基本问题

在大型路基土方施工设计中，机群配置方案的基本要求是，从现有机群中选择能够满足生产要求而在经济上最合理的机组。在确定最优施工方案时，基本的优化准则应当是，使完成每立方米路基的生产成本最低或所获得的总产量最大。

机群优化的基本条件包括：

(1)规定的施工工期。

(2)在可施工的季节中完成最大的土方工程量。

(3)总费用、能源、物资消耗的约束条件。

(4)现有的机械存量和可供选择的机型。

相应的确定最优方案所需的原始数据和资料包括：计划期工程及作业段名称；工程工作图和相应的工程量；工期、工序和地质条件；现有的劳动和物资技术资源；所要求的技术经济指标等。

技术经济指标可采用折算费用或生产率的计划值。在计划时，应分析计算期内的实际值，并与相应的计划值进行比较，从而确定提高生产率和降低作业成本的措施。为此，需要建立各项指标与机械使用条件和工作时间等因素间的关系，从而为计划指标的制定提供依据。

二、机群配置模型

方案优化模型的建立应能反映施工工艺和经济方面的实质。条件越清楚，模型就越能反映实际过程，所得的解也就越准确。然而，如果考虑全部因素，就可能使模型变得十分复杂，甚至无法求解。因此，建模时应尽量将其简化，以便找出主要的决定因素。

1. 最小总成本配置模型

在资源分配中广泛应用线性规划模型。在路基机械化施工计算中的基本问题是，将机械资源在各作业段中进行最优分配，从而使总作业成本最小。

机群最优配置的一般模型如下：

$$\begin{cases} \min F(x) = \sum_{i=1}^{m}\sum_{j=1}^{n} C_{ij} \cdot x_{ij} \\ \sum_{i=1}^{m} x_{ij} Q_{ij} \leqslant V_j, \quad j = 1,2,\cdots,n \\ \sum_{j=1}^{n} x_{ij} \leqslant \phi_i \quad\quad i = 1,2,\cdots,m \\ x_{ij} \geqslant 0 \end{cases} \tag{8-25}$$

式中：$F(x)$——机械作业总成本；

C_{ij}——第 i 机组在第 j 作业段上的单位小时作业成本；

x_{ij}——第 i 机组在第 j 作业段上的工作小时数；

Q_{ij}——第 i 机组在第 j 作业段上的小时生产率；

V_j——第 j 作业段的总工程量；

ϕ_i——第 i 机组具有的总工作时间。

上述模型所解决的问题可归结为，求取最小总作业成本条件下的机组作业时间在各作业段上的最优分配。

2. 最大总产量配置模型

机群配置的最大总产量模型所要解决的问题可归结为，求取机群最大生产量条件下机组工作时间的最优分配。其模型的一般表达式如下：

$$\begin{cases}\max Z(X)=QX\\ AX\leqslant V\end{cases} \tag{8-26}$$

式中：$Z(X)$——机群的总生产量；

Q——机组的小时生产率向量，$Q=(Q_1,Q_2,\cdots,Q_m)$；

A——约束条件的系数矩阵，表示对作业时间、费用等方面资源的限制条件；

V——相应的资源约束向量，$V=(V_1,V_2,\cdots,V_n)^{\mathrm{T}}$；

X——机组的作业时间分配向量，$X=(x_1,x_2,\cdots,x_m)^{\mathrm{T}}$。

实际情况往往比较复杂，因此，约束条件需要对具体问题进行具体分析。

3. 工程问题分析

如路堤修筑工程，工期 30d。现有三个机组，即挖掘机 A、B（与自卸车配合作业）和铲运机机组 C，相应的生产率（Q_1,Q_2,Q_3）分别为 50m³/h、60m³/h 和 36m³/h。需要在计划期内分配机组工作时间，从而获得最大的总土方量。对资源的约束条件如下：

（1）施工的总费用不得超过 12 000 元。

（2）机组 A、B 和 C 的运行费用分别为 25 元/h、34 元/h 和 16 元/h。

（3）自卸车总工作时间为 1 750h，且 A、B 挖掘机占用自卸车的时间比为 4∶6。

（4）机组 A、B、C 的日工作时间分别为 10h、15h、15h。

设机组 A、B、C 的工作计划时间向量 $X=(x_1,x_2,x_3)$，根据对上述工程问题的分析，可得出以下优化模型：

$$\begin{cases}\max Z(X)=50x_1+60x_2+36x_3\\ 25x_1+34x_2+16x_3\leqslant 12\,000\\ 4x_1+6x_2\leqslant 1\,750\\ \dfrac{1}{10}x_1\leqslant 30;\dfrac{1}{15}x_2\leqslant 30;\dfrac{1}{15}x_3\leqslant 30\\ x_1,x_2,x_3\geqslant 0\end{cases}$$

由所建模型可知：

$$A=\begin{pmatrix}-1 & 0 & 0\\ 0 & -1 & 0\\ 0 & 0 & -1\\ 25 & 34 & 16\\ 4 & 6 & 0\\ 1/10 & 0 & 0\\ 0 & 1/15 & 0\\ 0 & 0 & 1/15\end{pmatrix},V=\begin{pmatrix}0\\ 0\\ 0\\ 12\,000\\ 1\,750\\ 30\\ 30\\ 30\end{pmatrix}$$

$$Q=(Q_1,Q_2,Q_3)=(50,60,36)$$

根据模型的近似求解，此问题的最优解为：机组 A 应分配 245h，机组 B 应分配 21h，机组 C 应分配 316h，可完成的最大总产量为 24 886m^3。

第七节　公路养护机械的合理配置与决策

随着我国公路交通事业的快速发展，公路养护的地位愈来愈重要。公路养护机械化是现代公路养护的基本生产方式，为了不断提高公路养护机械化的水平和效益，保障道路良好的技术状态，养护机械的合理配置和投资决策方法就成为十分重要的问题。

一、关于养护机械化的基本理论

在理论上，如果把养护机械化看作是用机械作业简单代替人工作业的过程是不恰当的。因为，养护机械化是一个涉及投资、管理、生产、环境条件等方面的综合系统工程。用机械简单代替某一养护作业过程中的人工劳动，还不能称作这一作业过程的机械化，如果将各个养护作业工序均用相应的机械来完成，也不能称之为实现了养护作业的机械化。上述概念的不妥之处在于，没有从系统的高度观察养护机械化这一现象，没有把养护机械化的过程与其所能产生的效益相联系。在发展养护机械化的过程中，弄清楚养护机械化的概念和含义是十分必要的。

所谓公路养护机械化，是指公路养护作业系统中主要和辅助的生产劳动过程全部由技术性能参数相互协调的机械系统完成，在规范的组织管理体系保证下，这些机械系统能在指定的作业条件下以最佳的技术经济指标保证养护作业的质量和效益。

在上述概念中，首先表明机械化养护是一个系统工程，它关系到管理体制、投资方法、机械配置、生产工艺等诸方面问题。由于养护作业工序间的相互联系、相互作用，机械化养护应当是一个具有有机联系的、高效的综合机械作业过程。根据系统学的观点，局部最优，不一定全局最优，只有全局最优的系统才是合理的。因此，局部机械设备的配置，要服从和保证整个机械化作业系统的质量和效益。

为了保证养护机械的相互协调，就必须使相互作用的机械设备间在生产工艺上相互配套，在技术性能上相互协调，才能为系统总体效益的发挥提供基础。技术性能上的协调，主要是指生产能力和可靠性指标的协调。机械系统的协调性，还表现为与作业条件的适应性。因此，在建立养护机械系统时，就应考虑养护里程、交通流量、道路结构、地域气候特点等多种因素，按照科学决策程序配置机械。

规范的组织管理体系是实现养护机械系统效益的基本保证。现代生产方式，必须有现代的管理做保证。规范的组织管理体系是指合理的规章制度和技术规范体系、严密科学的生产作业计划，有效的生产指挥系统和严格的生产控制系统。

由于养护作业的条件十分复杂，无论是自然条件，还是工艺要求，都有许多变化因素。因此，机械化养护作业的效益必须考虑具体的作业条件，即：机械化养护应在具体作业条件下采用最佳的作业工艺，取得最佳的效果。

最佳的技术经济指标是，在保证养护作业质量的前提下，使机械作业系统的生产率最大，而寿命周期费用最低。由于养护作业的社会公益性，机械化养护作业应当把作业质量和生产率的最大化作为其首要目标。

养护机械化的概念并不排除在某些工序中仍然保持人工作业的可能性，例如，采用机械作业在经济上不合算，对减轻工人劳动强度无重要意义，且对作业系统的质量和效益无明显影响的养护作业工序。

公路养护机械化水平是现代公路养护生产先进性的基本标志，是实现规模化现代养护生产方式的保障，最终将提高公路的技术使用性能，降低公路运输费用，提高运输车辆的速度、安全性和舒适性，所产生的经济和社会效益将是巨大的。

二、养护机械的配置原则

由于公路养护作业的种类繁多，而且随着道路结构类型、等级，交通量大小及当地地质和气候条件的不同而有很大的变化。因此，养护机械配置的基本原理应当是使机械的类型规格和数量与公路养护的作业内容、作业量及当地自然条件相适应，并充分考虑机械间的配套性，以及先进养护工艺和设备的发展动态。在养护机械的配置过程中应遵守以下原则：

(1)系统原则

必须从公路养护作业的全局出发制定养护机械配置方案，以养护作业系统整体目标最优为准绳。因此，机械投资的总体方案必须符合我国公路养护事业的方针、政策；机械的品种规格必须符合养护作业内容、作业量要求；机械的性能必须符合养护作业质量要求、经济性要求、当地自然条件和环保要求等；必须使相互作用机械设备的技术性能和作业方式具有良好的配套性，以充分发挥主导机械的工作能力；养护机械系统应有合理的装备结构；建立完善的机械设备技术状况信息及反馈系统，对重要养护机械进行动态监控。

(2)可行性原则

对机械设备投资方案应按可行性程序进行分析，使需求与现实条件有机地结合起来。因此，必须考虑需求的合理性与市场状况及资金来源的可能性；建立合理的养护机械装备优先次序，逐步提高机械化程度；应避免过渡投资。必须懂得，设备的浪费就是资金的浪费。所拟定的机械设备配置方案应是技术上可行，经济上合理的。

(3)信息充分原则

信息是决策的物质基础，充分而准确的信息资料是科学决策的先决条件。制定养护机械装备计划必须掌握养护工艺，作业量及机械产品规格性能等各方面的信息资料，通过市场调研和科学分析才能制定出切实可行的实施方案。

(4)对比优选原则

只有一种方案就谈不上决策问题，必须提供两种以上方案，依据科学理论方法，对其实施效果进行对比分析，才能确定出较优的方案，从而防止决策的片面性和失误。

(5)群体决策原则

群体决策原则不是简单的集体讨论或少数服从多数的决策方法。这里的群体决策是指，通过一定方式将有关学者、工程技术人员和管理人员组织起来，经过系统地调查研究，分析数据及有关资料，通过学术讨论的方法，进行方案评议论证及科学预测等活动，从而制定出切实可行的实施方案。

(6)管理制度配套原则

当养护机械装备方案确定后，应同时制定相应的管理制度。特别是对重要设备，这一点是十分重要的。如果没有科学的机械使用、维护及考核制度，机械的能力和效益就不能充分发挥，甚至导致机械的早期损坏，最终将影响到作业成本及投资效果。科学的管理制度是实现方案效果的具体保证。

三、养护机械的配置决策程序

养护机械配置决策的一般程序如图 8-8 所示。

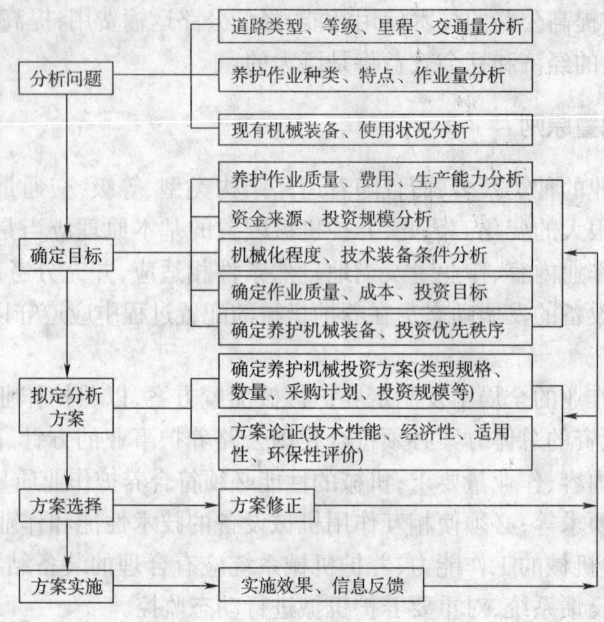

图 8-8　养护机械投资决策程序

1. 分析问题

即通过调查统计分析,掌握养护作业需求和养护机械现状。这一阶段应回答以下问题:

(1)主要养护作业的内容是什么?各养护作业的年平均作业量是多少?

(2)所管养道路、当地自然条件和交通量变化的特点是什么?

(3)现有养护作业方式如何及存在的主要问题是什么?

(4)适应上述养护作业的机械设备市场状况如何?

(5)选择机械的限制条件有哪些?

2. 确定目标

确定适度的目标是科学决策的重要步骤。目标制定得过高过和过低都会影响决策的正确性。确定养护机械装备投资目标,就是要在分析养护作业质量、效率、生产能力及机械装备现状的基础上,制定出与投资规模相适应的,符合未来生产发展趋势的机械装备规划指标,以强化方案实施的效果。这些指标包括机械化程度、技术装备率、劳动生产率、单位产量成本及养护作业质量方面的指标等。

这一阶段应回答以下问题:

(1)养护作业的质量指标是什么?

(2)要求的作业能力是多少?

(3)劳动生产率应达到什么水平?

(4)作业成本应降低多少?

(5)劳动环境的改善程度如何?

(6)机械化程度要求有多大提高?

3. 拟定分析方案

当机械装备方案的目标确定后,需要拟定实现目标的各种可行投资方案,然后进行分析评价，编制可行性研究报告。可行方案的制定需要掌握各种养护机械产品的市场情况以及发展趋势，这就需要进行市场调研及采用各种智囊技术。方案的评估需要采用各种技术经济分析方法及决策技术，以便科学地表达各种方案的利弊。

4. 方案选择

从可供选择的方案中权衡利弊，选择其中之一作为最终方案。还可对所选方案进行修改补充，或对几个方案进行综合后形成最终方案。方案选择是由领导进行决策的重要一环，决策者应当运用决断理论，以战略和系统的观点对方案进行审查。现代决策必须有专家参与，但专家不能代替领导决策。

5. 方案实施

既进行采购定购、验收、安装调试、初步使用评价等工作。

在实施过程中对机械的适用性、配套性及可靠性等信息应及时反馈给主管部门，以便对原方案进行及时修正，并对规划目标实行动态控制。

根据我国公路养护机械配置的现状分析和经验总结，在配置养护机械时应特别注意以下几点：

(1)由于路面的损坏和变形是一个逐渐发展的过程，因此，必须根据路面状况变化的规律和养护作业的特点逐步适时配置养护机械，以避免购置的盲目性所造成的机械闲置和资金浪费。

(2)对配置方案必须进行可行性分析论证，特别是应有用户使用意见调查，明确所要配置机械的适用条件和售后服务质量。

(3)要特别重视安装调试工作程序，确保技术资料完整，不留遗留问题。

(4)养护机械配置水平的评价，应以养护作业的综合效益为中心。

(5)要重视养护机械技术使用人员的技术培训和考核工作。

第九章　设备更新与技术经济分析

第一节　设备的磨损及寿命

一、设备的磨损

设备在使用(或闲置)过程中均会发生磨损,磨损有两种形式:有形磨损和无形磨损。

1. 设备的有形磨损及度量

机器设备在使用(或闲置)过程中发生的实体磨损或损失,称为有形磨损或物质磨损。设备的有形磨损有两种形式:

(1)第一种有形磨损

设备在使用过程中,由于外力的作用使零部件发生摩擦、振动和疲劳等现象,导致机器设备的实体发生磨损,这种磨损叫做第一种有形磨损。它通常表现为:

①机器设备零部件的原始尺寸改变,甚至形状也发生变化。

②公差配合性质改变,精度降低。

③零部件损坏。

有形磨损一般可分三个阶段,如图 9-1 所示。第一阶段是新机器设备磨损较强的"初期磨损"阶段;第二阶段是磨损量较小的"正常磨损"阶段;第三阶段是磨损量增长较快的"剧烈磨损"阶段。例如机器中的齿轮,初期磨损是由于安装不良,人员培训不当等造成的。正常磨损是机器处在正常工作状态下发生的,它与机器开动的时间长短及负荷强度大小有关,当然也与机器设备的牢固程度有关。剧烈磨损则是正常工作条件下被破坏或使用时间过长的结果。

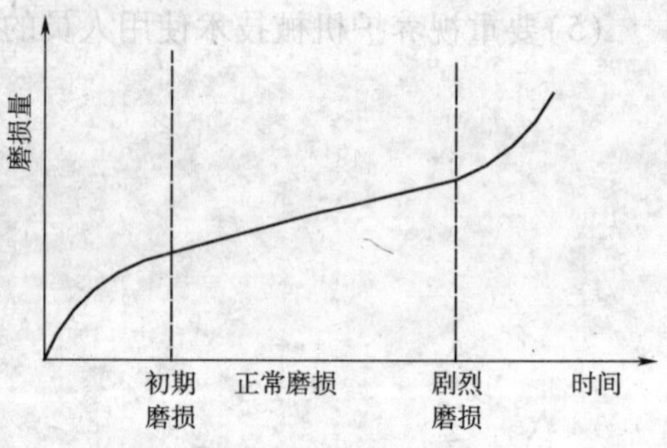

图 9-1　设备磨损曲线

在第一种有形磨损的作用下,以金属切削机床为例,其加工精度、表面粗糙度和劳动生产率都会劣化。磨损到一定程度,整个机器就会出毛病,功能下降,设备的使用费剧增。有形磨损达到比较严重的程度时,设备便不能继续正常工作甚至发生事故。

(2)第二种有形磨损

设备在闲置过程中,由于自然力的作用而使其丧失了工作精度和使用价值,叫做第二种有形磨损。设备闲置或封存也同样产生有形磨损,这是由于机器生锈、金属腐蚀、橡胶和塑料老化等原因造成,时间长了会丧失精度和工作能力。

当设备磨损到一定程度时,设备的使用价值降低,使用费用提高。要消除这种磨损,可通过修理来恢复,但修理费应小于新机器的价值。当磨损导致设备丧失工作能力,即使修理也不能达到原有功能时,则需更新设备。

设备的磨损程度是衡量使用设备经济性的基础。在机械设备中,通常用尺寸的变化来反映零件的有形磨损量。设 n 个零件发生了磨损,第 i 个零件的磨损程度 α_i 为:

$$\alpha_i = \frac{\delta_{pri}}{\delta_{mi}} \times 100\% \tag{9-1}$$

式中:δ_{pri}——第 i 个零件的实际磨损量,mm;

δ_{mi}——第 i 个零件的最大允许磨损量,mm。

显然,α_i 是一个无量纲的相对系数。对一台具体的设备来说,生产厂家通常不向用户提供某个零件的实际尺寸,它只担保这个尺寸符合图纸规定的公差范围,并在出厂检验记录中提供某些装配精度和运动精度的实际数值。所以,在机械修理时若将它进行拆卸,测量其磨损程度,所比较的并非真实的初始状态,而是它的设计图纸。但这种方法人们都习以为常而很少有非议。在测量出个别零件的磨损之后,可以确定整个设备的平均磨损程度 α_p:

$$\alpha_p = \frac{\sum \alpha_i}{n} \tag{9-2}$$

式中:n——被测量的零件数。

α_p 只是一个大致的估计,因为并非所有的零件在设备中都扮演同等重要的角色,而且设备功能的降低,也并非都缘于尺寸变化。所以,要用加权的办法,区分磨损零件在影响设备功能的程度方面的主次轻重。设 n 个被测零件对机械功能的影响之和为 100%,其中,第 i 个零件的影响程度(重要性)为 W_i,则整台机械设备的磨损度为:

$$\alpha_p = \frac{\sum \alpha_i W_i}{\sum W_i} \quad (i = 1, 2, \cdots, n) \tag{9-3}$$

这样的估计量比式(9-2)要合理一些。

在实际使用式(9-3)时,如何选择 n? 为了使估计量更符合实际,只有那些直接影响设备的基本功能的零部件,才应该被视为进行估计的对象,而不能把一切磨损件不分主次地均纳入上面的计算式子,因为不这样处理问题,势必使测算的工作量猛增,并且又不反映最真实的情况。因此制造厂家应向用户提供设备关键件清单及修理图纸,或者负责设备修理的部门要事前准备好关键件清单及图纸资料。

例如,要考察一台车床功能降低的状况,只能从使用它进行加工时的工作质量和产品质量判断。于是着眼点便是主轴轴颈及轴承的磨损、床身导轨及溜板的磨损、丝杠的磨损以及尾座顶尖间隙的增大等几项,因为它们直接影响工件的品质。而对于内燃机,直接影响功率出力大小的是气缸和活塞环的磨损量。影响燃气品质和燃料消耗的是配气机构中进、排气阀及阀座的磨损量。对于泵和风机,其主轴和轴承的磨损则将影响正常的气隙,从而导致生产率的改变。总之,在修理决策前对机械设备磨损的估计,一定要正确选择估计对象。它们绝不是全部应更换和修理的零件,而只是其中起关键作用的那一部分。

在企业中,最方便的还是用修理费用作指标,从价值上来度量有形磨损程度。这时:

$$\alpha_p = \frac{R}{K_1} \tag{9-4}$$

式中:R——恢复全部磨损零件(包括装拆)所需的修理费;

K_1——在确定机械设备磨损时,该种设备再生产(或再购)的价值。

α_p 应小于 1。若 $\alpha_p \geqslant 1$,则此设备已无修理的必要,可用买新换旧的方法来解决问题了。

2. 设备的无形磨损及度量

所谓设备的无形磨损是指由于科学技术进步而不断出现性能更加完善,生产效率更高的设备,使原有设备的价值降低,或者是生产同样结构设备的价值不断降低而使原有设备贬值。无形磨损也称经济磨损或精神磨损。

无形磨损有两种形式:

(1)第一种无形磨损

由于相同结构设备再生产价值的降低而产生原有设备价值的贬低,称第一种无形磨损。

第一种无形磨损不改变设备的结构性能,但由于技术的进步,工艺的改善,成本的降低,劳动生产率不断提高,使生产这种设备的劳动耗费相应降低,而使原有设备贬值。但设备的使用价值并未降低,设备的功能并未改变。不存在提前更换设备的问题。

(2)第二种无形磨损

由于不断出现技术上更加完善,经济上更加合理的设备,使原设备显得陈旧落后,因此产生经济磨损,叫做第二种无形磨损。

第二种无形磨损的出现,不仅使原设备的价值相对贬值,而且使用价值也受到严重的冲击,如果继续使用原设备,会相对降低经济效益,这就需要用技术更先进的设备来代替原有设备,但是否更换,取决于是否有更新的设备,及原设备贬值的程度。

无形磨损的程度用设备的价值降低系数 α_{I} 来估计:

$$\alpha_{\mathrm{I}} = \frac{K_0 - K_1}{K_0} \tag{9-5}$$

式中:K_0——设备的原始价值(购置价格);

K_1——考虑无形磨损时,设备的再生产(再购)价值。

$$K_1 = K_n \times \left(\frac{q_0}{q_n}\right)^{\mu} \times \left(\frac{C_n}{C_0}\right)^{\beta} \tag{9-6}$$

式中:K_n——新型设备的价值;

q_0、q_n——使用相应的旧设备和新型设备时的生产率(件/单位时间);

C_0、C_n——使用相应的旧设备和新型设备时的单位产品耗费(元/件);

μ——劳动生产率提高指数;

β——成本降低指数。

3. 设备的综合磨损及度量

设备在购置安装后,不论使用与否,同时存在着有形磨损和无形磨损,两者都使它的价值降低。因为以上各式计算出的磨损程度都是一些百分数,所以设备有形磨损后的残余价值系数为 $1-\alpha_{\mathrm{p}}$;设备无形磨损后的残余价值系数为 $1-\alpha_{\mathrm{I}}$:

因此考虑到两类磨损后,设备的残余价值系数为:

$$(1-\alpha_{\mathrm{p}})(1-\alpha_{\mathrm{I}})$$

由此,机器设备在某个时刻的综合磨损程度为:

$$\alpha = 1-(1-\alpha_{\mathrm{p}})(1-\alpha_{\mathrm{I}}) \tag{9-7}$$

设 K 为设备的残值,也就是在经历有形磨损和无形磨损后的残余价值,这是决定设备是否值得修理的重要依据。

$$K = (1-\alpha)K_0 \tag{9-8}$$

将式(9-4)、式(9-5)代入:

$$
\begin{aligned}
K &= \{1-[1-(1-\alpha_p)(1-\alpha_1)]\}K_0 \\
&= \frac{K_1-R}{K_1}\left[1-\frac{K_0-K_1}{K_0}\right]\times K_0 \\
&= K_1-R
\end{aligned}
\tag{9-9}
$$

即设备残值等于再生产的价值减去修理费用。

当 $K_1>R$ 时，$K>0$，设备还有价值；

$K_1=R$ 时，$K=0$，设备已无价值；

$K_1<R$ 时，$K<0$，设备不再具有修理的意义。

二、设备磨损的补偿方式

不论使用或闲置，设备系统各组成单元的有形磨损是不均匀的，而无形磨损一般都是从整机的价值浮动上来考察才有意义。组成单元的有形磨损是不均匀的，有人为因素和非人为因素。人为的因素是，对于可维修的设备系统，在设计过程中有意识地按不相等的可靠性进行分配，结果一些组成单元的可靠性较大，另一些较小，以此来减少修理工作量，并充分利用贵重组成单元的残值。非人为因素是，各组成单元发生磨损和故障的随机性。尽管可靠度相同，但它毕竟只是个概率。预期的事件可能发生，也可能不发生。所以，期望在某个时刻组成设备系统的各单元都有相同的有形磨损是不可能的。至于无形磨损，虽然应从系统的整体来说才有意义，但现代机械制造的分工，使一些设备的子系统（如部件、零件和机构）可以单独作为商品来生产，它们也可以单独考核功能和价值，这时也存在组成单元无形磨损的不均匀性问题。

对设备磨损的补偿是为了恢复或提高设备系统组成单元的功能。如上所述，由于耗损不均匀，必须将各组成单元区别对待。一些有形磨损是可消除的，例如零部件的弹性变形，可以在拆卸后进行校正；在使用中逐渐丧失的硬度，可用热处理的办法恢复它；表面光洁度的丧失，可以重新加工等。但有些有形磨损则不能消除，例如零件断裂、材料老化等。而对无形磨损的补偿，只有在采取措施改善设备技术性能，提高其生产工艺的先进性等后才能实现。

这样，我们就有了针对不同磨损程度的设备组成单元的补偿对策：对于可消除的有形磨损，通过修理来恢复其功能；对于不可消除的有形磨损，修理已无意义，必须更新才能进行补偿；对于第二种无形磨损，因为它是由于科学技术进步产生了相同功能的新型设备所致，要全部或部分补偿这种差距，只有对原设备进行技术改造，即现代化改装或技术更新。

修理、更新和现代化改装是设备磨损补偿的三种方式（如图 9-2）。这三种方式的选用并

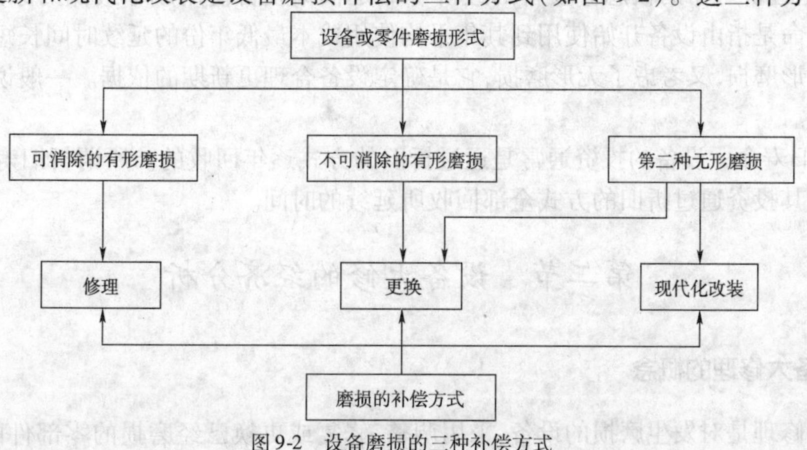

图 9-2　设备磨损的三种补偿方式

非绝对化。通常采用经济评价方法来决定采用何种补偿方式。一个设备系统,一台设备,在确定其磨损的补偿方式时可以有多种,而不必拘泥于形式上的统一。所以,这就出现了设备维修的多样性和复杂性。在技术上和生产组织上,设备维修始终是设备管理中工作量最大内容最繁杂的工作,以至于人们力图探索一种新的途径,在现代科学技术的基础上实行大规模的标准化生产,尽可能地降低设备及其零部件的成本,使更新的费用低于维修费,这就是无维修设计。可是无维修设计至今只能用于低值易耗的设备或零部件,而对技术密集、资金密集的设备仍不能避免维修环节。生产技术越向大型、复杂、精密的高级形式发展,设备的价值含量也就越大,相应地维修费占生产总成本的比重不是降低,而是增加。

对应于各种补偿方式,在一台设备或一个设备系统进行修理时,可把它的零部件区分为如下四种:

(1)留用件:未发生磨损或虽发生磨损但仍能实现其功能的零部件。

(2)修理件:用修理方式进行补偿,全部或局部恢复其功能的零部件。

(3)更换件:用更换的方式进行补偿,全部恢复其功能的零部件。

(4)用现代化改装方式进行补偿,提高其功能的新制零部件。

三、设备的寿命

由于磨损的存在,设备的使用价值和经济价值逐渐消逝,因而设备具有一定的寿命。工程运用中设备的寿命有四种。

(1)自然寿命　自然寿命也称物质寿命,是由于有形磨损所决定的设备的使用寿命,指一台设备从全新的状态开始使用,产生有形磨损,造成设备逐渐老化、损坏、直至报废所经历的全部时间。正确使用,维护保养,计划检修可以延长设备的自然寿命,但不能从根本上避免其磨损。任何一台设备磨损到一定程度时,必须进行修理或更新。

(2)技术寿命　由于科学技术的迅速发展,不断出现比现有技术更先进、经济性更好的新型设备,从而使现有设备在物质寿命尚未结束前就被淘汰。技术寿命是指一台设备可能在市场上维持其价值的时间。也就是说一台设备开始使用到因技术落后而淘汰为止所经历的时间,也叫设备的技术老化周期。技术寿命的长短主要取决于技术进步的速度,而与有形磨损无关。通过现代化改装,可以延长设备的技术寿命。

(3)经济寿命　当设备处于自然寿命后期,由于设备的老化,磨损严重,要花费大量的维修费用才能保证设备正常使用,因此从经济上考虑,要对使用费用加以限制,从而截止自然寿命,这便产生经济寿命的概念。设备的经济寿命是根据设备使用成本最低的原则来确定的。所谓经济寿命是指由设备开始使用到其年平均使用成本最低年份的延续时间长短。经济寿命既考虑了有形磨损,又考虑了无形磨损,它是确定设备合理更新期的依据。一般说经济寿命短于自然寿命。

(4)折旧寿命　设备的投资通常是通过折旧的方式逐年回收的。所谓折旧寿命是指设备开始使用到其投资通过折旧的方式全部回收所延续的时间。

第二节　设备大修的经济分析

一、设备大修理的概念

设备大修理是对发生磨损的设备,采用调整、修复或更换已经磨损的零部件的方法,来恢复设备局部丧失的生产能力。它是补偿设备的有形磨损的方法之一。

一般来说，采用大修理的方法来恢复设备原有的功能要比制造新设备来得快，它还可以继续利用大量被保留下来的零部件，因而节约大量原材料和加工工时，这些都是保证设备修理的经济性的有利条件。如果经过大修的设备，生产单位产品的劳动消耗比使用新设备高时，则采用大修理的方法在经济上是不合算的。因此，设备发生磨损以后，是否应该进行大修理，需要进行经济分析。

二、设备大修理的经济界限

1. 设备大修理的经济界限 I

从理论上讲，对设备进行大修理的经济界限可用下式进行判断：

$$R \leqslant K_j - L_j \tag{9-10}$$

式中：R——某次大修理的费用；

K_j——设备第 j 次大修理时该种设备的再生产价值（即在大修理年份购买相同设备的市场价）；

L_j——设备第 j 次大修理时的残值。

由上式可知，当大修理费小于或等于设备现价（新设备费）与设备残值的差，则大修理在经济上是合理的；否则，宁可去购买新设备也不进行大修理。

应注意的是，利用上式进行判断时要求大修后的设备在技术性能上与同种新设备的性能大致相同时，才能成立，否则不如把旧设备卖掉，购置新设备使用。

设备磨损后，虽然可以用大修理来进行补偿，但是也不能无止境地一修再修，应有其技术经济界限。在下列情况下，设备必须进行更新：①设备役龄长，精度丧失，结构陈旧，技术老化，无修理或改造价值；②设备先天不足，粗制滥造，生产效率低，不能满足产品工艺要求，并且很难修好；③设备技术性能落后，人工劳动强度大，影响人身安全；④设备严重“四漏”，能耗高，污染环境；⑤一般经过三次大修，再修理也难恢复出厂精度和生产效率，且大修费用超过设备原值的 60% 以上。

2. 设备大修理的经济界限 II

设备大修理的经济效果如何，不能仅从大修理费用与设备价值之间的关系来判断是否进行大修理，而必须与生产成本联系起来。其评价标准是在大修理后使用该设备生产的单位产品的成本，应该不超过用相同的新设备生产的单位产品的成本，这样的大修理在经济上是合理的。事实上，这是更为重要的设备大修理的经济界限。

设备大修理的经济效果，可用下列计算公式表示：

$$I_j = \frac{C_j}{C_0} \leqslant 1 \tag{9-11}$$

或

$$\Delta C_j = C_0 - C_j \geqslant 0 \tag{9-12}$$

式中：I_j——第 j 次大修理后的设备与新设备加工单位产品成本的比值；

C_j——在第 j 次大修理后的设备上加工单位产品的成本；

C_0——在新设备上加工单位产品的成本；

ΔC_j——在新设备与第 j 次大修理后的设备上加工单位产品成本的差额。

由上式可知，只有当 $I_j \leqslant 1$ 或 $\Delta C_j \geqslant 0$ 时，设备的大修理在经济上才是合理的。

新设备或大修理后的设备的单位产品成本可采用以下方法计算：

(1)在新设备上加工单位产品的成本 C_0，可看作在新设备第一次大修理之前整个使用期间(称为第一个使用周期)生产单位产品的成本。

$$C_0 = (K_n + P_0 - L_1)/Q_0 \tag{9-13}$$

式中：K_n——新设备的价值；

P_0——设备在第一个使用周期内经营费用总额；

L_1——设备使用到第一次大修理时的残值；

Q_0——设备在第一个使用周期内的产品产量。

(2)在大修理后的设备上加工单位产品的成本，可根据两次大修理之间的总经营成本额与该期间生产的产品数量之比来确定。

$$C_j = (L_{j-1} + R_{j-1} + P_j - L_j)/Q_j \tag{9-14}$$

式中：L_{j-1}、L_j——设备使用到第$(j-1)$次和第j次大修理时的残值；

R_{j-1}——设备第$(j-1)$次大修理费用，其中 $R_0=0$；

P_j——设备第j个使用周期内经营费用总额；

Q_j——设备在第j个使用周期内的产品产量。

当然，上式所指的单位产品成本是针对某一定时期(两次大修理间隔期)或一定时期的产量而言的。若从这一次大修理到下一次大修理的间隔期不等，那么，间隔期内生产的产品总量就不会相等，单位产品成本也就不等。

第三节 设备更新的经济分析

一、设备更新的评价指标

设备使用到一定年限后，设备的性能不能满足原有的要求，设备的生产效率下降，而经营费用却逐年增加。为了保证设备的运行性能必须对设备进行现代化改装或更新。

设备更新有原型更新和技术更新两种形式。原型更新又称简单更新，是指用相同结构、性能、效率的同型号设备来替代原有设备。这种更新主要是用来更换已损坏的或陈旧的设备。技术更新是以结构更先进、技术更完善、性能更好、效率更高的设备代替原有设备。这种更新主要用来更换遭到第二种无形磨损，在经济上不宜继续使用的设备。

设备更新的评价指标很多，有技术方面的(如可靠性、节能性、维修性等)，有经济方面的(如投资、经营成本等)，有社会方面的(如环境等)。在石油、化工、冶金企业中，很多设备在更新时，由于高温、高压、易燃、易爆等原因，首先考虑的是设备的安全可靠性，其次才考虑其经济性等，在这里我们仅对设备更新的经济性进行分析比较。

二、设备更新的经济分析

在更新设备时，通常面对若干个不同的更新方案，这些方案往往都能满足产品的技术要求和产量要求。同时，这些方案又都有自己特有的经济优劣性。因此，同样需要对这些方案进行经济分析，以便进行最佳选择。

更新方案比较时，要注意方案的可比性。对于设备更新方案的比较要考虑设备性能、效率、使用年限、购置费用、经营成本、产品质量等的可比条件，否则要进行适当的处理后，才能进行计算、比较。在缺乏可比条件下的比较是无意义的。

1. 低劣化数值法

设备投入使用之后，使用时间越长，设备的有形磨损越大，其维护修理费用及燃料、动力消耗等（运行费用）越高，这叫做设备的低劣化。

以 K_0 代表设备的原始价值，L_j 代表设备的残值，T 代表已使用的年数，则设备每年的分摊费为 $(K_0 - L_j)/T$。随着 T 的增长，按年平均的设备分摊费用不断减少。假定设备在初始投入使用（即第一年）的年运行成本为 C_1，若设备的低劣化呈线性变化，例如运行费用按等差序列逐年递增，则设备运行费用的低劣化程度可用低劣化值 λ 来表示，则第 T 年的低劣化数值为 $(T-1)\lambda$，年平均低劣化为：

$$\frac{\lambda + 2\lambda + \cdots\cdots + (T-1)\lambda}{T} = \frac{T-1}{2} \times \lambda$$

故设备的年平均总费用 AC 为：

$$AC = C_1 + \frac{\lambda(T-1)}{2} + \frac{K_0 - L_j}{T} \tag{9-15}$$

式中：C_1——初始（第一年）运行费用。

为求使 AC 最小的设备使用年数 T^*，令：

$$\frac{d(AC)}{dT} = 0$$

得：

$$T^* = \sqrt{\frac{2(K_0 - L_j)}{\lambda}} \tag{9-16}$$

【例 9-1】 某设备的原始价值为 8 000 元，每年低劣化增加值为 320 元，残值为零，则

$$T^* = \sqrt{\frac{2 \times 8\ 000}{320}}$$

即设备的最优使用期（也是设备的最优更换期）为 7 年。

如果逐年加以计算，也可得到同样结果。如表 9-1 所示，首先算出逐年的设备费用，然后计算每年的平均低劣化值，最后按式(9-15)算出前两项之和。

设备最优更新期计算表（未考虑资金的时间价值） 表 9-1

使用年限 T	年平均设备费（元） K_0/T	年平均低劣化值（元） $\lambda(T-1)/2$	年平均总费用（元） AC
1	8 000	320	8 320
2	4 000	480	4 480
3	2 667	640	3 307
4	2 000	800	2 800
5	1 600	960	2 560
6	1 333	1 120	2 453
7	1 143	1 280	2 423
8	1 000	1 440	2 440
9	889	1 600	2 489

由表中可见，在使用的第 7 年，年平均总费用最低，为 2 423 元，即设备最优更新周期为 7

年。注意,这种设备最优更新期的计算未考虑资金的时间价值。若考虑资金的时间价值时,假定利率 $I=0.15$,其计算结果见表 9-2 所示。

设备最优更新期计算表(单位:元) 表 9-2

使用年限	①当年低劣化值	②现值系数	③低劣化现值	④累积低劣化现值	⑤资本回收系数	⑥年平均低劣化值	⑦年平均设备费用	⑧年平均总费用
	①	②	③=①×②	④	⑤	⑥=④×⑤	⑦=8 000×⑤	⑧=⑥+⑦
1	1×320=320	0.869 6	278.27	278.27	1.150 00	320.01	9 200	9 520.01
2	2×320=640	0.756 1	483.90	762.17	0.615 12	469.83	4 920.96	5 389.79
3	3×320=960	0.657 5	631.20	1 393.37	0.437 98	610.27	3 503.84	4 114.11
4	4×320=1 280	0.571 8	731.90	2 125.27	0.350 27	744.42	2 802.19	3 546.58
5	5×320=1 600	0.497 2	795.52	2 920.79	0.298 32	871.33	2 386.56	3 257.89
6	6×320=1 920	0.432 3	830.02	3 750.81	0.264 24	991.11	2 113.92	3 105.03
7	7×320=2 240	0.375 9	842.02	4 592.83	0.240 36	1 103.93	1 922.88	3 026.81
8	8×320=2 560	0.326 9	836.86	5 429.69	0.222 85	1 210.01	1 782.80	2 992.81
9	9×320=2 880	0.284 3	818.78	6 248.47	0.209 57	1 309.49	1 676.56	2 986.05
10	10×320=3 200	0.247 2	791.04	7 039.51	0.199 25	1 402.62	1 594	2 996.62

由表 9-2 所示,考虑资金的时间价值,设备的经济寿命为 9 年,即最优更新期为 9 年。

2. 最小年费用法

若设备的低劣化值不是常数,而是变化的,各年均不相等,则应采用最小年费用法,计算设备的合理更新期。

为了找出设备的最优使用期,需计算在整个使用期内各年消耗的平均费用,从中选出平均费用最小的一年,就是设备的最优使用年限。最小年费用法的计算公式为:

$$\overline{C}_{(t)}=\frac{\sum_{t=1}^{T}C_t+K_0-L_T}{T} \tag{9-17}$$

式中:$\overline{C}_{(t)}$——某一确定年份的年平均费用(元);

C_t——某年运行费用(元);

t——某一确定年份;

L_T——设备在 T 年末的残值。

若考虑资金的时间价值,则:

$$\overline{C}_{(t)}=\left[K_0-\frac{L_T}{(1+i)^T}+\sum_{t=1}^{T}\frac{C_t}{(1+i)^t}\right]\frac{i(1+i)^T}{(1+i)^T-1} \tag{9-18}$$

【例 9-2】 某设备原始价值 16 000 元,其各年残值及维持费用资料如表 9-3 所示,试求设备合理更新期。

设备各年残值及维持费用资料表 表 9-3

使用年数	1	2	3	4	5	6	7
年维持费(元)	2 000	2 500	3 500	4 500	5 500	7 000	9 000
年末设备残值(元)	10 000	6 000	4 500	3 500	2 500	1 500	1 000

解:不考虑资金的时间价值,其计算结果如表9-4所示。

最小年费用法(静态)最优更新期计算表(单位:元)　　表9-4

①使用年限	②累计运行费	③设备费用 $K_0 - L_T$	④总使用费用 =②+③	⑤年平均费用 =④/①
1	2 000	6 000	8 000	8 000
2	4 500	10 000	14 500	7 250
3	8 000	11 500	19 500	6 500
4	12 500	12 500	25 000	6 250
5	18 000	13 500	31 500	6 300
6	25 000	14 500	39 500	6 583
7	34 000	15 000	49 000	7 000

由表9-4可见,该设备使用到第4年,年最小费用为6 250元,故第4年为最优更新期。如果考虑资金的时间价值,其计算结果如表9-5所示。

最小年费用法(动态)最优更新期计算表($i=10\%$)(单位:元)　　表9-5

使用年限	①设备原值	②设备残值	③ $\frac{1}{(1+i)^T}$	④残值现值	⑤年维持费用	⑥维持费现值	⑦维持费现值累计	⑧总使用费用	⑨	⑩年平均费用
	①	②	③	④=②×③	⑤	⑥=⑤×③	⑦	⑧=①-④+⑦	⑨	⑩=⑧×⑨
1	16 000	10 000	0.909	9 090	2 000	1 818	1 818	8 728	1.100	9 601
2	16 000	6 000	0.826	4 956	2 500	2 065	3 883	14 927	0.576	8 598
3	16 000	4 500	0.751	3 380	3 500	2 629	6 512	19 132	0.402	7 691
4	16 000	3 500	0.683	2 391	4 500	3 074	9 586	23 195	0.315	7 306
5	16 000	2 500	0.621	1 553	5 500	3 416	13 002	27 449	0.264	7 247
6	16 000	1 500	0.565	848	7 000	3 955	16 957	32 109	0.230	7 385
7	16 000	1 000	0.513	513	9 000	4 617	21 574	37 061	0.205	7 598

注:第⑨列计算公式为 $i(1+i)^T/[(1+i)^T-1]$。

由表9-5可见,考虑资金的时间价值,设备的最优更新期为第5年。

第四节　设备现代化改装的经济分析

一、设备现代化改装的概念

设备在遭受第二种无形磨损后,除了用技术更先进、性能更好、效率更高的新设备来替换(即技术更新)外,还可以在原有设备的基础上,进行现代化改装。

所谓设备现代化改装,是指根据生产使用的需要,应用先进的技术成果,改变原有设备的结构,改善原有设备的技术性能,使之局部甚至全部达到现有新设备的技术水平。

由于设备现代化改装可以用比更换新设备少得多的投资,使陈旧落后的设备达到生产所需的技术水平,因此,设备现代化改装不仅是克服原有设备的技术落后状态,消除第二种无形磨损,促进技术进步的重要手段;也是扩大设备的生产能力,提高设备和产品质量的重要途径;同时,还是节省现有企业技术改造投资,提高其经济效益的有效措施。

二、设备现代化改装的经济评价方法

设备现代化改装是现有企业技术改造的一种重要方式,因此,分析设备现代化改装的经济性,应当与技术改造的其他方法相比较。在一般情况下,设备改造可行方案有:

(1)旧设备原封不动地继续使用。

(2)对旧设备进行大修理。

(3)用性能和效率相同的新设备更换旧设备。

(4)用性能更好、效率更高的新型设备更换旧设备。

(5)对旧设备进行现代化改装。

设备现代化改装的经济评价就是要在这些并存的可行方案中,选择出费用最小的方案。除可以用前面介绍的最小年费用法进行计算比较以外,还可以用最低总成本法和差额投资回收期法进行计算和比较。

1. 最低总成本法(总费用现值法)

对可能采用的方案,分别计算它们的使用总成本现值(主要包括设备购置费用和运行费),从中选取使用总成本最低的方案为最佳方案。各种可能方案的使用总成本可用下列公式计算:

(1)设备继续使用(下标用“0”表示)

$$C_{T0}=\frac{1}{\beta_0}\Big[\sum_{t=1}^{T}\frac{C_{ot}}{(1+i)^t}+L_0-\frac{L_{on}}{(1+i)^T}\Big] \tag{9-19}$$

(2)设备大修理(下标用“r”表示)

$$C_{Tr}=\frac{1}{\beta_r}\Big[K_r+\sum_{t=1}^{T}\frac{C_{rt}}{(1+i)^t}+L_0-\frac{L_{rn}}{(1+i)^T}\Big] \tag{9-20}$$

(3)同类设备更新(即原型更新,下标用“n”表示)

$$C_{Tn}=\frac{1}{\beta_n}\Big[K_n+\sum_{t=1}^{T}\frac{C_{nt}}{(1+i)^t}-L_0-\frac{L_{nn}}{(1+i)^T}\Big] \tag{9-21}$$

(4)设备现代化改装(下标用“m”表示)

$$C_{Tm}=\frac{1}{\beta_m}\Big[K_m+\sum_{t=1}^{T}\frac{C_{mt}}{(1+i)^t}+L_0-\frac{L_{mn}}{(1+i)^T}\Big] \tag{9-22}$$

(5)新型设备更新(即技术更新,下标用“nn”表示)

$$C_{Tnn}=\frac{1}{\beta_{nn}}\Big[K_{nn}+\sum_{t=1}^{T}\frac{C_{nnt}}{(1+i)^t}-L_0-\frac{L_{nnn}}{(1+i)^T}\Big] \tag{9-23}$$

公式(9-19)至(9-23)可归纳成通式表示:

$$C_{Tj}=\frac{1}{\beta_j}\left[K_j+\sum_{t=1}^{T}\frac{G_{jt}}{(1+t)^t}\pm L_0-\frac{L_{jn}}{(1+i)^T}\right] \tag{9-24}$$

式中：j——各种不同的方案，即 $j=o,r,n,m,nn$；

C_{Tj}——j 方案的总费用现值；

K_j——j 方案的设备投资费；

C_{jt}——j 方案第 t 年的经营费用；

L_0——旧设备在待处理（决策）年份的残值；

L_{jn}——j 方案的第 T 年年末的设备残值；

β_j——j 方案的设备生产能力系数，其中 $\beta_n=1$（以更换同类型新设备的生产能力为基准），且：

$$\beta=\frac{\text{方案的生产能力}}{\text{同类型新设备的生产能力}} \tag{9-25}$$

t——设备使用年份，$t=1,2,\cdots,T$。

使用以上公式进行对比选择时应注意两点：

(1)相比较的各方案计算时间应相同，即均按计算期 T 计算。

(2)各方案的生产能力相同，因此用生产能力系数 β 加以调整，使诸方案满足产量（数量）的可比性。

【例 9-3】 假定某设备的各种更新方案的投资和各年经营费用如表 9-6，年利率为 8%，不计年末残值，试对各种设备更新方案进行综合分析。

各种更新方案的投资和各年年经营费用　　　　表 9-6

可行方案	基本投资（元）	生产能力系数	各年年经营费用（元）								
			1	2	3	4	5	6	7	8	9
旧设备继续使用	$K_0=0$	$\beta_0=0.7$	250	300	350	400	450	500	530	700	910
用相同结构新设备更换	$K_n=1\ 300$	$\beta_n=1$	25	53	105	160	210	270	340	420	510
用高效率新设备更新	$K_{nn}=1\ 500$	$\beta_{nn}=1.3$	20	50	100	150	200	250	300	350	400
旧设备现代化改装	$K_m=1\ 200$	$\beta_m=1.25$	30	55	110	170	220	280	360	450	540
旧设备大修理	$K_r=700$	$\beta_r=0.98$	60	100	175	250	325	400	480	610	720
新设备在更换年份残值		150									

解：根据表 9-6 所列数据，计算各方案逐年的使用成本（总费用现值）。以第 2 年的 C_{Tnn} 为例说明计算方法。

$$C_{Tnn}=\frac{1}{1.3}\times\left(1\ 500+\frac{20}{1.08}+\frac{50}{1.08^2}-\frac{150}{1.08^2}\right)=1\ 102.1\quad(\text{元})$$

其他计算结果如表 9-7 所示。

各种更新方案的逐年总成本(单位:元)　　表 9-7

年　份	各方案的值 C_T				
	C_{T0}	C_{Tr}	C_{Tm}	C_{Tnn}	C_{Tn}
1	330.7*	771.0	982.2	1 061.3	1 184.3
2	698.1*	858.5	1 019.9	1 102.1	1 240.0
3	1 095.0	1 000.2*	1 089.8	1 170.5	1 332.9
4	1 515.0	1 187.8*	1 189.8	1 262.1	1 459.3
5	1 952.7	1 413.4	1 309.6*	1 373.1	1 610.4
6	2 402.7	1 670.6	1 450.8*	1 500.1	1 788.1
7	2 844.5	1 956.4	1 618.8*	1 640.2	1 993.5
8	3 384.8	2 292.7	1 813.3	1 790.6*	2 226.9
9	4 035.1	2 660.2	2 029.4	1 949.1*	2 488.0

注:为该年份各方案中总成本最低者。

从以上计算结果可以看出,如果设备只考虑使用两年(比如,两年以后产品将更新换代),那么以继续使用原设备最佳。这时不仅没有更换的必要,就连修理也是多余的。如果只打算使用三四年,那么最佳方案是对设备进行一次大修理。如果估计设备将使用五到七年,那么最佳方案是对设备进行现代化改装。如果使用期在八年以上,则采用高效率新结构设备更新旧设备为最佳方案。

应当指出,最低总成本法同样适用于上述方案中的不同子方案的选优。比如,准备采用高效率的新设备来更换旧设备时,由于可能存在多种高效率的新设备可以选择,仍可采用最低总成本法中的 C_{Tnn} 公式对不同高效率新设备进行计算,通过比较,选择某种最佳的高效率新设备来代替旧设备。

2. 差额投资回收期法

设备磨损后,采取什么样的补偿方法,往往需要我们搞清设备大修理、设备现代化改装和设备更换之间的关系,并且比较这些补偿方式下的设备基本投资、单位产品成本和年生产率,然后作出决策。

在一般情况下,设备大修理、现代化改装与更换的关系为

$$K_r < K_m < K_n, C_r > C_m > C_n, Q_r < Q_m < Q_n$$

式中:K_r、K_m、K_n——设备大修理、现代化改装和更新的基本投资(元);

C_r、C_m、C_n——设备大修理、现代化改装和更新的单位产品成本(元/件);

Q_r、Q_m、Q_n——设备大修理、现代化改装和更新的年生产量(件/年)。

因此,在考虑设备更新方案时,可按下列标准进行决策:

(i)当$\frac{K_r}{Q_r} > \frac{K_m}{Q_m}$,且 $C_r > C_m$ 时,设备现代化改装方案具有较好的经济效果,不仅经营费用有节约,基本投资也有节约。这时,大修理方案不可取。但是,这种情况较少。

(ii)当$\frac{K_r}{Q_r} < \frac{K_m}{Q_m}$,但 $C_r > C_m$ 时,这时可用差额投资回收期指标进行决策:

$$P_a = \frac{\frac{K_m}{Q_m} - \frac{K_r}{Q_r}}{C_r - C_m} \tag{9-26}$$

式中：P_a——差额投资回收期(年)。

如果 P_a 小于或等于企业或部门规定的基准投资回收期 P_c，那么设备的现代化改装方案是可取的。

(iii) $\frac{K_m}{Q_m} > \frac{K_n}{Q_n}$，但 $C_m > C_n$ 时，设备更新为最优方案。

(iv) $\frac{K_m}{Q_m} < \frac{K_n}{Q_n}$，但 $C_m > C_n$ 时，也可通过计算差额投资回收期来进行判断：

$$P_a = \frac{\frac{K_n}{Q_n} - \frac{K_m}{Q_m}}{C_m - C_n}$$

当 $P_a \leqslant P_c$ 时，更新方案是合理的，如果 $P_a > P_c$，则应选择现代化改装方案。

【例 9-4】 某设备进行大修理或现代化改装的投资分别为 2 000 元与 10 000 元。设备大修理后，估计产量为 20 000 件/年，单位产品成本为 0.20 元/件，设备现代化改装后的年产量估计是设备大修理后的 2 倍，单位产品成本为大修理后的 1/2，试比较两方案。

解：$K_r = 2\ 000$ 元　　$K_m = 10\ 000$ 元

$Q_r = 20\ 000$(件/年)

$Q_m = 20\ 000 \times 2 = 40\ 000$(件/年)

$C_r = 0.2$(元/件)

$C_m = 0.2 \times \frac{1}{2} = 0.1$(元/件)

所以　$P_a = \frac{\frac{K_m}{Q_m} - \frac{K_r}{Q_r}}{C_r - C_m} = \frac{\frac{10\ 000}{40\ 000} - \frac{2\ 000}{20\ 000}}{0.2 - 0.1} = 1.5$(年)

若 $P_c = 2$ 年，则应选择设备现代化改装方案；若 $P_c = 1$ 年，则应选择设备大修理方案。

第十章　价值工程

第一节　价值工程概述

价值工程(Value Engineering),简称VE,1947年前后起源于美国。它是以提高产品价值、用最低的总成本为用户提供所要求的产品功能的一种新兴的技术经济方法。价值工程立足于产品应提供用户所要求的效用,从研究功能出发,利用集体的智慧,找出如何合理地利用人力物力资源,利用时间和空间资源,为用户提供所希望的价廉物美的产品或服务。

纵观工业发展的历史,从17世纪的工业革命开始直至20世纪初,人们一直在努力进行着各种技术改造,依靠技术进步来不断提高产品质量,降低成本,为社会提供尽可能好的商品,从而使企业获得效益。

20世纪初,美国人泰勒通过研究发现,为提高产品产量,确保质量,降低成本可通过组织生产线、确定合理的生产量、安排合理的生产过程等管理方法达到。这种管理方法将人、设备、材料、能源等归纳到一个工作系统中来不断进行改善,使工业生产取得了革命性的阶段变化。经过发展和系统化,这种管理技术现发展成为工业工程(Industrial Engineering),简称IE技术。IE能促进生产方法的进步,有效地降低成本,但它以产品设计的技术条件为前提,故其降低的成本有一定限度。

1920年,美国人修哈特从提高产品质量、科学利用各种资源、尽可能地减少各种消耗、降低成本的角度出发,提出了质量管理(Quality Control, QC)概念。QC是将管理图、因果分析图、巴雷特图等科学的统计方法系统化后,结合相应的技术水平,保质保量地制造出产品来。QC也是以产品设计的技术要求为条件,力求无浪费地生产,以取得更大的效益,显然,其降低成本与增加效益也有一定的限度,要想大幅度地降低成本,就必须修改设计图纸,站在用户的立场上重新审查产品设计,消除那些无效设计或过剩设计,可靠地实现产品或作业的必要功能。价值工程就是从用户要求的功能出发,对现有产品的功能进行分析,消除产品材质选择、结构、技术要求和功能等不必要及不合理的因素,进一步降低成本。据统计,在应用了价值工程的项目中,往往能够降低20% ~40%的成本,同时能够确保用户要求的功能不变,效果显著。VE是继IE和QC之后出现的一种新的管理方法,它既有效地利用了资源,又满足了用户的功能要求,经济效益很好。图10-1给出了应用IE、QC和VE技术降低成本的范围和关系。

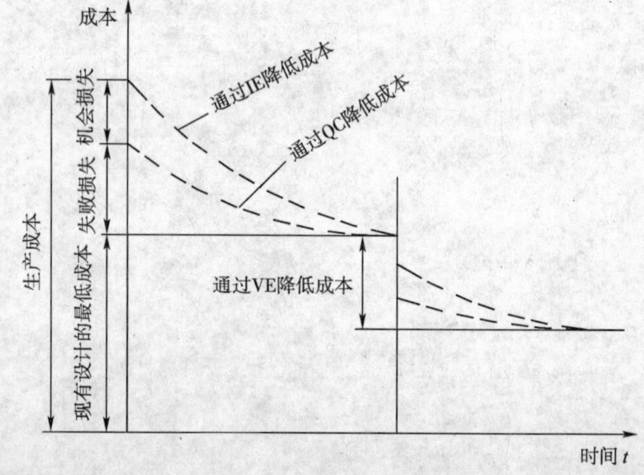

图10-1　各种技术和降低成本的关系

一、价值工程的产生与发展

价值工程的创立者是美国人 L. D. 麦尔斯(Miles),他是二战时美国通用电气公司采购部门的设计工程师,他在为通用公司采购紧缺商品和材料的过程中,组织了大量的物资代用的研究工作,经过深入细致地考察、不断地探索和实践,总结出了一套能够确保功能、完成任务而又可使成本下降的科学方法,于 1947 年以《价值分析》(Value Analysis,简称 VA)为名发表,以后又不断发展和完善,形成目前所谓的价值工程。

麦尔斯从分析功能、满足功能入手,找出不必要的工作环节,努力降低成本,取得了良好的效果。通用电气公司在开发价值工程技术上投入了 80 多万美元,而在应用价值工程的前十几年中就节约了两亿美元。1954 年美国海军舰船局采用了 VE,1956 年签订了订货合同,一年就节约了 3 500 万美元。1955 年,VE 被引入到日本,他们将 VE 与 QC、IE 三者结合起来应用,从产品设计、工艺改进、材料代用和取消不必要成本等各方面都取得了很大的收获。VE 技术的成功应用,使之在世界各地迅速开展,已成为一种有效降低成本的方法。

二、价值工程

对于价值这个概念,在日常生活中我们常这样处理,例如,购买一台彩色电视机,我们要同时考察其功能、质量和售价。对于一般的消费者,38in(1in(英寸) = 25.4cm)的进口名牌彩电固然质量和功能都很好,但售价太贵,价值不恰当,不能购买。而国产 14in 的彩电,由于产品设计过时,功能较少,质量一般,虽然价值很便宜,价值不足,也少有人购买。对于 25 和 29in 的彩电,功能完善,质量较好,声音、图像、颜色都较满意,还可接有线电视,而价值适中,就成为了消费者购买的主流。这其中,有人购买进口名牌彩电,看中的是功能和质量,价格就高些;有人购买国产彩电,可在满足了视听的基本要求后,享受到优惠的价格和较好的售后服务。对产品需求的不同、产品所具有的功能不同,则购买的群体不同。社会中的所有产品与彩电一样,都存在着质量和价格的关系,这二者就构成了产品的价值,用公式可以表示为:

$$V = F/C \tag{10-1}$$

式中:V——价值(Value);

F——功能(Function);

C——成本(Cost)。

从上式可以看出,提高产品价值有以下五种途径:

(1)功能不变,降低成本。

(2)成本不变,提高功能。

(3)功能提高,成本降低。

(4)成本略有提高,功能有更大的提高。

(5)功能略有下降,成本有更大的下降。

从以上对价值的分析我们得出了价值与功能和成本的关系。价值工程是指在提高产品价值的科学方法,其最具代表性的定义为:价值工程是以最低的寿命周期成本、可靠地实现产品或作业的必要功能、着重于功能分析的有组织的创造性活动。

从上述定义可以看出:价值工程就是从分析价值、功能和成本的关系入手,以保证必要功能为前提,努力降低成本,从而提高价值的群众性的创造活动。

价值工程是一门将经济与技术结合起来应用,依靠集体智慧,有组织地研究产品或作业的功能，揭示产品或作业中的必要功能与总成本最佳匹配规律的科学。

下面对价值工程定义中的几个概念作进一步讨论：

1. 寿命周期成本

价值工程中提及的寿命周期成本是总成本，即是产品从构思、设计、生产、流通、使用和维护直到该产品报废这一过程中的全部成本费用。通常可将寿命周期成本分为两部分：生产成本和使用成本。生产成本是指产品的调研、立项、设计、生产及使用的原材料、机器设备和劳务等物化劳动和活劳动所支付的费用。使用成本则是指产品在流通、运输、销售、储存、使用、维护与维修以及报废后处理等物化劳动和活劳动所支付的费用。

一般情况下，生产成本随产品功能水平的提高而上升，使用成本则随产品功能水平的提高而下降，如图 10-2。寿命周期成本就随产品功能水平的变化而呈开口向上的抛物线型变化，显然，寿命周期成本具有一个最小值 C_{min}。在这一点上，产品 F 达到适当的水平 F_0，而使生产成本与使用成本之和——寿命周期成本最小。

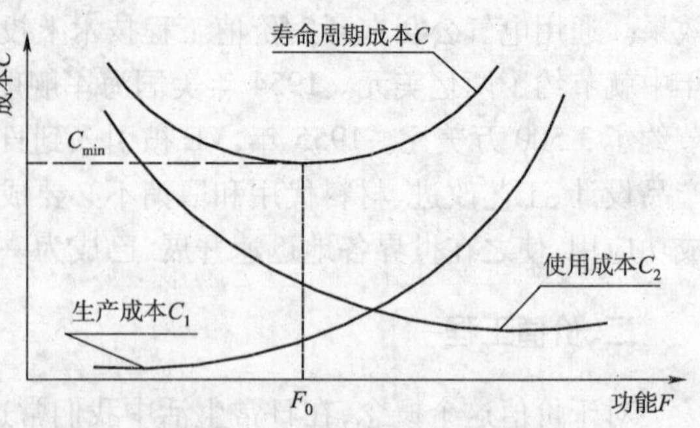

图 10-2　寿命周期成本简图

价值工程的目的，就是通过科学的分析研究而使产品具有一个适当的功能水平，从而确保产品的寿命周期成本最低。实际上，有些产品做价值分析时往往一次找不到最低寿命周期成本值，可反复应用 VE，确定最终的 F 与 C 的最佳匹配点，使产品满足用户的要求。

2. 可靠实现必要功能

必要功能是产品所应具有的必不可少的功能，也是用户所要求的基本功能。这部分功能产品必须要充分可靠地实现，否则便不称其为这种产品。如彩色电视机的必要功能就是能够正常地显示彩色图像和放出声音，若图像不是彩色的，那就不是彩电，而是黑白电视机了。至于彩色有无丽音、有无画中画等则属于彩电的辅助功能，辅助功能对于某些用户来讲是必要的，对于另一些用户则是不必要的，这是用户的选择。

可靠实现当然是按产品的性能和用户的要求达到规定的功能，并要安全、简便、易操作和易保养，产品在使用时应无故障，一旦出现故障也要易于修理。总之，可靠实现必要功能就是要在满足安全、可靠等相关条件前提下，实现用户所要求的功能。

3. 功能分析

价值工程的核心是对产品或作业进行功能分析，以功能分析为基础，找出满足产品功能、降低产品成本和提高产品价值的途径。功能分析包括功能定义、功能整理和功能评价。通过功能定义，可了解用户对产品的要求；通过功能整理，明确各功能之间的关系；通过功能评价，评选出最佳方案。经过上述步骤，在应用价值工程进行功能分析时就能分清产品的基本功能和辅助功能，找出必要功能和不必要功能，并搞清楚各功能之间的关系，找出解决办法，收到降低成本的效果。

4. 有组织的活动

价值工程是一项有组织的活动，它的特点就是其群众性和广泛性。它要求各个方面的人员按照价值工程的规定程序，全面开发出每个环节和每个参与人员的能力，通过集体研究和集体设计，来寻找出最佳的 VE 方案。VE 之所以比一般的方法效果好，是因为它抓住了功能分析这个关系，总结出一套比较科学的思维方法和工作步骤，把各方面的知识和技能、把集体的智慧、力量都调动起来，达到提高产品功能和降低产品成本的目的。据日本资料显示，日本工人提出的改进提案一般能降低成本的5%，经过培训的技术人员的提案，一般能降低成本的10%～15%，而有组织的VE活动可降低成本的30%，甚至更高。有组织在开展活动是价值工程的一个重要环节和显著特点。

三、应用价值工程的意义

价值工程是既能提高产品功能、又能降低产品成本的一种管理技术，对于涉及产品和费用的领域，价值工程的应用都有着重要的意义。

1. 应用价值工程提高经济效益，促进企业管理

我国的大多数企业在其原来的生产技术与管理水平的基础上，要不断提高经济效益的难度是很大的，运用价值工程是改变企业技术落后和经营管理落后的一种重要手段。因为，价值工程能够帮助我们将产品定位，在保证产品必要功能的基础上，摈弃产品不必要的功能，使产品的成本最低。另外，结合IE和QC等方法，使企业的管理进一步加强，在保证和提高产品质量的过程中，降低企业各环节的成本，人尽其才，物尽其用，在加强全面质量管理和全面经济核算的同时，搞好综合管理，带动各方面的管理水平的提高。

2. 运用价值工程推动企业技术与经济工作

技术与经济是既有区别，又有联系的统一体。但在实际中，许多企业却往往将这二者割裂开来。例如，注意了提高产品的质量，讲究技术上的先进性，却忽视了产品成本和价格；注意了降低产品成本，却又忽视了产品质量，出现了片面的做法，从而影响提高经济效益。而价值工程则强调要对产品的技术方案进行经济效益的评价，既考虑技术上的先进性和可行性，又要考虑经济上的合理性和现实性，从而避免由片面性带来的不良后果。

3. 价值工程为企业经营和发展决策提供依据

价值工程坚持用户第一的指导思想，通过市场调查，随时掌握市场动态，不断开发新产品，改进老产品，寻求以最低的总成本来满足用户对产品功能的需求，使自己的产品适销对路，取得最佳的经济效益。这些都为企业做出正确的经营决策和寻求良好的发展方向打下了基础。

第二节　价值工程的分析过程

价值工程活动的过程是不断提出问题和解决问题的过程，通常，其分析步骤如表10-1所示。

价值工程的分析步骤　　表10-1

决策过程	实施步骤	VE的问题
分析问题	选择对象 选定目标 搜集情报 功能分析	1. VE的对象是什么？ 2. 它是干什么的？ 3. 它的成本是多少？ 4. 它的价值是多少？
综合研究	方案创造	5. 有无其他方法实现同样功能？
方案评价	方案评价 方案实施及成果评价	6. 新方案的成本是多少？ 7. 新方案能满足要求吗？

一、选择 VE 对象

开展价值工程首先确定对象。VE 的对象就是生产中存在的问题,包括产品和工作过程。能否正确选择 VE 对象是 VE 活动收效大小、甚至成败的关键。

1. 选择 VE 对象的一般原则

选择 VE 对象的原则要根据企业的发展方向、经营目的、存在的问题等,以提高生产率、提高产品质量、降低成本和提高经济效益为目标。重点要考虑:

(1)对国计民生及实现企业经营目标影响较大的产品。

(2)社会需求量大、竞争激烈及有良好发展前景的产品。

(3)结构复杂、零件较多的产品,工艺、生产技术落后、在同类产品中技术指标较差的产品。

(4)情报资料易收集齐全,投入较少且收效快的产品及设计生产周期短的产品。

(5)成本高的产品及占产品成本比重大的零部件,价格较贵且有代用可能的零部件及成品率较低的产品和零部件。

(6)用户意见大、退货多及功能差的产品。

(7)产量大的产品。

2. 选择 VE 对象的方法

选择 VE 对象的方法很多,主要有:

(1)ABC 分析法

ABC 分析法是意大利经济学家帕莱特(Pareto)在研究人口收入规律时总结出来的。帕莱特发现占总人口百分比不大的少数人的收入要占总收入的极大部分,而占人口百分比大的多数人的收入却只占总收入的很少一部分。类似这种现象在社会和经济生活中也屡见不鲜。例如,在进行成本分析时,经常可发现占零部件总数 10% 左右的零部件,其成本要占总成本的 70% 左右;另外 30% 左右的零部件成本要占总成本的 20% 左右;而有 60% 左右的零部件的成本却只占总成本的 10% 左右,如图 10-3 。

我们将占总成本 70% 的那部分零部件划为 A 类,将占 20% 的划为 B 类,将占 10% 的划为 C 类,此即 ABC 分析法。

一般地,应用 ABC 分析法选择 VE 对象的步骤为:

①将全部产品或一种产品的零部件按成本大小依次排队。

②按排队的累计件数求出占产品或零部件总数的百分比。

③根据产品或零部件的累计成本求出占总成本的百分比。

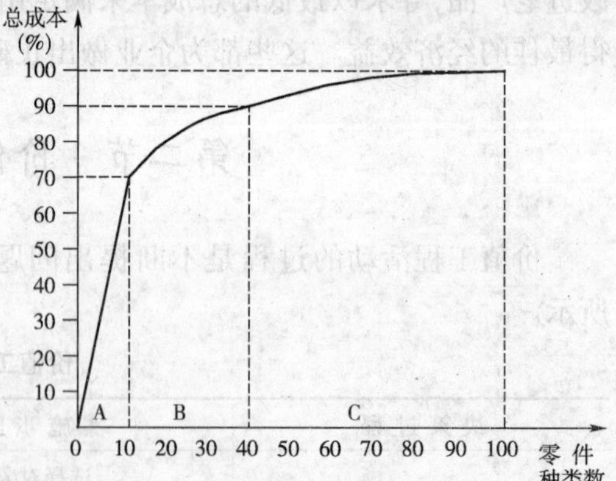

图 10-3 *ABC* 分析法简图

④按 ABC 分析法将全部产品或零部件分为 A、B、C 三类。

⑤画出帕莱特曲线,并首选 A 类为 VE 对象,其次再选 B 类。

ABC 分析法的优点就在于简单易行,能抓住成本中的主要矛盾加以解决。这种方法的不足之处是,虽然在一般情况下,对象的成本比率与功能大体上是相当的,但有时也会因成本和其他要素分配不合理造成产品或零部件虽属 C 类,但其功能却很重要,可能会因排列在后而未能选为 VE 对象。对于这种情况,可结合运用其他方法加以避免。

(2)强制确定法(Forced Decision Method)

强制确定法是建立在产品的功能和成本应当相互协调一致的基础上的,即一产品某零部件的成本应与其功能的重要性相对应。如果某零部件的成本很高,而其功能在零部件中所处的重要性又较低或者反之,成本与功能不相匹配,就可利用强制确定法,通过求算功能评价系数、成本系数、价值系数判断对象的价值,选出 VE 的对象。

强制确定法除用于选择对象外,还可用来进行功能评价和方案评价。强制确定法的应用步骤如下:

①将构成产品的零部件顺序排列出来。

②将各零部件逐一进行比较、打分,重要的多得分,不重要的少得分或不得分。

③将每个零部件所得的分数除以各零部件的总和分数,求出每个零部件的功能评价系数。

④将每个零部件的目前成本数除以全部零部件的总成本数,求出每个零部件的成本系数。

⑤将每个零部件功能评价系数除以成本系数,得出各零部件的价值系数。

⑥当零部件价值系数小于 1,即功能评价系数小于成本系数,说明该零部件不大重要,却占用了较多的目前成本;当零部件价值系数大于 1,即功能评价系数大于成本系数,说明该零部件功能较为重要,花费的成本却并不多。对前者可考虑降低其成本,对后者可考虑提高其功能。价值系数偏离 1 的程度越高,上述情况越显著,就越应当被选为 VE 的对象。而当价值系数等于 1 时,则表示该零部件的功能和成本匹配恰当。通常,对价值系数等于 1 或略大于,略小于 1 时的零部件都不选择为 VE 的对象。

在将各零部件逐一进行比较和打分时,通常采用 0-1 打分法和 0-4 打分法两种方法。

(i)0-1 打分法

这种打分法是将零部件排列起来后,就其功能的重要性逐一进行相互比较,重要的得 1 分,不重要的得 0 分,然后,将每个零部件所得的分数除以各零部件得分总和,求出各自的功能评价系数,如表 10-2。

$$\text{功能评价系数} = \frac{\text{零部件的功能得分}}{\text{全部零部件功能总分}} \tag{10-2}$$

0-1 打分法功能评价系数计算表 表 10-2

零部件名称	A	B	C	D	E	F	G	H	得分	功能评价系数
A	×	1	1	0	1	1	1	1	6	0.214
B		×	1	0	1	1	1	1	5	0.179
C			×	0	1	1	1	0	3	0.107
D	1	1	1	×	1	1	1	1	7	0.250
E					×	0	1	0	1	0.036
F						×	1	0	2	0.071
G							×	0	0	0
H			1	0	1	1	1	×	4	0.143
总分									28	1.000

功能评价系数的大小,说明该零部件在全部零部件中的重要程度,系数越大越重要。

对功能进行打分时应有十个人左右参加,这样可减少个体误差,使评出的结果更加符合实际情况。

用求出的功能评价系数除以成本系数(零部件成本与总成本之比),即可得出价值系数,如表 10-3。

价值系数计算表 表 10-3

零部件名称	功能评价系数	目 前 成 本	成 本 系 数	价 值 系 数
A	0.214	1 828	0.253	0.85
B	0.179	3 000	0.416	0.43
C	0.107	285	0.040	2.68
D	0.250	284	0.039	6.41
E	0.036	612	0.085	0.42
F	0.071	407	0.056	1.28
G	0	82	0.011	1
H	0.143	720	0.100	1.43
合计	1.00	7 218	1.00	

$$成本系数 = \frac{各零部件目前成本}{全部零部件目前成本之和} \tag{10-3}$$

$$价值系数 = \frac{功能评价系数}{成本系数} \tag{10-4}$$

根据价值系数的概念,我们可看到,对于价值系数小于 1 的对象,应考虑降低成本;而价值系数大于 1 的对象,则应考虑提高其功能。0-1 打分法为我们提供了零部件改进的努力方向及其大致的程度。

0-1 打分法简单、易行、实用且应用的范围很广,但由于 0-1 打分法在做零部件重要性比较时只能给出 0、1 两种结果,而在实际中往往并不是非此即彼;同时,0-1 打分法中总有一个零部件的得分为零,而这个零部件并不一定是没有存在的必要。为了克服这些不足,有时可采用 0-4 打分法。

(ii)0-4 打分法

0-4 打分法的使用规则与 0-1 打分法基本相同,只是在进行零部件逐一比较时,将比较打分的距离拉大,即将重要程度融入了重要性比较中。若两个零部件的重要性相差很大,则重要的打 4 分,不重要的打 0 分;若两个零部件的重要性相差不是很大,则重要的打 3 分,不重要的打 1 分;若两个零部件的重要性无甚差别,则可分别打 2 分。不论怎样比较,对两个零部件打分的分数之和总是 4 分,如表 10-4。

0-4 法功能评价系数计算表 表 10-4

零部件名称	*A*	*B*	*C*	*D*	*E*	得分	功能评价系数
A	×	4	2	3	0	9	0.225
B	0	×	1	2	2	5	0.125
C	2	3	×	0	3	8	0.200
D	1	2	4	×	4	11	0.275
E	4	2	1	0	×	7	0.175
合计	7	11	8	5	9	40	1.000

0-4 打分法避免了 0-1 打分法造成的非此即彼、无法表示程序的不足,使得所确定的零部

件的功能评价系数及其价值系数等能够更加接近实际。对于更加复杂的零部件功能评价系数和价值系数的求取,有时可依0-4打发法的规则加以扩充,采用多比例打分法。

(3)最合适区域法

由强制确定法可知,凡求出价值系数不为1的零部件,原则上均可作为VE的对象,这显然不很科学,有时也难以做到。其次,应用强制确定法还会使价值系数偏离1的程度小、功能评价系数与成本系数较大、改善期望值也较大的零部件不能被列为VE的对象;而使价值系数偏离1的程度大,其功能系数与成本系数较小、改善期望值也较小的零部件却可能被列为VE的对象。由日本东京大学田中教授于1973年提出的最合适区域法就可以克服强制确定法这些不足。

最合适区域法的思路是:价值系数相同的对象,由于各自的成本系数与功能评价系数的绝对值不同,因而对产品价值的实际影响有很大差异。在选择目标时不应把价值系数相同的对象同等看待,应优先选择对产品实际影响大的零部件作为对象,而对产品影响小的,则可根据必要与可能,决定选择与否。

对于价值系数相同的零部件,其功能与成本可能会有很大的差异,如表10-5所示。

价值系数相同时功能与成本的比较 表10-5

零件名称	功能评价系数	目前成本(元)	成本系数	价值系数
A	0.090	100	0.10	0.9
B	0.009	10	0.01	0.9
C	0.20	100	0.10	2.0
D	0.02	10	0.01	2.0
.	.	.	.	.
.	.	.	.	.
.	.	.	.	.
合计	1.00	1 000	1.00	

从表中可以看出,零部件A、B和零部件C、D的价值系数分别相等,但其各自的功能评价系数和成本系数则不同,使之对产品价值改善的实际影响有很大差别。例如,将零部件A的价值系数提高0.1,成本可降低10元;而将零部件B的价值系数提高0.1,成本则仅可降低1元。反之,若使零部件C的价值系数达到1,应将其目前成本提高一倍,即增加成本100元;而若使零部件D的价值系数达到1,其成本仅需增加10元。显然,价值系数不能作为表示零部件对产品功能与成本影响的唯一因素,还应同时考虑零部件的功能评价系数和成本系数。一般来说,功能评价系数和成本系数较大的零部件,对产品的功能和成本影响也较大。

在价值系数相近的条件下,应选择功能评价系数和成本系数较大的零部件为VE对象,不使其价值系数对1的偏离过大,这对整个产品提高功能、降低成本往往有举足轻重的作用。而对那些功能评价系数和成本系数较小的零部件,则可适当放宽控制。因为即使其价值系数对1的偏离很大,也可能对产品总体功能与成本产生不了太大的作用,可不列为VE对象。最合适区域法就是为了解决目标选择问题,使人们能够抓住主要矛盾,用适当的人力、物力、财力来解决产品的主要不足,有效地提高产品功能,降低产品成本。

在一直角坐标中,我们取成本系数为横坐标,功能评价系数为纵坐标,如图10-4,则价值标准线即为坐标系中的等分角线,在这条线上的任何点均满足价值系数为1。按照强制确定法，凡不在 $V=1$ 直线上的点所对应的零部件均应选作 VE 的对象，而最合适区域法就是要确定一个区域，使得虽不在 $V=1$ 直线上、但在所给范围内的对象可不选作 VE 的对象，凡超出此范围的，才选作 VE 的对象。

按照最合适区域法的思路，对于偏离 $V=1$ 直线的点，当成本系数和功能评价系数均较小，即距离 O 点较近时，可放宽控制。而对距 O 点较远的点则要从严控制，所以，最合适区域是一个于 $V=1$ 直线对称、开口向原点 O 的喇叭形区域。凡在区域内的对象，均可不做改进；而落在区域外的对象，则应被选为 VE 对象。

构成最合适区域的两条曲线是这样确定的：在图 10-4 中，曲线上的任意一点 $Q(x,y)$ 到价值标准线 $V=1$ 的距离为 R，Q 点到 $V=1$ 直线的垂足为 P 点，P 点到原点的距离 $OP=L$。如图 10-5。我们取定 R 与 L 的乘积为常数 s，显然，R 值大，则 L 值就要小；L 值大，则 R 值要小。根据解析几何的理论，可推导出满足最合适区域曲线的方程分别为：

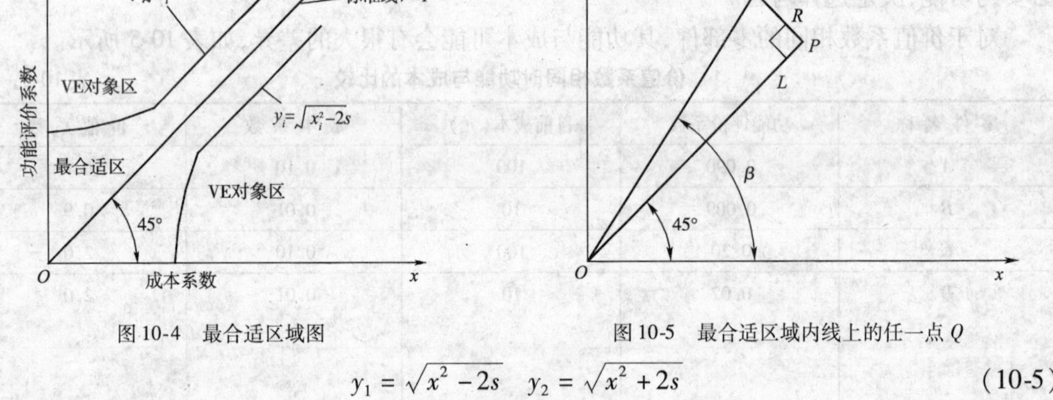

图 10-4　最合适区域图

图 10-5　最合适区域内线上的任一点 Q

$$y_1=\sqrt{x^2-2s} \quad y_2=\sqrt{x^2+2s} \tag{10-5}$$

按照这两个方程就可绘出类似图 10-4 的最合适区域。

在图中，最合适区域大小由所取定的 s 决定。取 s 值较大，则两条曲线与标准线的距离就较大，最合适区域范围亦较大，VE 的对象就将选得较少；反之，取 s 值较小，两条曲线与标准线的距离就较小，最合适区域范围亦较小，VE 的对象就将选得较多。s 的取值将视 VE 的目标而定，有时也可通过试验，选取合适的 s 值，直至价值工程获得满意的结果。

除上面介绍的三种方法外，确定 VE 对象的方法还有费用比重分析法、经验估计法、用户评分法、成本模型法、功能重要性分析法等，可根据具体实际灵活运用或结合应用。

二、收集情报

价值工程的目标是提高价值，为实现目标所采取的任何决策，都与其对欲改进产品的了解程度，即掌握的情报多少有关。通过情报可对产品进行分析对比，从而发现问题、找出差距，确定解决问题的方向。另外，掌握相当数量的情报，还往往可使人受到启发，拓展思路，有利于统一思想，充分发挥集体的智慧。没有情报信息，价值工程就寸步难行。对于价值工程来讲，情报就是资源，价值工程的成果很大程度上取决于所收集情报的质量、数量和适宜的时间。

1. 情报收集的原则

收集情报应将产品从研制、生产、流通、交换到消费全过程的情报都收集起来加以归纳、整理和分析，使情报得到充分利用。在收集过程中，注意情报的广泛性、目的性、可靠性、时间性和经济性，实际应用中应统筹兼顾，力求以较短的时间、较快的速度、较低的成本、较高的质量完成情报收集工作。

2. 情报收集的内容

在价值工程中需要的情报是多方面的，大致可分为：有关用户的情报、有关市场销售的情报、有关的技术资料、有关产品制造及对外协作的情报、有关成本的情报和其他情况。

价值工程的情报收集工作贯穿于整个价值工程活动的各个步骤和环节，要自始至终地进行，通过对情报资料的不断收集、整理和积累，为价值工程的决策提供依据，发挥出其有效的、积极的作用。

三、功能分析

功能分析是价值工程的核心内容。通过对产品的功能进行分析，不仅使生产成本评价有了客观依据，还可以发现哪些功能是不必要的，哪些功能是过剩的，哪些功能是不足的，从而在改进方案中，去掉不必要的功能，减低过剩的功能，补充、提高不足的功能，使产品有一个合理的、平衡的功能结构，以实现用最低的成本创造必要的功能的目的。

功能分析包括功能定义、功能分类、功能整理和功能评价。

1. 功能定义

所谓功能是指某产品（作业）或零部件（工序）在整体中所担负的职能或所起的作用。功能定义就是对价值工程活动对象及其构成要素的功能给出明确的表述。

功能定义通常用一个动词和一个名词来描述。承担功能的对象物——产品及零部件是描述功能句子的主语，所以功能与物品的关系是主语、谓语和宾语的关系，如表 10-6 所示。

功能定义举例　　表 10-6

主　语	谓　语	宾　语
圆珠笔	作出	记号
杯子	盛	水
桌腿	支撑	重量
电线	传送	电流
钟表	指示	时间

给功能下定义就是要撇开对象物（主语），打破框框，创造一个新的对象概念，抛开已有产品的模式的束缚，必要时使用可以测定的名词和抽象化的动词，在功能评价和方案评价的基础上，开拓思路，增加构思出高价值方案的可能性。

用动词和名语来表达功能时，我们只给出了所要求功能的最本质的描述，省略了可靠实现这些功能的各种条件。这些条件与功能是密切相关的，我们可简练地用 5W2H 来表示。所谓 5W2H 是指英文单词 What、Who、When、Where、Why、How to 和 How much 的字头，其中 What、Who 是功能的主语，即功能的承担对象；When、Where 说明功能是在何时何处实现，是与功能相对应的时间和地点的环境条件；Why、How to 是实现功能的目的和手段；How much 是功能实现的程度。

以客观事实为基础，逐项地给功能下定义并充分考虑 5W2H 的制约条件，搞清功能的内容，将概念明确化，用简单准确的词语表达功能，完成对“它的功能是什么？”的回答。

2. 功能分类

产品或零部件按功能的重要程度区分可分为基本功能和辅助功能，按功能的性质区分可分为使用功能和美学功能。基本功能是指产品或零部件要达到使用目的所不可缺少的功能,是产品或零部件得以存在的条件,也是用户购买该产品或零部件的原因。如手表的基本功是指示时间,电冰箱的基本功能是冷藏食品。辅助功能是对实现基本功能起辅助作用的功能。如夜光表的基本功能是指示时间,夜光在晚上使用,只起辅助作用,是辅助功能。通常,对基本功能所花的成本总要大于辅助功能的成本。

使用功能是指产品或零部件达到某种特定用途的功能,是每个产品都具有的使用价值。使用功能包括产品或零部件的可靠性、有效性、保养性、安全性等,由产品或零部件的基本功能和辅助功能表达出来。

美学功能是指外观美化的功能,这也是用户的实际要求。有的产品不需要美学功能,如地下电缆等,而绝大多数的产品除了在性能上要满足要求之外,还应按用户的需要在造型、色泽和式样等方面加以美化。

一般来说,应着重满足基本功能和使用功能的要求,但也不能完全忽视辅助功能和美学功能,这取决于社会消费水平和产品的性质,也涉及市场调整和经营决策问题。

3. 功能整理

一个产品往往具有几个功能,而这些功能又是由组成该产品的不同的零部件来实现的。所以,一个产品除具有结构体系外,客观上同时存在着一个功能体系。功能整理就是把对实物本身的思考,转化为对功能的思考,把实物结构体系转化为功能结构体系,用系统的概念,找出各功能间的内在关系,摸清该产品的所有功能。

1)功能间的逻辑关系及功能系统图

功能间的内在联系有上下逻辑关系和并列逻辑关系两种。上下逻辑关系是指产品或零部件功能之间存在目的和手段的关系。如保温瓶的“保持水温”是“防止容器散热”的目的,“防止容器散热”是保温瓶“保持水温”的手段,它们之间是上下逻辑关系。而“防止容器散热”又是“减少热传导”、“减少热辐射”、“减少热对流”的目的,而后三项则是“防止容器散热”的手段,它们之间也是上下逻辑关系。并列逻辑关系是指产品功能之间相互独立、平行排列的关系。如保温瓶中的“减少热传导”、“减少热辐射”、“减少热对流”这三者就是并列逻辑关系。

把功能间的这种上下逻辑关系和并列逻辑关系绘成功能系统图,如图 10-6,就可将产品的功能关系完整表达出来。功能 F2 对上位功能 F0 来讲是手段,对下位功能 F22 来讲则是目的。如图 10-7 为保温瓶的功能系统图。

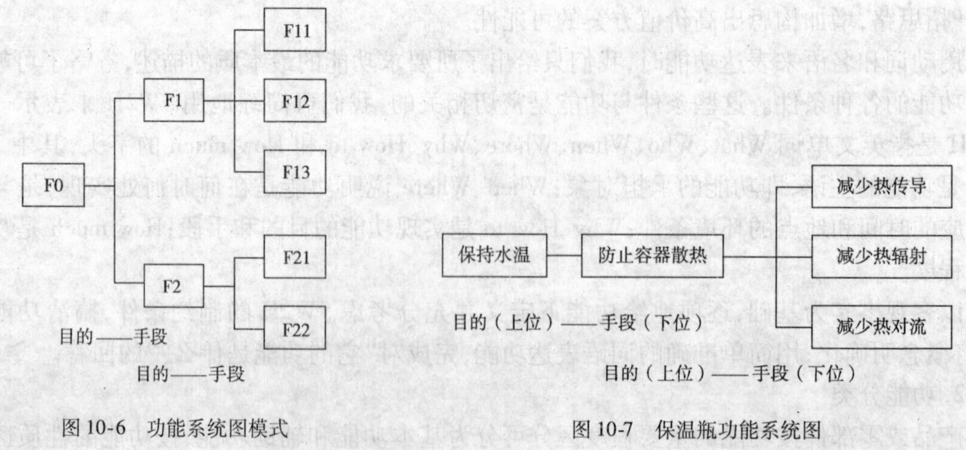

图 10-6 功能系统图模式　　图 10-7 保温瓶功能系统图

2)功能整理方法

功能整理方法主要是制作功能卡片和寻找上位或下位功能。

功能卡片是记录功能及实现功能的零部件的名称和功能成本的卡片,一张卡片记录一个功能,根据每张卡片的内容,从目的和手段出发寻找它的上位功能和下位功能,直到将所有的卡片都用上,绘制出功能系统图。同时,在制作的卡片中,把相同功能的卡片集中,将其与未集中的单张卡片都视作一个功能,任取一组或一张,寻找其上位功能,若发现功能定义有不当或遗漏则修改之,如此反复进行,直至找出最终的上位功能。另外依此办法寻找下位功能,去发现多余功能或功能不足,抽去不必要的功能,增加功能不足的内容。当所有的卡片都找到上、下位功能后,就可组成该零部件的较合理的功能系统图。

功能系统图表明了活动对象的最终目的和最终用途,也表明了实现该目的和用途的全部手段。借助于功能系统图,就可从整体出发,进一步研究各功能之间的关系,更好地把握住必要的功能,排除一切不必要的功能,以利于发现原设计方案的不合理之处。

4.功能评价

1)功能评价的概念和方法

所谓功能评价,就是对功能的价值进行测定和评定,是对功能的定量分析。我们可以根据功能评价评出的数据,将那些功能价值低、改善期望值大的功能作为开展价值工程的重点对象。

功能评价的基本内容由功能成本分析、功能评价和选择对象区域三部分组成。功能成本分析用来回答“它的成本是多少?”功能评价和选择对象区域则是回答“它的价值是多少?”在功能评价中,由于功能是抽象概念,难以用数量来准确度量,价值工程只使用金额数值作为表示功能大小和重要程度的度量,即用户为了获得某一特定功能要花多少钱?为了维持已得功能又要花多少钱?用了解和掌握的费用数值来对功能进行评价。因此,进行功能评价,就要在明确价值工程对象所构成的各要素之间的功能及其关系后,用统一的衡量尺度去找出实现每一功能的最低必要成本,即功能评价值。然后与实现该功能的目前成本相比较,求出功能的价值。即有

$$V = F/C \tag{10-6}$$

式中:V——功能价值(价值系数);

F——功能评价值;

C——功能的目前成本。

通常,功能评价值 F 是功能的最低成本,常用作功能成本的降低目标,称为目标成本。C 与 F 的差值($C-F$)就是功能成本的降低幅度,或称为改善期望值。改善期望值大的功能常常被选为 VE 活动的重点对象。

当 $V=1$ 时,说明 $C=F$,即实现功能的目前成本与目标成本相符合,功能与成本对应得较为合理。

当 $V<1$ 时,说明 $C>F$,即实现功能的目前成本高于功能评价值,应努力降低其功能的目前成本,提高其价值。

当 $V>1$ 时,说明 $C<F$,对此,首先应先检查功能评价值是否定得合理,若是 F 定得太高,则应降低 F 值;其次,如果 F 值定得合理,则要检查 C 值低的原因。若由于功能不足造成 C 值偏低,就应提高功能以适应用户的需要。一般来说,价值低的功能,存在的问题也较多。但有

时价值系数即使等于1,产品或零部件也会存在许多问题,对于这种情况,就要从提高功能的角度来确定对象领域。

综上所述,我们可得出功能评价的步骤为:

(1)算出功能目前成本 C。

(2)算出功能最低必须成本 F(即功能评价值)。

(3)计算各功能的价值。

(4)计算各功能范围降低成本的期望值 $C-F$。

(5)选择价值低的对象作为VE改善的目标。

2)功能评价的目的

(1)进一步确定功能目标成本

通过功能评价可得出目标项目的最低成本和降低成本的期望值,由此便可比较价值工程之初所订的目标成本是否合理,从而使我们可进一步准确确定功能目标成本,并据此适时修改设计构思方向、重新研究实现功能的其他手段,达到降低成本的期望值,使价值工程取得满意的效果。

(2)准确地选定价值工程活动的改进对象

通过收集情报、功能定义、功能分析和功能评价,准确求出功能评价值和功能价值,明确了产品或零部件各功能领域的价值高低及改进方向,有效提高价值工程的效率。

(3)调动和激励工作人员的积极性和创造性

通过功能评价,明确了价值工程的改善目标和降低成本期望值,不仅有利于挖掘企业内部降低成本、提高产品价值的潜力,也能够大大调动和激励价值工程人员工作的积极性和创造性,使价值工程工作取得良好的效果。

第三节　方案创新

一、方案创新的目的和原则

功能评价明确了VE对象及其目标成本,回答出了"它的成本是多少?""它的价值是多少?"方案创新则是构思创造新方案,就是要通过对过去的经验和知识的分解和结合,使之实现新的功能,找到降低成本、使产品保证必要功能的前提下达到成本最低的途径,来回答"有无其他方法实现这个功能?"因此,在方案创新过程中,要充分发挥价值工程工作人员的创造能力,尽可能多地提出改进设想和构思设计,从中选择最佳方案。

方案创新的基本原则是:

(1)不受时间和空间的限制,从长远着想,吸收先进技术和工艺。

(2)不受任何权威限制,广开思路,发挥创造性。

(3)不受原有产品和设备限制,大胆革新,促进产品更新换代。

(4)不受现有技术和材料限制,大胆开发。

(5)力求彻底改革,注意上级功能。

方案创新要充分发挥人的创造能力,发挥所有价值工程工作人员的主观能动性,破除迷信,积极思考,勇于创新,将理论与实际结合起来,构思更加合理的新方案。

二、方案创新的主要方法

方案创新的方法有很多，主要包括：

1. 头脑风暴法（BS法）

头脑风暴（Brian Storming）法为美国BBDO广告公司的奥斯本（Osborn）于1947年首创，原意是提案人不要受到任何限制，打破常规，自由地思考，努力捕捉瞬时的灵感，构思新方案。

头脑风暴法通常以开小组会的形式进行，一般以10人左右参加为宜。会议只给出一个总设想，让与会者围绕总议题无拘束地发表意见。会议的主持者应富有经验，熟悉产品及相关技术，头脑清醒，思维敏捷，技术作风民主，既善于活跃会议气氛又善于启发引导，使到会者能够畅所欲言，充分发表看法。会议应遵守下述规则：

（1）每人提自己的意见，不评价别人的看法。

（2）真正敞开思想，自由地发表设想。

（3）不迷信权威，尽可能多地提出方案。

（4）善于取长补短，可以在结合和改善别人意见的基础上提出自己的见解。

按照上述规则，给与会者创造一个宁静、温馨的环境，努力引发与会者的"灵机一动"，提出高质量的提案，并以此为基础，归纳出有价值的内容。会议时间一般不宜过长，约一个小时左右。根据国外的经验，采用BS法提方案，比同样的人数单独提方案将高出65%～90%。

2. 哥顿法

此法为美国价值工程工程师哥顿（Gordon）于1964年提出来的。这种方法也是以会议的形式请有关人员提方案，但主持人不把具体问题交给与会者，而是只提出一个抽象的功能概念，以启发提案者更广泛地提出较多的方案。由于面对抽象的概念，使得思考的范围较大，解决的方法也较多，主持人可以用各种类比的方法加以引导，时机成熟时，再提出要解决的问题，往往可收到较好的效果。例如，要在一玻璃板上打一个直径为10mm的孔，采用哥顿法解决。主持人首先提出如何在板状物上打孔的问题，与会者根据要在板状物上打孔这一功能，广泛地思考，提出了冲、钻、挖、凿、高温熔孔和磨等方法。针对提案者提出的实现在板状物上打孔这一功能的各种方法，主持人再具体指出是在玻璃板上打一个直径只有10mm的圆孔，且要求孔周围应光滑，与会者认为冲、钻、挖、凿和磨等方法都不能达到目的，而从高温熔孔得到启发，有人提出用激光打孔，圆满解决了问题。哥顿法是一种抽象类比法，主要是抽象功能定义中的谓语部分，使参与者不受具体问题的束缚，广开思路。另外，通过抽象的阶梯，一级一级地分析问题，最终得出解决问题的方法。

哥顿法与头脑风暴法的不同之处在于允许参与者相互评论，共同创新。一般情况下，会议时间较长，所提的方案也不多，但总会找出一个较圆满地解决问题的方案。

3. 德尔菲法

德尔菲（Delphi）法是美国著名的咨询机构兰德公司率先采用的。德尔菲是古希腊阿波罗神殿所在地，传说阿波罗神经常派遣使者到各地去搜集聪明人的意见，用以预卜未来，故以德尔菲名之。

采用德尔菲法，组织者将所要提的方案分解为若干内容，以信函的形式寄给有关专家们。待专家们将方案寄回后，组织者将其整理和归纳，提出若干建议和方案，再寄给专家们供其分析，提出意见。如此反复几次后，形成比较集中的几个方案。

德尔菲法有三个特点：

（1）匿名性

参加提方案的专家互不了解,并且不知道各自提了哪些方案,避免了意见容易受权威左右、出现“随大流”的情况。另外,专家们可在前一轮提案的基础上修改自己的意见,不需做出公开说明,无损自己的威望。

(2)反复修改,逐步集中

专家们所提方案经组织者汇总后再返寄给专家,在一定的层次高度再征询专家的意见,这种带有反馈的信息闭环系统能够使专家所提方案越来越集中、越来越有针对性。专家们通晓提方案的全部情况,也有利于开拓他们的思路。

(3)预测结果的统计特性

对反馈回来的方案进行统计处理是德尔菲法的重要特点。如果认为书面提方案所需时间过长,也可以将专家请到一起,采取“背对背”的形式提方案,反复几次后,形成比较集中的方案。

4. 检查提问法

人们在泛泛思考时往往会觉得无从下手,难以提出好的方案来。为解决这个问题,可以将过去的经验总结归纳出富有启发性的提问要点,把应考虑的问题列出来,在人们检查各种提问的同时,引起联想,产生新设想,提出改进方案。此方法笼统地可归纳为三个“能不能”,即

(1)VE 对象能不能取消?

(2)VE 对象能不能与其他合并?

(3)能不能用其他更好的方法取代之?

具体地,检查提问法的内容包括:

(1)将原有方案稍加改变,能否有新的功能或用途?

(2)以前有无类似产品?可否借鉴别的方案和经验?有无可参照、模仿的价值?

(3)可否改变一些外在的内容?如声音、颜色、形状、味道和式样等。

(4)能否扩大或增加一些东西?如强度、长度、刚度、时间和次数等。

(5)能否缩小或减少一些东西?如压缩、变薄、降低、缩短、减轻和消除等。

(6)能否代用?如用其他的材料、元件、工艺和动力等。

(7)能否代换?如换元件、换型号、改变结构、改变顺序、改变布局和改变速度等。

(8)能否倒换?如正反、上下、里外和前后等。

(9)能否组合?如目标组合、部件组合和方案组合等。

检查提问表的具体内容结合工作内容的特点,根据各自的经验提出来,不同企业和不同专业的工作可根据所选择的对象特点,应用不同的检查提问表列出检查提问的要点,以利于提案人员构思方案。

除上述几种创新方案的方法外,还有输入输出法,类比法、635 法、仿生类法和列举法等方法,可针对不同的对象和专业特点适当采用。

三、方案制定

在方案创新过程中,提案人从不同的角度,采用不同的方法,提出了多种设想和方案,对此要先进行概略评价,去掉一部分价值低的方案,留下可提高价值的方案进一步使之具体化。

在方案具体化过程中,要把功能系统和实物结构系统联系起来考虑,也就是说,既要考虑各部分的结构设想方案,又要考虑能否实现其各项功能。还要研究其相互间的关系,使其能够较好地相互配合和协调,在总体结构系统中保证各种功能得以实现。同时,还可以从不同的技术经济要求出发,将有关方案中的适当因素组合成更有价值的新方案。

第四节　方案评价

方案评价是要从许多创造的方案中筛选出一个可行的最佳方案，一般分为概略评价和详细评价。概略评价是从大量可供选择的设想方案中，筛选出价值较高的方案。详细评价是对筛选后留下来的方案进行经济技术论证，并最终确定实施的具体方案。

方案概略评价和详细评价都包括技术评价、经济评价、社会评价和综合评价。技术评价主要是评价方案能否实现指定功能及实现程度；经济评价是针对成本进行评价；社会评价主要考察方案对社会的影响；综合评价则是在技术评价、经济评价和社会评价基础上进行的整体评价。方案评价框图如图 10-8 所示。

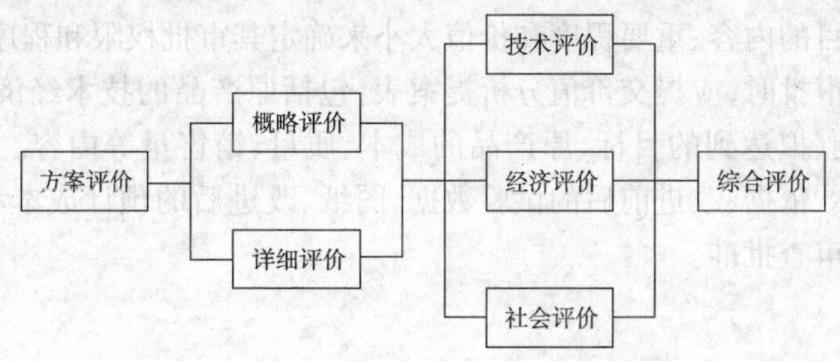

图 10-8　方案评价内容

一、技术评价

技术评价主要评价方案能否实现所要求的功能以及方案本身在技术上能否实现。包括：功能实现程度（性能、质量和寿命等）、可靠性、可维修性、安全性、整个系统的协调和与环境条件的协调等。技术评价的主要方法有评分法和功能加权法等，必要时，为检验方案是否可行和取得实际技术资料，还可进行计算机模拟、模拟试验、实地试验和样品试验等。

二、经济评价

方案的经济评价就是从经济效益上评价改进方案经济上的合理性，包括：成本、利润、企业经营需要、适用期限和数量和实施改进方案所需的费用等。经济评价的方法主要有总额法和差额法、机会成本法、变动成本法和盈亏分析法等。

三、社会评价

方案的社会评价是考核改进方案实施后对社会产生的影响及企业利益与社会利益能否一致，具体内容可包括方案的功能条件与国家的技术政策和科学发展规划是否一致；方案的实施与社会环境、公害污染、能源耗费等以及国家的法律、法规、条例等是否一致。

四、综合评价

方案的综合评价是在技术评价、经济评价和社会评价的基础上，对改进方案做出全面、综合的评价以便决策。综合评价内容一般是确定评价项目、明确以什么指标衡量方案、分析方案的满足程度、判断方案的总体价值、选择总体价值大的方案作为最优方案。具体的方法包括优缺点列举法、评分法、加权评分法、DARE 系统法、线性规划法、层次分析法等。

第五节　方案实施与活动评定

一、方案试验和审定

经过评价后而选定的最佳方案,在尚未实施前须对其进行某些必要的试验和验证,才能为审定提案提供科学的依据。

方案试验验证内容包括产品的结构、零部件、新材料、新工艺、新方法、样机或样品的性能、使用等。

通过了试验验证的改进方案,在经过必要的整理后即可作为正式提案上报审批。主管部门应视改进设计项目的内容、重要程度和价值大小来确定其审批权限和程序。

改进方案上报审批时,应提交价值分析提案表,包括原产品的技术经济指标体系、用户要求、存在的主要问题、拟达到的目标、原产品的成本、质量、销售量等内容。另外,产品功能分析、改进的对象目标、依据、改进前后的试验数据、图纸、改进后的预计成本和预计效果等均应一同上报主管部门审查批准。

二、活动评定

当一个产品的价值工程分析实现之后,要进行活动成果的评定。

1. 技术评定

技术评定可通过价值改进系数来进行。改进后产品价值和改进前产品价值之差与改进前产品价值之比称为价值改进系数,即:

$$\Delta V = \frac{V_2 - V_1}{V_1} = \frac{V_2}{V_1} - 1 \tag{10-7}$$

式中:ΔV——价值改进系数;

V_2——改进后产品的价值;

V_1——改进前产品的价值。

当 $\Delta V > 0, V_2 > V_1$,说明价值工程活动的技术性良好,ΔV 越大,其效果越好。

当 $\Delta V < 0, V_2 < V_1$,说明开展的价值工程活动技术性不良。

2. 经济评定

评定的指标如下:

(1)全年净节约额:

全年净节约额 =(改进前单位成本 - 改进后单位成本)× 年产量 - 价值工程活动费用

(2)节约百分数:

节约百分数 =[(改进前成本 - 改进后成本)/改进前成本]×100%

(3)节约倍数:

节约倍数 = 全年净节约额/价值工程活动经费

(4)原材料利用率:

原材料利用率 = 产品产量/产品原材料消耗数量

3. 社会效益评定

通过价值工程活动,使产品满足了用户的需求,企业取得了效益,同时填补了国家空白,降低了能源消耗,减少了环境污染等,说明社会效益良好。反之,产品满足了用户,企业也获得了利润,但由于产品生产造成过多的能源消耗,污染环境,破坏生态平衡,甚至影响了国家经济结构的合理布局,造成人力、物力、财力的极大浪费,就说明社会效益不好,这种方案不可取。

第十一章　技术引进及其技术经济分析

第一节　技术引进的内容与原则

一、技术引进的内容

技术引进就是将世界各国的先进科学技术转移到国内，为我所用。近代世界技术发展的历史表明，引进技术是迅速发展本国经济的重要途径之一。如日本就是通过积极引进国外先进技术而壮大了本国的经济实力，由经济萧条的战败国飞跃至仅次于美国的资本主义世界第二"经济大国"。日本从1950年至1975年的26年间，引进了26 000项先进技术，支付引进费用58亿美元。为了加速发展我国的科学技术，把我国建设成为一个繁荣富强的社会主义现代化强国，技术引进就成为一个重要的战略任务。

技术引进的主要内容包括：

(1)通过国际技术贸易引进专有技术知识。如产品设计原理，设计、制造技术，测试技术等。

(2)通过国际技术交流，引进国外新学术思想和科学技术成果。

(3)通过引进先进的经营管理方法，充分发挥引进技术的作用。

技术引进和进口设备的涵义是不同的。进口设备是一般对外贸易，而引进技术是解决技术转移问题，即通过引进技术的消化、吸收、改进和创新，来提高本国的技术水平，发展本国的技术能力。

二、技术引进的原则

技术引进是一项重要而又复杂的工作，它涉及政治、经济、技术、生产、贸易、外交和法律等多方面的问题，是一项政策性很强的工作。根据技术引进的方针政策，引进技术工作要掌握以下基本原则：

1.要坚持积极慎重，一切从实际出发的原则

在引进技术的工作中，一定要立足于国情，一切从实际出发，根据我国的情况和力量，积极、慎重、全面安排、循序渐进、前后衔接和讲求实效。国际上有关"适宜技术"和"发展中国家中不适用技术"的讨论和决策值得借鉴。所谓"适宜技术"，是指技术的发展与规模应当适应引进国的社会环境和经济条件。因为经济发达国家的技术是适应它们的具体条件而发展起来的，其中一些技术适应了资本过剩，劳动力不足的社会条件，这对于发展中国家劳动力过剩及资金不足的社会条件是不适应的，若盲目引进，片面追求"高度技术"化，就会造成资金浪费。所谓"发展中国家不适用的技术"是指：①对本国市场和消费者的需求考虑不够的技术；②依靠进口材料，很少使用本地材料的技术；③不能充分使用本国劳动力的技术；④不适应本国技术水平，缺乏消化能力和难以稳定掌握的技术；⑤过多地使用进口设备技术；⑥费用高且

经济效果不大的技术;⑦国内能解决的技术。我国是发展中国家,必须讲求技术的适用性。引进技术的重点应放在那些国家急需,投资少、见效快、盈利多的项目上。

2. 坚持洋为中用,学习与创新相结合的原则

引进国外先进技术为我所用,必须坚持"洋为中用"和"引进、消化、吸收、创新"的原则。把引进技术与提高国内技术水平结合起来,广泛采用各国的技术专长,从现代最新技术起步改造和装备本国的国民经济,并根据自己的特点加以创新,走自己经济发展的道路。引进技术是有限的,走自力更生的道路是无限的,只有两者结合,才能后来居上。如日本每引进一项新技术,都要组织培训一支队伍,消化和掌握此项技术,同时加强科学研究工作,对引进技术进行革新和发展。因此,到了60年代日本不仅形成自己的技术体系,还向国外大量输出技术。借鉴国外经验,我国也应采取引进技术和科学研究同时并举的方针,建立自己的技术体系。

3. 坚持有计划,综合平衡自己的技术体系

技术引进工作是国家技术经济工作的有机组成部分,与国家的生产计划、基建计划、外贸计划和信贷计划等有密切的关系,并互相制约。因而必须把技术引进纳入国民经济发展计划,进行综合平衡,其中包括资金平衡,物资平衡,生产与基建平衡,引进项目的配套与平衡等。只有作好这些平衡,在国民经济范围内的大平衡,大核算,才能保证引进技术取得良好的经济效果。

引进技术一般都需要向国外借入资金,必须考虑国家的支付和偿还能力,对应付的利息,投资效益,偿还期限,还款安排等,都应分析预测,纳入国家计划。同时,还应注意利用外资和国内配套资金的平衡。引进的成套项目,一般要配套国内的设备和土建工程,才能形成生产能力。因此在编制国民经济计划和国家预算时,既要考虑引进设备所需资金,又要考虑国内配套所需资金。

引进项目所需的材料、物资,一定要纳入国家计划,保证优先供应。

做好引进项目与国内建设项目的平衡,要通盘考虑,保证重点,提高投资效果。

4. 坚持技术与经济并重的原则,认真进行可行性研究

引进技术,不但要先进适用,而且要经济合理。可行性研究是引进技术的必要环节。

可行性研究就是在确定引进项目时,运用技术经济分析法研究引进项目的技术可行性和经济可行性,也就是说对引进项目所有有关方面进行调查研究和综合论证,为引进项目提供科学依据,从而保证引进项目在技术上先进可行,经济上合理有利。在引进技术之前,必须进行可行性研究。对每一个引进项目都应从技术和经济两方面认真调查研究,反复对比分析,对引进项目的技术经济效果进行预测,最后才能对是否引进作出决策。只有通过综合平衡和可行性研究,证实项目技术上先进可行,经济上合算有利,我们又有能力,确实应该引进,才能进行商务谈判,签订引进合同。

5. 坚持各方协同配合、择优引进的原则

引进技术的规模越来越大,投资额也越来越多,因此在确定引进项目时,使用部门、科研设计部门和制造部门必须与引进部门大力协同,步调一致,择优引进。要把技术贸易和商品贸易结合起来;要把引进技术与我国的生产体系结合起来;要把引进技术与引进管理结合起来。争取逐步改变成套引进方式,做到以买技术和关键设备为主。引进的重点应放在引进生产工艺和设备制造技术上。凡是国内能够制造的设备,就不买国外的;凡是引进技术后自己可以制造的,就不要买设备;凡是配套设备国内可以制造的,就不要成套引进设备;凡是引进的技术,国内要统一使用,避免重复引进等。

技术引进是很复杂的工作。要"货比三家",学会同资本家做生意。引进技术要看得准,

买得好，买得巧，少花钱，多办事。要精通业务，固定谈判人员，避免重复谈判。要把商务谈判与技术谈判结合起来，以技术谈判为基点来考虑价格等商务条件。

6. 坚持引进与培训相结合的原则

引进技术的目的是为了发展我国的技术能力，因此在引进技术的同时，必须做好科研、情报、人员培训工作，以便学习、消化、掌握和发展该项技术，为我所用。要培训技术人才和管理人才，使其成为一支精通业务的科技队伍，包括精通业务的领导干部，精通技术的科技人员和熟练的技术工人。

第二节 技术引进的途径

世界各国发展科技所走的道路，大体上来说可分为英、美、日三种模式。英国发展科技是以基础科学的研究为主，因此曾出现一批有名的科学家，但英国对应用技术不十分注意，所以近20年来，它的国民经济发展越来越慢。美国在发展科技的初期，基础科学几乎全是从欧洲引进的，而自己着重培养技术人才，第二次世界大战以后，美国加强了基础科学的研究，近20年来已进入了科学与技术并重的时期。日本在发展科技方面走一条捷径，它先引进国外新技术，通过吸收、消化、综合、创新，使其变成自己的东西，然后以崭新的产品运销国内外。如在20年前日本从联邦德国引进炼钢脱氧技术，从奥地利引进氧气顶吹炼钢技术，从法国引进高炉吹重油技术。日本研究人员把这六大炼钢最新技术，加以综合运用和改良，创造出所谓燃气回收炼钢新法，然后作为专利向英、美、法和联邦德国等国输出。这样，一方面繁荣了本国经济，另一方面赚了大量外汇。由此可见，引进技术是发展国民经济的重要途径之一。

根据世界各国的惯例，目前国际上通行的技术引进方式主要有：

①产品贸易；②包建项目；③许可证贸易；④科研合作、共同设计、协作生产；⑤技术咨询和产品、工艺评价、审定和改造；⑥派遣专家或人员培训；⑦技术服务；⑧学术会议、考察以及各种形式的交流。

采用何种引进方式，反映一个国家的工业技术水平。一般工业基础比较薄弱落后的国家，开始多采用引进成套项目；而工业发达的国家多以引进单项技术为主。

一、许可证贸易

1. 许可证贸易的概念与内容

许可证贸易是国际技术贸易广泛应用的一种基本形式。它的主要含义是：技术引进一方从技术输出一方获得制造或销售某种产品的权利（即许可证），并得到相应的技术。而引进技术一方要支付一笔款项或在协议规定期间内提成支付使用费，给输出一方作为代价。它主要解决产品制造权和制造技术的转让问题。

在许可证贸易中，技术转让的内容有以下三个方面：

（1）专利

专利是对发明创造的一种法律上的保护，是一种工业产权。专利必须具备新颖性、工业实用性和创造性三个条件。发明者向实行专利保护制度的国家申请专利，要公布要点，征询异议、履行手续，得到批准后，发明者就取得专利权。专利权的有效期多数国家为15～20年。在该项专利的有效期内，别人要用同样的原理、结构和技术，就得向专利权所有者支付专利使用费，否则，就是侵犯专利权。所谓买专利就是买专利的使用权，不一定获得图纸和具体技术。

专利保护制度是国际保护工业产权巴黎公约(签订于1883年)的成员国之间及其国内处理工业产权的一种法律规定,不参加的国家不受其约束。

(2) Know—How

Know—How(我国译为专用技术或技术秘密、技术知识)一般指不申请专利,不公开的专门知识。Know—How 包括设计图纸资料、某种制造工艺、材料成分的配方、经营管理方法等。有些不能用数据、图纸、文字等表达的 Know—How,如工艺技巧,操作技巧等,必须由人亲自指点传授,故又称 Show—How(面授知识)。国外某些企业为了垄断技术,谋取利润,把别人不容易模仿的技术和经验保密,作为 Know—How 待机出售。所以 Know—How 便成为引进技术的实质性内容。

(3)商标

商标也是一种工业产权,受法律保护。企业把自己生产或销售的商品及其包装上的商标向国家商标管理机关注册获准后,即取得商标使用权。在许可证贸易中,如果规定给予商标使用权,输出一方是要收费的,并要求引进一方的产品达到规定的质量标准。引进商标有利于本国产品进入国际市场,但从长期来看,应创自己的名牌进入国际市场。

2. 许可证协议的签订

许可证协议(即许可合同)是技术占有一方准许另一方使用自己的工业产权的合同。

许可证协议按独占性不同,可分为以下三种形式:

(1)独占许可证　买方在一定区域内,独占所购技术及其相应产品,不受卖方和任何第三方竞争。

(2)排他许可证　卖方保留进入买方区域市场的权利,只排除第三方竞争。

(3)普通许可证　买方在一定区域内有使用权,卖方也保留在此区域内有使用权,双方都可以把使用权转让给第三方。

许可证协议是一种法律文件,对双方都有约束力,合同一经签订,双方必须严格执行。

3. 许可证协议的内容

(1)技术转让的范围与内容　这是合同的中心内容。它包括:技术转让的具体对象和技术要求;提供技术资料的详细内容数量、交付时间;提供技术培训,专家指导和技术服务等有关事项;说明许可证类别及出口销售市场;说明交换改进技术问题;保密范围、期限和泄密责任。

(2)价格与支付

(3)保证、索赔　保证包括技术保证和权利保证,如卖方对技术可靠性,交货准确性、及时性,专利的合法性、有效性等方面的保证,以及违反保证条款应负担的经济责任。

索赔是指一方因对方未完全履行合同的责任和义务而受到损失,向对方提出赔偿损失的要求。

(4)人力不可抗力条款　人力不可抗力一般指买卖任何一方,由于发生了人力不可抵抗的不能预防的事故,致使不能履行合同义务,可以免除责任,另一方无权要求履行合同或索赔损失。人力不可抗事故包括自然原因引起和社会原因引起两种类型,自然原因包括水灾和地震等,社会原因指战争一类的事件。

(5)法律适用和仲裁条款　在执行合同发生争执时用哪些法律解决,叫做法律适用。签订合同时应注明法律内容。

仲裁是解决对外贸易中买卖双方争议的一种方式,由第三者来裁决,这种裁决两方都应遵照执行。在合同中应注明仲裁地点,仲裁机构,仲裁程序和仲裁费用。在进出口贸易中,应尽量争取在我国仲裁,并规定按我国国际贸易促进委员会对贸易仲裁委员会的仲裁程序暂行规则进行仲裁。

(6)双方当事人的名称、法定地址及签订合同的地点、日期、使用文字和定义(指对合同中的关键性名词加以明确说明,达成一致认识)等。

4.费用的支付

许可证协议的支付方式有二:

(1)一次买清或称一次总算　将技术转让的一切费用包括专有技术费用、资料费、培训费、专家费等都在签订合同时一次算清,然后一次或分期支付。

(2)提成支付　引进技术后,按生产的产量、产值,每年提取一定百分数的提成费作为技术转让费。一般多先付一笔入门费(称定金),以后逐年按产量提成。

另外,还有按实物支付的方式。究竟采用哪种支付方式,应有支付费用的总概念,看哪种有利而确定。

在整个合同期间,引进方支付给输出方的总费用,不应超过自己获利的1/4~1/3。

提成费用的计算:

(1)提成基数的确定

①按产量计算　以引进该项技术所制造的产品的单位基数来确定应付的提成费用。这种提成费不随产品的成本、销售价格而变化,只与产量有关。

②按销售价格计算　以产品的销售价格为基数按一定百分比来计算提成费用。不管企业是盈是亏,均按销售价格的一定百分比来提成。

按销售价格计算提成费用可有两种方法。一种是按总销售价格来计算;另一种是按净销售价格来计算。按总销售价格为基数来计算提成费用不够合理,且对引进一方不利。两种的区别是:净销售价格应从总销价格中减去与输出方提供技术所创造价值无关的费用,如包装费,保险费,运输费,进出口税和海关税,营业税,普通商业折扣,退回的货物款项,产品在使用地的安装费,产品中未应用输入技术而购入的设备价值,合作生产中进口部分的价值,产品价格中反映提成费的部分等,一般主张用净销售价格来计取提成费。

③按利润计算　以引进技术而出产产品所获利润为基数,按一定的百分比计取提成费。

(2)提成基价

提成基价指计算销售价格的标准价格。在签订合同时由双方共同商定。

提成基价可分为固定基价和滑动基价两种。所谓固定基价是指在整个合同期间提成基价固定不变;滑动基价是指在整个合同期间,提成基价随市场价格的变化而变化。

(3)提成率

提成率是在提成基数的基础上由双方议定的。确定提成率的大小时,要考虑技术的难易新旧,产量大小和经济价值等因素。若技术难且新,提成率就较高。

提成率可分固定提成率和滑动提成率。固定提成率在整个合同期间,按产量基价以一个固定的提成百分数来支付费用。滑动提成率亦称递减提成率,是随产量的增长,逐步降低提成率。

(4)提成支付期

提成支付期不宜定得过长,我国一般不超过10年。如提成支付期较长,则提成率应低一些,提成递减率也应大一些。当累计支付额达到双方确认的数字后,即应停止提成,以免输出方从引进方获得更多的利润。

二、补偿贸易

补偿贸易是一种按实物支付的贸易方式,它的主要涵义是甲方(输出国)和乙方(购进国)签订一个长期合作协议,规定甲方对乙方提供大量贷款,乙方用这笔贷款向甲方购买成套机器设备等用于兴建工业企业,然后用这些项目所生产的产品或双方商定的其他商品偿还债款本息。

引进国通过向甲方购买的成套设备,从这些设备上引进了国外的先进技术,这种技术转移是属于"硬件"范围的技术转移,而许可证贸易则是以技术本身为转移对象,是属于"软件"范围的技术转移。

补偿贸易有两种基本形式:

1. 回购方式

回购式是甲方贷款给乙方兴建企业,签订协议时规定在合同期间乙方以该厂建成后所生产出来的产品的全部或部分,作为偿还甲方贷款的手段。

2. 反购方式

反购方式是甲方向乙方供应机器设备等,在签订协议时合同规定甲方在一定时期内,购买乙方一定金额的其他产品,作为偿还的手段。反购方式一般要签订两个合同,一个是设备供应合同,一个是产品返销合同。

采用反购方式的情况是,所进口的设备不生产有形产品,无法直接偿还;另外,即使生产有形产品,而本国对此产品又很需要,为此常采用间接产品(反购式)来偿还。

这里就有一个间接产品的选择问题,补偿产品的确定往往需要经过复杂的谈判。甲方希望得到畅销产品,而乙方不愿全用畅销产品进行补偿,希望搭配一些不畅销商品,故在一些发展中国家中,在补偿贸易时将产品分为三类,即:

第一类:自由选购商品;第二类:有限选购商品;第三类:禁购商品。

在确定补偿产品的价格时,与引进设备不同,引进设备作价是在签订合同时一次固定下来,而补偿产品的作价,签订合同时一般不确定,只商定一个作价原则,根据当时的原材料、工资指数和市场因素来确定。作价使用何种货币也要商定。

在合同中还要规定补偿产品的质量、规格、商标、牌号、交货地点和日期。如违反规定就要受罚。

补偿贸易是一种利用外资的形式。只有偿还了外债以后,才在事实上变为本国的企业。因此偿还能力是衡量补偿贸易经济效果的指标。

3. 补偿能力的计算

所谓偿还能力,是指从事补偿贸易的企业每年能收入多少外汇,扣除生产成本及其他费用以后,能用多少用于偿还外资的债务。偿还外债需要多少时间,称为可偿还期,其计算公式为:

$$T_y = \frac{C_j}{P_y - C} \tag{11-1}$$

式中:T_y——可偿还期(年);

P_y——年外汇收入(美元);

C——年生产成本及费用(折合为美元);

C_j——外资总成本(美元)。

可偿还期愈短,表示偿还能力愈强,反之偿还能力愈弱。如果可偿还期超过规定的外资使用期,则表示此项补偿贸易不可能全靠本身力量在使用外资期间偿还全部外资。如果可偿还期超过进口设备的服务期限，则这项补偿贸易对本国没有经济利益。因此偿还能力是比较和选择补偿贸易项目的经济依据。

(1)外资总成本

外资总成本包括全部货款或贷款，货款或贷款延付期的利息及有关费用。按照不同的偿还方式有不同的偿还计算公式。

①本息一次累计偿还计算

$$S_t = P_f(1+i)^n \tag{11-2}$$

式中：S_t——偿还货款的本利和；

P_f——货款金额；

i——年利率；

n——货款年限。

如某企业建设贷款为 5 000 万美元，年利率为 8%，贷款偿还期为 10 年，则累计一次偿还货款的本利和为：

$$S_t = 5\,000 \times (1+8\%)^{10} = 10\,795(\text{万美元})$$

②逐年付息，本金最后一次付清

$$S_t = P_f(1+ni) \tag{11-3}$$

将上例数据代入得：

$$S_t = 5\,000(1+10\times 8\%) = 9\,000(\text{万美元})$$

③分期偿还，每期偿还金额相等

$$R_j = P_f\frac{i(1+i)^n}{(1+i)^n-1} \tag{11-4}$$

式中：R_j——每年偿还金额。

以上例数据代入得：

$$R_j = 5\,000 \times \frac{0.08(1+0.08)^{10}}{(1+0.08)^{10}-1}$$

$$= 745(\text{万美元})$$

$$S_t = 745 \times 10 = 7\,450(\text{万美元})$$

(2)外汇收入

引进技术设备投产以后，每年产品外销换回的外汇款，称为外汇收入。

外汇收入决定于出口商品的数量和出口价格。出口商品的价格，按国际市场价格计算。国际市场价格根据供销情况，价格经常变动的，可用平均价格来计算：

$$S_b = S_F \times \frac{(1+D_a)^{n+1}}{D_a} \times \frac{1}{n} \tag{11-5}$$

式中：S_b——产品年平均价格；

S_F——签订合同时的国际市场价格；

D_a——偿还期间价格年平均增长率；

n——计算年限。

平均价格乘以年出口量，得年平均外汇收入 P_y 为：

$$P_y = S_bQ_z \tag{11-6}$$

式中：Q_z——年出口量。

(3)年产品成本及其他费用

产品成本及其他费用包括固定资产折旧、原材料、动力、水费、运输和工资等,这些费用如按人民币核算,计算偿还能力时要折成外汇才能进行核算。

三、合作生产

合作生产也是引进技术的重要途径之一,合作生产包括来样加工,来料加工,来件装配,合作生产等多种形式。

来样加工是由甲方(某个国家或地区的商人或企业家)提出图纸、式样、规格等要求,由乙方(另一个国家或地区的工业部门或外贸部门)用当地出产的原材料加工生产。加工出的产品一般都由甲方包销,甲方向乙方支付加工费及有关费用。

来料加工是由甲方向乙方提供原材料、辅助材料、包装材料以及有关的部分设备、仪器和工模具等,按双方商定的办法,由乙方有关工厂负责加工生产,加工出来的产品由甲方包销,甲方向乙方支付有关费用。

来件装配也是利用外资引进技术的一种方式。

这些方式有助于我国引进先进技术装备,提高生产技术和管理水平,促进出口和贸易的发展,充分利用我国劳动力多和某些设备有余的条件,在平等互利的基础上可扩大来料加工。

与外商合作加工生产一种产品或设备,称合作生产。合作生产不只是贸易关系,双方必须在技术、生产、销售等方面密切配合。这样做有利于引进方利用外资引进先进技术,少花外汇,减少进口,上马快,收效快。

合作生产有很多具体做法,如:①双方各按自己的设计制造,然后配套;②采用一方的技术图纸,分工制造;③共同生产一种产品,分工各做50%(按产值)的零部件,然后按价值1∶1对等交换,双方都不支付外汇。

四、合资经营

合资经营联合企业是当前国际经济合作的一种常见作法,也是引进技术,利用外资的一种重要方式。合资企业以引进技术为基础,通过生产与销售,按双方的投资比例分配利润。

合资经营企业有三种主要形式:

(1)与外资合作在本国兴建企业。

(2)与外资合作在对方国内建立合营公司。

(3)与外资合作到第三国兴建项目。

对发展中国家来说,主要是第一种形式,利用外资引进先进技术与设备,增加新建项目,填补国家空白,加强产品在国际上的竞争能力。

利用合资经营办企业,有利于我国解决外汇不足和技术与设备引进问题,也有利于取得最新的技术与管理经验,增加企业利润。因为合资经营是共同投资,共同经营,共负盈亏,合资企业的盈亏直接影响双方提高劳动生产率,提高经营管理水平,以使自己有利可图,这样就可将真正的先进技术与管理技术吸引进来。另外,也有利于利用外资的销售网,技术服务网和零配件供应网,扩大商品出口,增加外汇收入。

我国为了通过外资经营方式引进先进技术,吸收国外资金,促进现代化的建设,已颁布了《中华人民共和国中外合资经营企业法》,确立了合资企业在我国的法律地位。这必将有助于合资经营企业的建立与发展。

第三节 引进项目的可行性研究

一、可行性研究的概念

可行性研究是随着第二次世界大战以后，尤其是最近20年来，技术、经济和管理科学的发展而产生的，已成为一门运用多种科学成果保证最佳经济效果的综合学科。

世界上许多国家均开展了可行性研究工作，我国也明确规定："所有新建、扩建的大中型项目以及所有利用外资进行基本建设的项目都须有可行性研究报告"。可行性研究工作为什么得到很多国家的重视，这是因为：工程项目规模越来越大，投资额越来越多，盲目决策，会造成巨大的经济损失；技术更新的速度加快，竞争也加剧，为避免投资方向错误，降低投资风险，投资前的可行性研究是很必要的。我国是发展中国家，引进技术较多，为了避免盲目引进，避免无谓的经济损失，必须重视可行性研究。

可行性研究就是在确定工程项目时，运用技术经济分析方法，对项目不同方案的实现可能性和经济性进行调查研究，反复对比，综合论证，从而保证项目在技术上先进可行，经济上合理有利的科学技术活动。

具体来讲，对技术项目进行可行性研究，就是运用技术经济学的基本原理，从技术与经济相结合的原则出发，对引进技术的主要问题，如引进内容、技术结构、市场情况、工程条件、生产方法、投资效益等，从技术、经济、社会和法律等有关方面进行仔细的调查，具体的研究，科学的预测和反复的方案比较，从而提出是否值得引进，有没有条件引进，应该如何引进的具体意见，为决策提供科学依据。

二、可行性研究的步骤与内容

在确定是否投资引进某一项目之前，需对该项目进行可行性研究，这种研究是对一项投资进行全面的研究，并确定引进方案。可行性研究大致可分为以下四个步骤：

①机会研究；②初步可行性研究；③技术经济可行性研究；④评价报告或决策。

机会研究又称投资机会论证(Opportunity studies)。这一阶段的任务是对引进项目的方向性问题提出建议，如引进项目与整个科学技术的发展，与国民经济发展的关系；是否能为发展国民经济的关键部门服务；与发展国家经济的长远目标是否一致，市场需要量是否宽广，以决定这笔钱是否要这样花，即确定投资方向问题。一旦认为该项目在经济上有吸引力，即可转入下一步的研究。

初步可行性研究(Pre-feasibility studies)。一个引进项目单靠机会研究还不能决定是否值得详细的可行性研究，这时就需进行初步的可行性研究，进一步判断这个引进项目是否有生命力。这一阶段要解决的问题是：投资机会是否有希望；是否需要进行下一步的可行性研究；有哪些关键性的问题需要做些辅助研究。这一过程将从技术和经济两方面，全面对引进项目的先进性、适宜性和经济性进行研究，比较精确地估算出经济指标，作出经济效果的评价。这一阶段对投资和成本的计算精确度比机会研究阶段要高，所需时间也长一些。通过初步可行性研究。可将希望不大的引进方案筛选掉，剩下有限几个方案，再进行详细的可行性研究。

技术经济可行性研究也称详细可行性研究。技术经济可行性研究(Techno-Economic feasibility studies)是对引进项目进行最终的可行性研究，这是一个关键环节，需对引进项目进行深入的技术经济论证，深入研究引进的必要性，引进技术的内容和水平提供方法，国内的配套条件，国内的工程条件，市场条件，投资总额，偿还期和利润等，以及有关政策法令，社会方面的因素等，并进行多方案比较。这一阶段的工作量很大，花费时间也长，花费的费用也较多，计算的精确度也比较高。

评价报告(Evaluation report)，是可行性研究的最后结论和最终提供的文件。这个结论可以是推荐一个认为是最佳的方案；也可以提出几个方案，陈述其利弊，由决策者决定；也可以是"不可行"的结论。

可行性研究的内容，因项目的条件而异，不同的项目有不同的要求，对机械工业来说，其主要内容包括以下方面。

1. 技术选择

技术选择是引进项目的关键问题，要从本国的实际出发，对技术的需要性，先进性，适宜性和经济性进行研究，以确定引进项目。技术选择的具体内容有：

(1)引进技术项目的目的，根据什么需要，解决什么问题。

(2)引进技术的内容，水平和提供方法。

(3)引进技术的趋势预测。

(4)引进技术与国内技术现状的适宜性。

(5)生产工艺与国内技术现状的适宜性。

(6)产品生命期的分析。

2. 市场研究

对市场的分析和预测，直接影响到企业的发展和投资效益。如果引进项目生产的产品，在市场上没有销路或需要量不大，就不宜引进。所以对引进项目所生产的产品需作市场调查，看其销售量有多大，产品的价格是否有竞争力等，具体内容有：

(1)目前国内市场对产品的品种和数量的需要情况。

(2)过去市场需要量的增长情况。

(3)预测市场的需要量。

需要量的预测是对历年实际销售量统计调查的基础上进行的。

①统计实际销售量，计算市场占有率：

$$M_i = \frac{Q_x}{Q_m} \times 100\% \tag{11-7}$$

式中：M_i——市场占有率；

Q_x——本厂产品销售量；

Q_m——整个市场(国内外)该种产品全部销售量。

②分析主要销售区的经济增长的可能性，预测市场范围和规模。

③分析产品在市场上的竞争能力。

④预测今后的需要量和本厂可能的销售量。

(4)分析产品在市场的销售比例，解决国际收支平衡问题。

3. 工程条件

引进项目的引进与否，必须考虑国内的工程条件，缺乏工程条件的项目，不要盲目上马。工程条件包括：

(1)自然资源储量，各种材料、燃料、动力来源。

(2)建厂地区的气象、水文、地质等自然条件。

(3)交通运输,公用设施及劳力来源等社会条件。

(4)国内配套件,协作件的供应条件。

(5)厂址选择,建厂规模,厂区设计和工程进度。

4. 经济评价

经济评价包括的内容有:

(1)项目资金总额

引进项目所需要的资金总额包括:土地费用、技术费用、设备费用、项目实施费用、项目投资前费用和流动资金等。

(2)资金筹措

资金筹措包括:资金来源和筹措方式;国内外资金的配套;借贷外资的期限、利率和优惠条件;偿还能力。

(3)产品成本、利润和偿还期的计算

引进技术,一定要计算引进后能获得多大利润。国际上一般规定,输出方所得利润应超过引进方所得利润的30%。在日本一般认为投资回收率为25%~30%,即4年左右收回投资或偿还贷款较好。有些技术本身利润不太高,如基础元件,但对产品性能影响很大,这时不应以元件本身的盈利,而应以产品的盈利作为评价基础。

5. 社会评价

社会评价主要是谋求引进项目与社会利益一致。社会评价的内容主要包括:引进技术是否适宜本国的管理水平和社会条件;是否存在环境污染问题;是否符合国家的技术政策;是否符合国际技术转让的一般惯例与法规;是否符合输出国的政治经济状况等。

6. 综合评价

综合评价是对引进项目的可行性,进行全面的、整体的评价,是从各个方面进行综合性的技术评价,从比较中确定最佳方案。

在进行综合评价时,应运用下列资料:

(1)国内外有关技术的技术经济指标,水平和发展趋势。

(2)国内外有关技术转让法规。

(3)技术输出方国家的政治经济概况以及输出厂商名称、地址和信誉。

(4)国内外市场情况。

(5)生产任务,生产纲领和生产能力。

(6)材料、元件、工艺协作的对象、运距、富余能力的利用。

(7)工艺过程,运输方式等。

(8)设备(包括辅助设备)的名称、类型、性能、价格以及成套性的资料。

(9)能源及公用设施条件。

(10)厂址选择地点与厂区设计特殊工程和户外工程等资料。

(11)原厂房、人员、设备调查和可利用因素资料。

(12)人员需要量,工资标准,费用估算。

(13)可利用外资的形式和借贷条件分析资料。

(14)主要原材料,辅助材料,燃料动力等的种类、消耗量及价格。

(15)生产成本估算及对比产品的成本资料。

(16)工程建设进度计划。

参 考 文 献

[1] 傅家骥等. 工业技术经济学. 北京:清华大学出版社,1991.

[2] 张道宏. 技术经济学. 西安:西安交通大学出版社,2000.

[3] 宋承先. 现代西方经济学. 上海:复旦大学出版社,1997.

[4] 徐鼎亚. 市场营销学. 上海:复旦大学出版社,2001.

[5] 陈慧琴. 技术引进与技术进步研究. 北京:经济管理出版社,1997.

[6] 武春友. 技术引进项目可行性研究. 北京:中国经济出版社,1988.

[7] 武献华等. 工程经济学. 大连:东北财经大学出版社,2002.

[8] 刘新梅等. 工程经济学. 西安:西安交通大学出版社,1998.